AU CŒUR DE L'AFRIQUE

À tous ceux qui voient dans l'Afrique
une terre de rencontres
plutôt qu'un simple terrain d'aventures.

Photogravure : Graphocoop 47 Agen
Conception graphique et montage : Georges Rivière, Studio Stéphan Arcos
Correction : Claire Debout

Loi 49.956 du 16.07.1949
Dépôt légal : 4e trimestre 2004
ISBN : 2-7459-1185-6
Imprimé en Espagne
par Egedsa-Sabadell-Espagne.

LES ENCYCLOPES

AU CŒUR DE L'AFRIQUE

Bernard Nantet

Illustrations :

Jean-Pierre Joblin

Florence Guiraud, Nathalie Locoste,

Laurent Miny, Georges Rivière, Richard Roussel

MILAN
jeunesse

S'enfoncer au cœur de l'Afrique, de ses villages et de son histoire ne peut être une entreprise individuelle. De multiples rencontres ont contribué à rassembler les connaissances nécessaires à l'élaboration d'un tel projet.

Mes remerciements vont d'abord aux auteurs africains des temps passés qui ont réalisé les œuvres figurant dans cet ouvrage, ainsi qu'à ceux qui les ont préservées.

Je tiens à remercier aussi les missions archéologiques de Tegdaoust et de Tichit en Mauritanie, en particulier Jean Devisse et Henri Hugot, l'Institut fondamental d'Afrique noire, avec Amadou Hampaté Bâ, Théodore Monod et Cyr Descamps, l'Institut mauritanien de recherche scientifique, l'Association ouest-africaine d'archéologie, le musée de l'Homme et la Société des africanistes, l'Association universitaire pour l'éducation et la culture en Afrique et à Madagascar.

Des amitiés dans les domaines de l'information et de la recherche scientifique ont jalonné cette route : Françoise Ligier, Annick Legal, André Cormillot, Gérard Ponthieu, Françoise Gouillou et Yves Durandeau, Loïc Quentin, Yveline Poncet, Charles Pidoux, Nicole Lambert, Sylvie Amblard, Boubée Gado, Gérard Payen, Mohamed Ould Khattar, Jean-Baptiste Kiethega, Jean Polet, Annie Ravisé, Denise et Serge Robert, Bernard Saison, Claudette Vanacker, Samuel Sidibé, Victor Diabaté.

Avec une pensée amicale pour Barry, Sakho, Aminata, Dia, Salamatou, Ahmed, Alidou et Bubakar, ainsi que Bockrah qui n'a jamais quitté son oasis perdue de Tichit.

Merci aux Éditions Milan qui m'ont permis de donner corps à cet ambitieux projet qui m'était cher, et notamment Bernard Garaude et Marie-Jo Pince. Sans oublier la fructueuse collaboration de Sylvie Jos, des graphistes et des illustrateurs, en particulier Nathalie Locoste.

En 1899, Joseph Conrad faisait paraître son célèbre roman *Au cœur des ténèbres*, dans lequel il évoquait une Afrique déroutante, à peine sortie du carnet de notes des premiers explorateurs.

Longtemps isolée du reste du monde par les sables du Sahara, l'Afrique des sources du Nil, du Niger, du Congo et du Zambèze nous est aujourd'hui mieux connue grâce aux récits de ses griots et aux cahiers de fouilles de ses archéologues. Les uns nous ont chanté les heures fastes des temps passés et les autres nous ont montré, à travers les œuvres émouvantes et pleines d'humanité qu'ils ont exhumées, que les Africains ont toujours su innover pour affronter les caprices d'un climat implacable et survivre à la folie des hommes. L'Afrique de la vie quotidienne, oubliée de l'actualité, n'a rien perdu des leçons de solidarité forgées au cours des siècles face à une histoire qui lui a souvent été imposée.

Aujourd'hui, un siècle après Conrad, nous vous invitons à vous enfoncer au cœur des savanes et des forêts de cette Afrique des villes et des villages, pour qui le terme d'« étranger » est inconnu et qui lance « Bonne arrivée ! » d'une voix sonore quand apparaît le voyageur.

Sommaire

126 La mère de l'humanité

156 L'exploration de l'Afrique

176 L'esclavage

196 L'époque coloniale

216 Aujourd'hui l'Afrique

Le continent Afrique

Terre à part, au climat particulier, l'Afrique apparaît comme un continent massif et élevé, aux côtes peu découpées. Constituée de hauts plateaux et de cuvettes où circulent de grands fleuves, elle est cernée par deux océans et la Méditerranée. Elle n'est reliée au reste du monde que par un point, l'isthme de Suez ; à cela s'ajoute le désert du Sahara, véritable barrière naturelle.

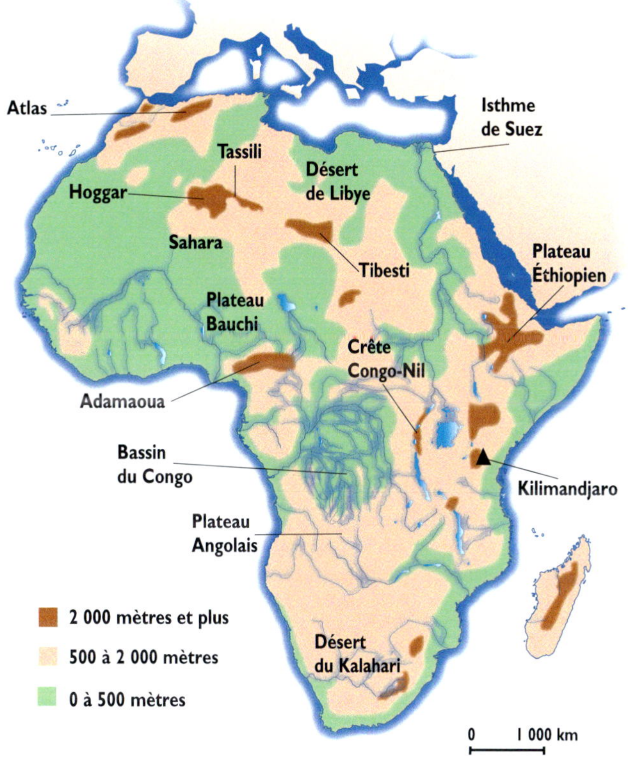

Atlas
Isthme de Suez
Tassili
Désert de Libye
Hoggar
Sahara
Tibesti
Plateau Éthiopien
Plateau Bauchi
Crête Congo-Nil
Adamaoua
Bassin du Congo
Kilimandjaro
Plateau Angolais
2 000 mètres et plus
500 à 2 000 mètres
0 à 500 mètres
Désert du Kalahari
0 1 000 km

Un équateur, deux tropiques

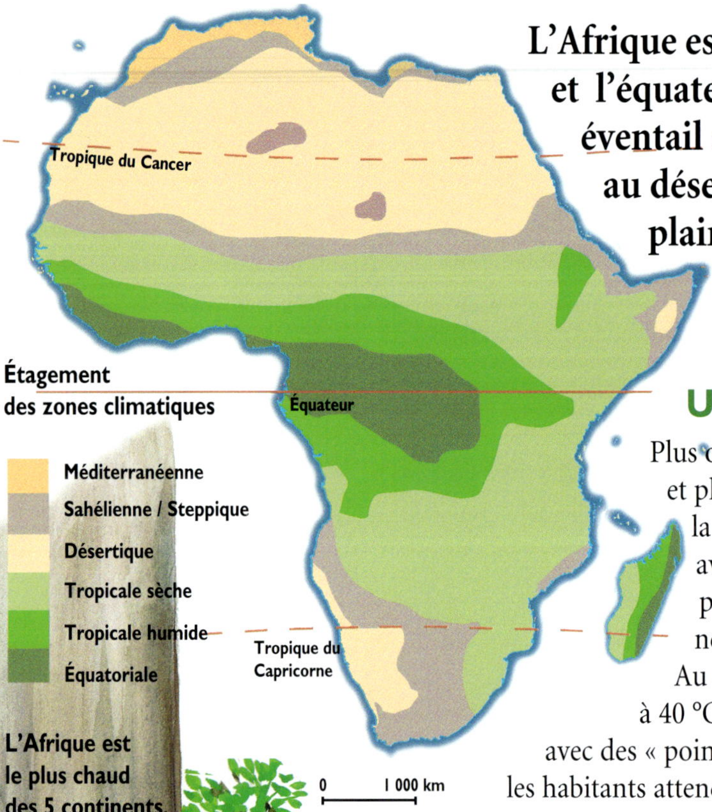

L'Afrique est traversée par les deux tropiques et l'équateur. Elle est recouverte d'un large éventail de végétation qui va de la forêt au désert en passant par les grandes plaines herbeuses. Lorsque c'est l'été en Afrique occidentale, c'est l'hiver en Afrique du Sud.

Une canicule qui dure...

Plus on se rapproche des tropiques, moins il pleut et plus la saison sèche dure longtemps. Au Niger, la saison sèche s'étend d'octobre à juin, avec une température dépassant souvent 40 °C pendant trois mois. Plusieurs régions du Sahara ne reçoivent pas une goutte de pluie de l'année. Au Sahel, la température peut être supérieure à 40 °C dans la journée pendant plusieurs mois, avec des « pointes » à 50 °C. On comprend pourquoi les habitants attendent avec impatience la saison des pluies !

L'Afrique est le plus chaud des 5 continents, sa température moyenne annuelle est supérieure à 20 °C.

Les caprices du climat

Les grandes zones climatiques se caractérisent surtout par leur régime des pluies. Mais dans les régions sahéliennes, il est difficile de prévoir le temps. Ainsi les paysans du Sahel qui plantent leurs graines dès la première pluie, ne savent pas si la suivante sera assez rapprochée pour les faire germer. S'il ne pleut pas, ils perdent tout.

En 1990, la forêt africaine couvrait plus de 1 milliard d'hectares. La forêt dense comporte près de 600 espèces d'arbres, dont les plus grands peuvent atteindre 50 mètres.

Des trombes d'eau

Près de l'équateur, le climat est chaud et humide. Certes, il fait moins chaud que dans les régions tropicales mais l'humidité est aussi pénible à supporter que la canicule. La grande saison des pluies s'étend de février à mai avec des pluies très abondantes et quasi quotidiennes. Sur les montagnes traversées par l'équateur, il tombe jusqu'à 6 mètres d'eau par an, et au Gabon, il peut pleuvoir pendant la saison sèche qui dure pourtant à peine quatre mois.

La savane fait la transition entre la forêt et le désert. De hautes herbes y poussent, qui dépassent souvent la taille d'un homme, mais en saison sèche, ce n'est plus que de la paille.

Des sols fragiles

La couche de terre sur laquelle poussent les arbres et les plantes est très mince, même en forêt. Quand celle-ci a été trop exploitée, cette couche de terre, qui n'est plus retenue par les racines, peut être emportée dans les rivières par la violence des pluies. Il en est de même dans la savane lorsque le sol est trop travaillé et la terre ravinée. Il ne reste plus alors qu'une couche d'argile rougeâtre riche en fer mais inculte, la latérite.

Le Sahel est la limite imprécise entre le désert et la savane. Ces régions souffrent de fréquentes sécheresses qui accentuent leur désertification.

ÉTRANGE HIVER

Dans les régions tropicales sèches, on appelle « hivernage » la courte saison des pluies qui succède à la longue saison sèche. Pour les agriculteurs, c'est le début des travaux dans les champs.

AU REPOS

Pendant la saison sèche, il y a peu de travail à faire dans la savane. Les hommes en profitent pour aller travailler dans les plantations forestières tandis que dans les villages, on enseigne légendes et chants locaux aux plus jeunes.

Une barrière de sable

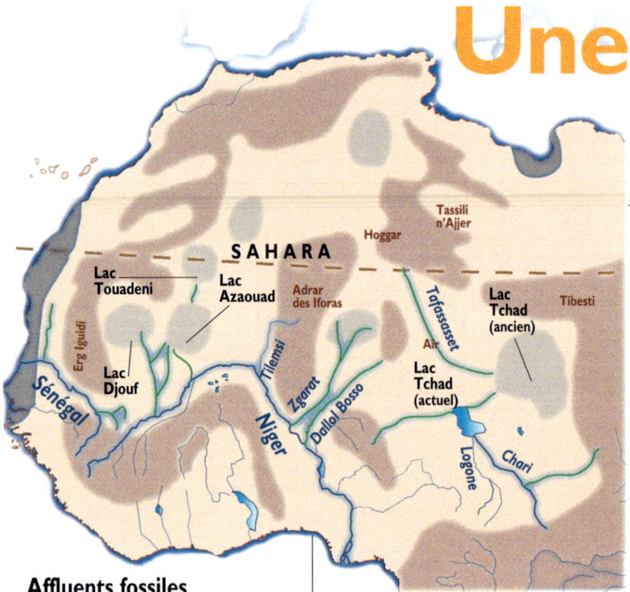

Affluents fossiles du Sénégal et du Niger

0 — 1 000 km

- Plaine quaternaire
- Plateaux
- Dépressions
- Cours d'eau actuels
- Affluents fossiles

Aujourd'hui, le Sahara isole la plus grande partie du continent africain de l'Afrique du Nord et du reste du monde. Mais il n'en a pas toujours été ainsi : cette région – le plus grand désert du monde – était autrefois une terre d'échanges et de rencontres.

Des déserts très différents

Il y a d'autres grands déserts en Afrique comme le Kalahari (520 000 km²) et le désert du Namib (270 000 km²). Ils ne ressemblent pas au Sahara : le Kalahari est une steppe un peu buissonnante qui n'est pas très chaude, tandis que le désert du Namib est une région aride, froide et brumeuse.

Drôle de désert !

Il y a 10 000 ans, des rivières ou des cours d'eau prenaient leurs sources dans les montagnes du centre du Sahara et alimentaient les grands fleuves que nous connaissons aujourd'hui, comme le Nil, le Niger et le Sénégal. Le Sahara comptait alors beaucoup de lacs. On y trouvait des poissons, des crocodiles, des hippopotames, et près des rives se côtoyaient buffles, éléphants et girafes. Les hommes du Néolithique vivaient de la chasse et de la pêche. On retrouve, gravées sur les rochers, les silhouettes des animaux qui faisaient partie de leur vie quotidienne.

Peinture rupestre en Namibie.

Une désertification très ancienne

Le Sahara a commencé à se désertifier il y a 6 000 ans en raison d'une modification du climat. Cette désertification s'est effectuée progressivement. Les pluies se sont raréfiées, les lacs sont devenus des marécages mais les populations pouvaient encore trouver des pâturages pour le bétail.

Sauve qui peut !

La dégradation du climat s'est accentuée, il y a 3 000 ans, et les pluies ont quasiment disparu. Éleveurs et agriculteurs se sont rapprochés des fleuves comme le Nil à l'est, le Niger et le Sénégal au sud. Il était temps, car, au début de notre ère, il y a 2 000 ans, la sécheresse avait déjà donné au Sahara son aspect actuel ! La rencontre de ces populations fuyant la désertification et de celles installées au bord des fleuves a contribué au développement de nouvelles sociétés à l'origine de grandes civilisations.

Les oasis sont nées de l'installation des peuples africains sur les nappes phréatiques, il y a des milliers d'années.

Le Sahara actuel

Aujourd'hui, le Sahara est devenu le plus grand désert du monde avec près de 8 millions de km². Environ 1,5 million de personnes y vivent du nomadisme et une infime minorité entretient de petits jardins dans des oasis. Lors des rares pluies, l'eau qui n'est plus arrêtée par les racines des plantes et des arbres, emporte tout sur son passage. Vite absorbée par le sable, elle alimente des grandes nappes d'eau qui forment parfois de véritables rivières souterraines.

De l'eau partout !

Il y a 50 ans, les géologues ont fait d'étonnantes découvertes en cherchant du pétrole. En enfonçant leurs sondes dans les dunes sur plusieurs centaines de mètres de profondeur, ils ont atteint des rivières d'eau douce. Ces eaux proviennent des pluies qui tombent sur les montagnes de l'Atlas au Maroc ou du Tibesti au Tchad. Elles vont pouvoir redonner la vie à des régions entières, comme en Libye, où 4 000 km de tuyaux ont permis de créer de vastes jardins en plein désert.

LES ÉLÉPHANTS DU DÉSERT

Quand le vent soulève le sable des dunes, il apparaît parfois des ossements d'éléphants ou d'hippopotames, en particulier des dents et des crânes.

Le Sahara est un gigantesque plateau où se dressent de grands massifs, le Tibesti, le Hoggar, l'Aïr, l'Adrar et l'Ennedi. Les dunes de sable, issues de la désintégration des rochers de grès, peuvent s'élever à une centaine de mètres.

Un ensemble de cuvettes

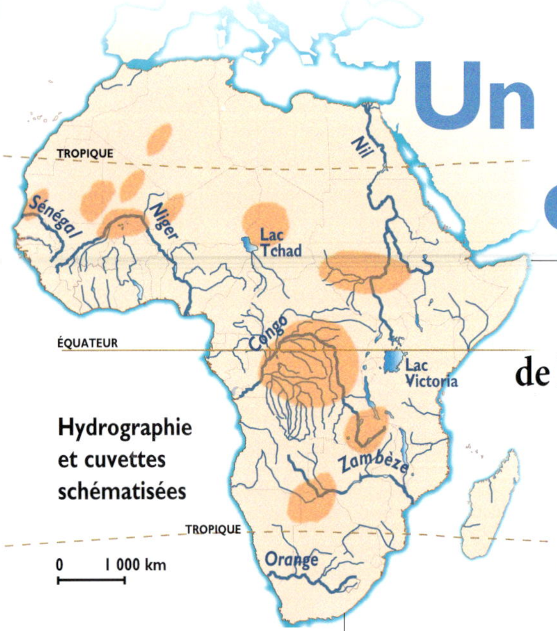

Hydrographie et cuvettes schématisées

L'Afrique est un vieux continent constitué de hauts plateaux, dont beaucoup se sont effondrés pour donner de vastes dépressions contenant des fleuves et des lacs spectaculaires. C'est au bord de ces fleuves et lacs que sont nées les civilisations africaines.

Bruit et fumée

Les chutes Victoria font un bruit tellement assourdissant que les habitants les ont appelées Mosi-oa-tunya, « la fumée qui tonne ».

Le plus grand

Traversé par les eaux du Nil, le lac Victoria a été baptisé Nyanza, ce qui signifie « grande étendue d'eau ». C'est le plus grand lac d'Afrique.

Des géants prisonniers

La plupart des grands fleuves d'Afrique centrale prennent leur source près de l'équateur, où les pluies sont les plus abondantes. Les montagnes formées par les bords relevés des dépressions les empêchent parfois de s'écouler vers la mer. Pour s'échapper du centre du continent, il leur faut franchir de gigantesques chutes ou de nombreux rapides qui isolent des régions entières. Les populations vivent de part et d'autre de ces cours d'eau et circulent en pirogue entre deux chutes pour échanger leurs produits.

Des Niagara africains

Le Congo et le Zambèze se sont frayé une sortie vers la mer par des chutes aussi puissantes que celles du Niagara aux États-Unis. Les chutes Victoria sur le Zambèze, en Zambie, mesurent 1 600 mètres de large et tombent de 108 mètres de haut. Celles d'Inga, à près de 150 km de l'embouchure du Congo, représentent le sixième de tout le débit des chutes d'eau des fleuves du monde.

Immense mais peu profond !

Au contraire des autres grands lacs d'Afrique centrale très profonds, le lac Victoria, avec 70 000 km^2, ne dépasse pas 50 mètres de profondeur en moyenne. Il occupe une grande dépression et ses eaux poissonneuses ont toujours nourri une nombreuse population.

Les Fourteen Falls dans la région de Thika, au Kenya, sont des chutes tout en largeur.

Un marécage impénétrable

Avant de devenir le grand fleuve qui fertilise l'Égypte, le Nil perd une partie de ses eaux par évaporation dans une vaste cuvette au sud du Soudan. Elle forme un immense marécage de plusieurs milliers de kilomètres carrés, le Sudd, où les populations se sont réfugiées au cours des siècles pour échapper à la guerre et à l'esclavage. Des pasteurs y vivent, avec leurs animaux, sur des îles flottantes de végétaux ou sur des îlots de sable recouverts par les eaux la moitié de l'année.

Les « nilotiques », ces peuples de pasteurs qui vivent dans la haute vallée du Nil, sont très attachés à leurs bêtes dont ils ne consomment pas la viande mais le lait.

Un lac élastique

Le lac Tchad occupe une vaste dépression entre le Sahara et l'Afrique centrale. Il peut doubler ou quadrupler sa superficie selon le débit des rivières qui s'y jettent, plus ou moins arrosées par les pluies, en particulier la plus importante, le Chari. Il y a 8 000 ans, le lac Tchad était relié au Nil par une suite de marécages et sa superficie était proche de 350 000 km^2, mais la désertification a diminué le volume des cours d'eau qui l'alimentent tandis que l'évaporation devenait plus importante. Ce phénomène n'a cessé de s'accentuer. En 1962, sa superficie était de 26 000 km^2. En 1990, elle n'en faisait plus que 2 500, et sa profondeur de 1 à 5 mètres permettait seulement la navigation des pirogues.

UN CONTINENT QUI SE DÉFEND

Au contraire de tous les autres continents, les explorateurs n'ont jamais pu pénétrer à l'intérieur de l'Afrique centrale en remontant le cours des fleuves à cause des chutes d'eau qui leur barraient le passage.

DEUX TERRIBLES ENNEMIS

Le lac Victoria est menacé par deux ennemis inattendus. Le premier, une jacinthe flottante, qui ne cesse de s'étendre, asphyxie les poissons et oblige les pêcheurs à se rapprocher du centre du lac. Le second, la perche du Nil, un grand poisson vorace introduit par erreur, décime les autres poissons.

Pêcheurs sur le fleuve Congo.

Le Kilimandjaro et le Ruwenzori aux sommets couverts de neige sont aussi appelés montagnes de la Lune.

L'Afrique coupée en deux

FAILLE OU FOSSÉ ?
Si les Français appellent « faille » la grande coupure qui partage l'Afrique orientale du nord au sud, les Anglais lui donnent le nom de vallée du Rift (fossé).

L'Afrique orientale est traversée par une grande faille qui part de Djibouti, au nord, pour se terminer au lac Malawi, au sud. Sur ses bords se dressent de nombreux volcans, éteints ou en activité. Dans des millions d'années, la partie la plus à l'est sera séparée du reste de l'Afrique.

Les toits de l'Afrique

Les plus hauts sommets de l'Afrique sont des volcans provoqués par la formation de la grande faille. Le plus élevé est le Kilimandjaro appelé aussi Uhuru (ou Indépendance, 5 895 m), en Tanzanie. Viennent ensuite le mont Kenya (5 184 m), au Kenya, et le Ruwenzori (5 119 m), en Ouganda. En Afrique occidentale, le record d'altitude revient au mont Cameroun (4 070 m), au bord du golfe de Guinée. Le Sahara a aussi des volcans dans le Tibesti (3 415 m) et le Hoggar (3 000 m).

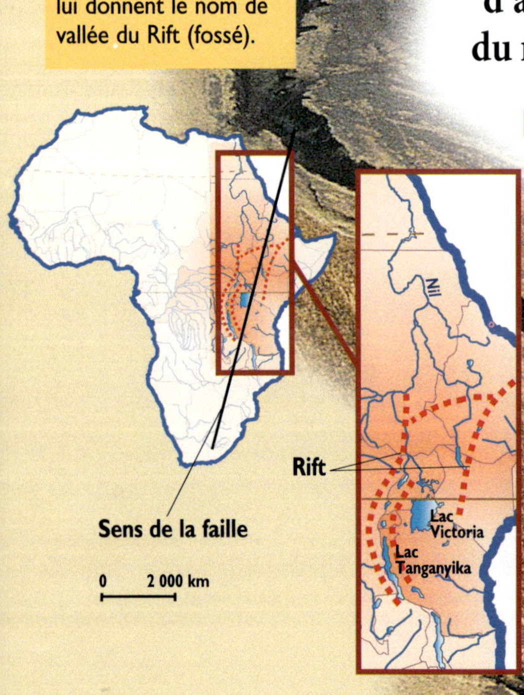

Des fleuves qui disparaissent

Plusieurs cuvettes sont alimentées par des fleuves qui se jettent dans des lacs dont les eaux s'évaporent sous l'effet de la chaleur. Sur les bords de ces dépressions, on a découvert les plus anciens ancêtres de l'humanité connus à ce jour : Abel (3,3 millions d'années), Toumaï (6 ou 7 millions d'années) près du lac Tchad, Lucy (3,2 millions d'années) dans la vallée de l'Omo, en Éthiopie.

Le petit dernier

En 1978, à Djibouti, un petit volcan est apparu. Il a été appelé par les nomades Ardoukoba, ce qui veut dire « en pente ». Il se trouve juste au début de la grande faille, à quelques kilomètres de la mer Rouge.

Des lacs de sel

Les lacs des zones désertiques, qui ne sont pas traversés par des fleuves ou des rivières, sont complètement à sec en plein été. Les lacs du Sahara d'autrefois sont devenus de vastes étendues couvertes d'une épaisseur de sel de plusieurs dizaines de centimètres. Ils sont exploités par des nomades qui viennent y découper des barres de sel qu'ils vont échanger au Sahel contre des céréales. À Djibouti, le lac Assal se trouve à 155 mètres au-dessous du niveau de la mer et sa surface est recouverte d'une couche de sel éclatante de blancheur.

La banquise de sel du lac Assal.

La route des migrations

Les populations nomades ont utilisé les vallées de la grande faille pour migrer vers le sud du continent, il y a environ 3 000 ans. La plupart étaient des pasteurs. Ils conduisaient des bovins à longues cornes, d'une espèce voisine de celle qui figure sur les peintures de l'Égypte ancienne. Certains pasteurs se sont établis en Ouganda et au Rwanda, dans la région des Grands Lacs d'Afrique centrale, d'autres ont continué jusqu'en Afrique australe.

Les descendants de ces pasteurs nomades ont donné de nombreux peuples comme celui des Zoulous.

Le Nil des Grands Lacs

L'origine du Nil a été longtemps un des grands mystères de l'histoire. C'est en pénétrant au cœur de l'Afrique des Grands Lacs qu'on a pu découvrir ses sources. Ce fleuve, le deuxième du monde par sa longueur, garde encore tout son prestige et plusieurs pays revendiquent sa naissance.

Quel Nil nourrit l'Égypte ?

Hérodote disait que l'Égypte était un don du Nil. Pourtant, ce n'est pas le Nil, né au cœur de l'Afrique, qui fertilise l'Égypte. Quand il arrive là, il a perdu la plus grande partie de son limon dans les lacs d'Afrique centrale et dans les marais du sud du Soudan. Ses eaux sont alors relativement claires : on l'a surnommé Nil Blanc, ou « Bahr el-Abiad ». C'est son affluent principal, le Nil Bleu, ou « Bahr el-Azrak », qui apporte ses bienfaits à l'Égypte car ce sont ses eaux rouges et boueuses, chargées du limon arraché aux montagnes d'Éthiopie, qui multiplient par trois son débit. À partir de Khartoum, le Nil ne s'appelle plus que « el Bahr », le Fleuve.

Au XIXe siècle, de nombreux explorateurs ont tenté de trouver les sources du Nil.

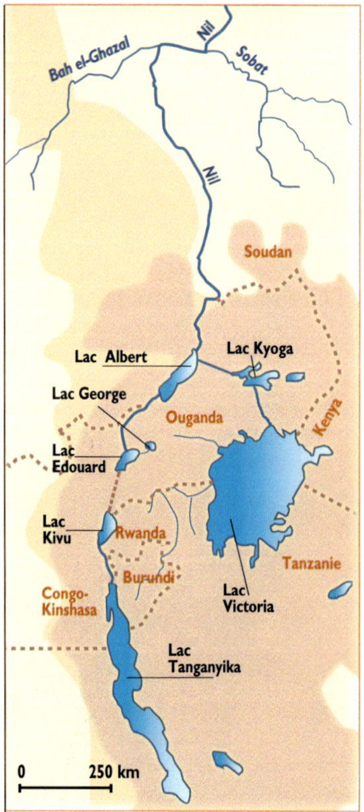

Le Nil et les grands lacs

Des sources compliquées

Dès sa naissance, le Nil traverse une série de grands lacs qui reçoivent l'eau de nombreuses rivières. C'est ainsi que la Nyabarongo, une importante rivière venue du Rwanda et du Burundi, se jette dans le lac Victoria. Un canal, appelé Nil Victoria, permet aux eaux de ce lac de se déverser dans le lac Kyoga en Ouganda. Puis le grand fleuve continue sa course pour se jeter dans un autre grand lac, le lac Albert. Celui-ci a aussi reçu les eaux des lacs George et Edouard. Quand il sort du lac Albert pour entrer au Soudan, le Nil a l'aspect d'un fleuve tumultueux non navigable.

SURPRENANT

Long de 6 700 km, le Nil est un des rares fleuves à couler du sud au nord.

À qui les sources du Nil ?

Il y a un siècle et demi, les premiers explorateurs, des Anglais, ont essayé de percer le mystère des sources du Nil. Ils ont donné les noms des membres de la famille royale aux lacs qu'ils découvraient. Le plus grand, partagé aujourd'hui entre l'Ouganda, la Tanzanie et le Kenya, a reçu le nom de la reine Victoria, et les Anglais ont décrété que ce lac était la source du Nil. Plus tard, les Allemands, qui ont colonisé la région plus au sud, ont précisé que la source la plus lointaine se trouvait au Burundi, et la plus abondante au Rwanda. Chacun de ces pays, devenus indépendants, s'accroche toujours à « sa » source du Nil.

Le Rwanda possède 28 lacs dont le lac Bulera, au nord, situé à 1 864 mètres d'altitude.

Une crête de coq

Les grands lacs d'Afrique centrale appartiennent au bassin du Nil et du Congo. Ils prennent leurs sources dans cette région où la grande faille africaine montre des paysages spectaculaires. C'est ici que se trouve la ligne qui sépare le bassin du Nil de celui du Congo. Elle est dominée par de nombreux volcans qui se découpent à l'horizon comme la crête d'un coq. À l'ouest se trouve le bassin du Congo en forme de grande cuvette. À l'est, on peut admirer quelques-uns des plus beaux paysages du monde avec des grands lacs situés entre 1 500 et 2 500 mètres d'altitude.

Quel voyage !

Le Nil occupe un bassin de 2 870 000 km^2 (plus de cinq fois la France). Il prend naissance dans la forêt, en Afrique centrale, près de l'équateur, et se jette dans la Méditerranée, après avoir traversé de nombreux pays : Burundi, Rwanda, Ouganda, Tanzanie, Kenya, Éthiopie, Soudan, Égypte.

La trompe de l'éléphant

Le Nil Bleu rencontre le Nil Blanc à Khartoum, la capitale du Soudan. Le nom de Khartoum signifie « trompe de l'éléphant » et provient de la forme de la langue de terre dessinée par la rencontre des deux fleuves à cet endroit.

Un dieu tout-puissant

La crue du Nil est divinisée sous la forme d'un dieu à la silhouette androgyne, au ventre rebondi et aux seins pendants, signes de fertilité et d'abondance. C'est le dieu Hapy qui dépose le limon sur les berges du fleuve et les rend cultivables. Son culte était très populaire tout le long du Nil. On jetait des offrandes au dieu dans le fleuve pour entretenir sa puissance.

Pêcheur dans les rapides de Kisangani.

Le Congo, monstre de l'équateur

Avec 4 700 km de long, le Congo s'impose comme le deuxième fleuve d'Afrique après le Nil. Son gigantesque bassin occupe 3 690 000 km^2 (plus de sept fois la France). Son régime est régulier, mais la forêt équatoriale qui le recouvre presque totalement est un frein aux déplacements.

À plein régime

Le Congo est un fleuve géant, comparable à l'Amazone en Amérique du Sud. À son embouchure, son débit est de 45 000 m^3 par seconde. Certains de ses affluents sont plus importants que les grands fleuves d'Europe.

Il prend sa source dans le sud du Congo-Kinshasa, près de la frontière avec la Zambie à 1 435 mètres d'altitude. Ce n'est alors qu'une rivière, appelée Lualaba. Il garde ce nom de Lualaba pendant plus de 1 500 km jusqu'aux chutes de Boyoma (ex-Stanley), à Kisangani, où il devient réellement le Congo. Sur sa rive droite, il reçoit alors son affluent principal, l'Oubangui, un autre géant. À cet endroit, le Congo est large de 12 km.

JAMAIS LE MÊME NOM !

Les premiers navigateurs arrivés dans la région à la fin du XVe siècle donnèrent au fleuve le nom du royaume de Kongo qui se développait à son embouchure. Au XXe siècle, le général Mobutu, qui gouvernait le pays, le rebaptisa Zaïre, nom que lui donnent les habitants de sa région d'origine. Après sa mort, on lui a redonné le nom de Congo.

Bouches du Congo et rapides d'Inga.

Le Congo a aussi des affluents vertigineux.

De chute en chute

Le Congo est enfermé dans une immense cuvette bordée par la crête Congo-Nil à l'est, les monts du Cameroun au nord, et les hauteurs de l'Angola et de la Zambie au sud. Contraint par le relief, ce grand fleuve décrit un immense arc de cercle avant de trouver, enfin, un étroit passage pour se jeter dans l'océan Atlantique. À cet endroit, il s'élargit pour former le grand lac appelé Pool Malebo, au bord duquel sont situées les capitales Kinshasa et Brazzaville. L'altitude est alors de 277 mètres et le fleuve descend vers la mer en franchissant 34 chutes d'eau.

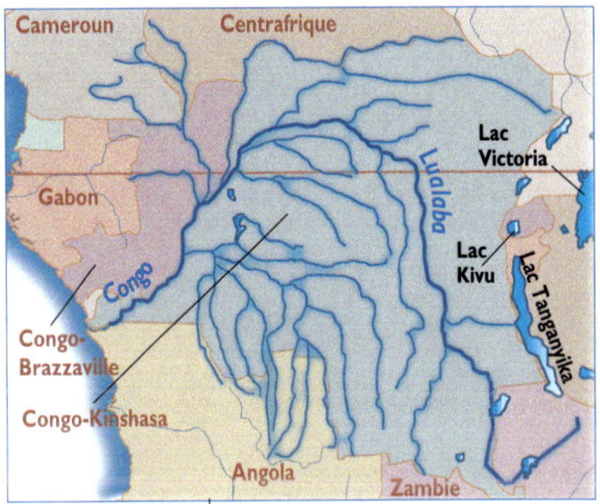

Le fleuve Congo

0 500 km

Une forêt très présente

Le bassin du Congo est traversé par l'équateur et, dans sa courbe, le fleuve croise deux fois la ligne équatoriale. C'est pourquoi des pluies abondantes alimentent les nombreuses rivières. Au contraire des zones tropicales où une longue saison sèche succède à une saison des pluies, les régions équatoriales reçoivent des pluies presque toute l'année. Par conséquent, la végétation est abondante et la forêt humide recouvre la plus grande partie de la région. Étant donné que les routes sont inaccessibles pendant de longues périodes, les cours d'eau deviennent les seules voies de communication. C'est sur leurs berges que vit la majorité de la population.

Sur le Congo, les hommes se déplacent en pirogue.

UN LAC CONTRARIÉ

Il y a très longtemps, le lac Kivu, qui se trouve entre le Rwanda et le Congo-Kinshasa, faisait partie du bassin du Nil. Une coulée de lave du volcan Nyragongo lui a coupé la route et a forcé ses eaux à se jeter dans le lac Tanganyika qui alimente le fleuve Congo. Aujourd'hui, au lieu d'atteindre la Méditerranée comme les eaux du Nil, les eaux du lac Kivu se déversent dans l'Atlantique.

OÙ EST LA MER ?

Les navigateurs portugais qui découvrirent l'embouchure du Congo pensaient que c'était un canal maritime qui leur permettrait d'atteindre l'océan Indien. Après avoir navigué pendant 100 km, ils se trouvèrent en face de chutes d'eau infranchissables.

Aux sources de l'or, le Sénégal et le Niger

Au Mali, les Bozos assurent les transports locaux dans de grandes pirogues, à faible tirant d'eau, mais pouvant contenir de grandes quantités de marchandises.

En Afrique occidentale, le Sénégal et le Niger sont deux grands fleuves qui traversent la savane. Leurs crues permettent aux populations de vivre dans un milieu menacé par la désertification. Autrefois, c'est à leurs sources que les grands empires allaient chercher l'or.

Un vrai bienfaiteur

Le Sénégal est un bienfait pour les populations des pays qu'il traverse (Guinée, Mali, Mauritanie, Sénégal) malgré un régime irrégulier puisqu'il passe de 5 m^3 d'eau par seconde, à la fin de la saison sèche, à 5 000 m^3 par seconde, à la fin de la saison des pluies. Le fleuve déborde alors de 15 à 20 km sur chacune des berges où sont implantés de nombreux villages. Au-delà, la végétation, très pauvre, est réservée aux troupeaux. À 800 km de son embouchure, le Sénégal n'est plus qu'à 20 mètres au-dessus du niveau de la mer !

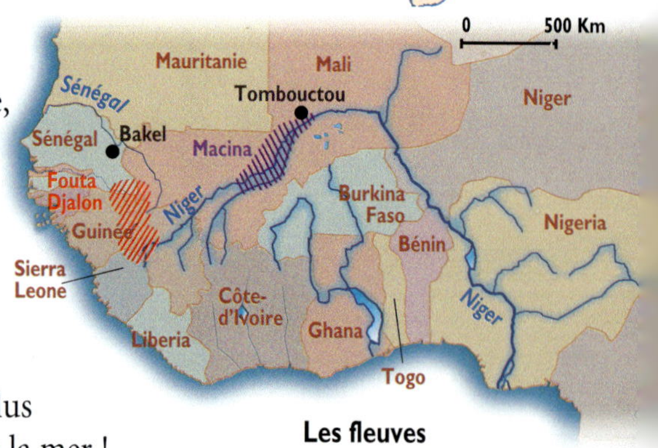

Les fleuves Niger et Sénégal

Le delta aux oiseaux

Le Sénégal se termine par un immense delta qui déborde parfois d'une centaine de kilomètres vers le nord car son embouchure n'est pas assez grande. Il abrite près de 180 espèces d'oiseaux qui viennent d'Europe et de Sibérie pour y passer l'hiver.

Ma pirogue ?

Quand les Européens sont arrivés à l'embouchure du Sénégal, au XVe siècle, ils ont demandé à un piroguier le nom du fleuve. Celui-ci a cru qu'ils parlaient de sa pirogue et a répondu en langue locale : « Sénégal », c'est-à-dire « c'est ma pirogue ».

Un delta à perte de vue !

Comme le Sénégal, le Niger prend naissance dans le massif du Fouta Djalon en Guinée. Il coule ensuite dans la grande cuvette d'Afrique occidentale et fait une grande boucle vers le nord, près de Tombouctou, à la frontière du Sahara. Lors de sa crue annuelle, il s'étale pour former un grand delta intérieur de 30 000 km^2 : le Macina. Les troupeaux viennent ensuite brouter l'herbe tendre qui pousse sur les terres libérées des eaux après évaporation. Les poissons abondent et les habitants les pêchent en quantité, puis les font sécher au soleil.

Les eaux du Niger mettent 1 an pour atteindre l'embouchure du fleuve. Il leur faut 6 mois pour remplir le vaste delta intérieur !

Le Niger des forêts

Quand le fleuve amorce sa descente vers le sud, son cours se rétrécit et passe par une série de rapides avant d'entrer au Niger. Il a perdu une grande partie de son eau à cause de la chaleur intense qui touche les régions qu'il traverse. Il coule ensuite vers le Nigeria où il reçoit, sur sa rive gauche, son principal affluent, la Bénoué, qui lui redonne de l'eau en abondance. Il se jette ensuite dans le golfe de Guinée par un immense delta de 25 000 km^2, couvert de forêts inextricables.

Les naufragés du désert

En raison de la désertification continue de la région, les agriculteurs qui habitaient autrefois le Sahara se sont installés dans les vallées plus humides du Sénégal et du Niger. Aujourd'hui encore, les nomades vivant à la limite du désert sont poussés par la sécheresse vers les fleuves, espoir de pâturages pour le bétail. La rencontre avec les agriculteurs qui cultivent le mil et le riz est parfois une source de conflits, car les animaux dévastent les champs.

Il y a peu de ponts sur le Niger et le Sénégal mais plutôt des bacs comme ici à Bakel, au Sénégal oriental.

Un secret bien gardé

Pendant longtemps, on a cru qu'on trouvait l'or de l'Afrique dans le lit des rivières car les Africains du Sahel cachaient jalousement son origine. En réalité, l'eau des rivières n'est indispensable que pour laver la terre extraite ailleurs afin d'en récupérer les particules plus lourdes appelées paillettes.

Le pétrole ne fait pas le bonheur

Au Nigeria, le delta du Niger est la principale région pétrolière du pays. Mais c'est une richesse qui ne fait pas plus le bonheur des hommes que celui des animaux. Les populations n'en profitent pas et l'environnement a été fortement dégradé par les exploitations.

Côtes et lagunes

Les côtes bordées par l'océan Atlantique sont plates et sableuses avec peu d'échancrures pour abriter les navires. Les populations se sont établies autour des lagunes derrière les dunes de sable. Ce sont les côtes en bordure de l'océan Indien qui ont accueilli les premiers marins.

Les hommes des lagunes

Les côtes du golfe de Guinée sont bordées par une longue dune de sable derrière laquelle se trouvent souvent d'immenses lagunes alimentées par les cours d'eau. Un canal naturel permet aux fleuves de se jeter dans la mer. Les populations vivent autour de ces lagunes aux eaux calmes, où le poisson et les coquillages abondent. Ce sont les premiers Africains qui sont entrés en contact avec les Européens à leur arrivée au XVe siècle.

DANS UN PANIER

Avant la construction de ports modernes à l'intérieur des lagunes, comme Abidjan, les personnes et les marchandises devaient d'abord franchir la barre en pirogue. Au large, elles étaient hissées à bord des bateaux dans de grands paniers car la houle empêchait les pirogues de s'approcher.

BELLE MAIS FRAGILE

Les estuaires sont souvent bordés d'arbres amphibies qui plongent leurs racines dans l'eau salée et forment une végétation inextricable. C'est la mangrove. Elle abrite une faune particulière d'oiseaux, de poissons, et de crustacés. Fragile, elle souffre beaucoup de la pollution marine.

Personne n'habite sur le versant côtier de la dune. Seuls les pêcheurs y tirent leurs pirogues, qu'ils lancent à travers la barre pour gagner le large où le poisson abonde.

Les marins de la mousson

Les côtes orientales de l'Afrique, le long de l'océan Indien, sont basses et parfois bordées de dangereux récifs de corail, mais la mer y est moins tumultueuse. Toute la région est sous l'influence des vents de la mousson. L'hiver, en janvier, ils amènent les pluies du sud-est, montent le long des côtes d'Afrique, d'Arabie, et atteignent l'Inde. L'été, au contraire, les vents viennent de l'Inde au nord-est et sont plus secs.

La mer et le désert

Au sud du Maroc, les côtes d'Afrique furent longtemps redoutées par les navigateurs à cause des vents et des courants. Le banc d'Arguin, sur les côtes mauritaniennes, est un ensemble de hauts-fonds sableux qui s'avance parfois de plusieurs dizaines de kilomètres dans la mer. Le danger était grand pour les équipages des navires qui s'y échouaient, car l'arrière-pays est un désert sans eau.

Attention danger !

Sur la plus grande partie des côtes bordant l'océan Atlantique, les courants créent une forte houle qui transforme les grandes vagues en rouleaux qu'on appelle la barre. Pour permettre aux bateaux d'accoster, on a créé des ports artificiels en construisant des wharfs, des jetées qui s'avancent dans la mer au-delà de la barre.

Les îles situées dans l'Atlantique à grande distance des côtes africaines comme São Tomé étaient inoccupées à l'arrivée des Européens.

Mille et une îles

De terribles souvenirs

Sur l'île de Gorée, un musée de l'esclavage a été installé dans la demeure d'un marchand du XVIIIe siècle où étaient « entreposés » les esclaves, dit-on, avant leur exportation en Europe ou dans le Nouveau Monde.

Les îles ont été les premiers territoires d'Afrique occupés par les Européens et les Arabes. Leur climat humide et leur sol d'origine volcanique ont favorisé la mise en valeur des plantations exploitées par les esclaves noirs.

Gorée, la sentinelle de Dakar

Située à 4 km au large de Dakar, la petite île de Gorée est un gros rocher d'origine volcanique de 900 mètres sur 300. Les Anglais, les Hollandais et les Français se sont battus pour la possession de cette île qu'ils ont transformée en place forte. Gorée possède une belle rade protégée de la houle du large pour accueillir les navires. L'île est aussi un lieu tragique : pendant des siècles, elle a été utilisée comme « esclaverie ».

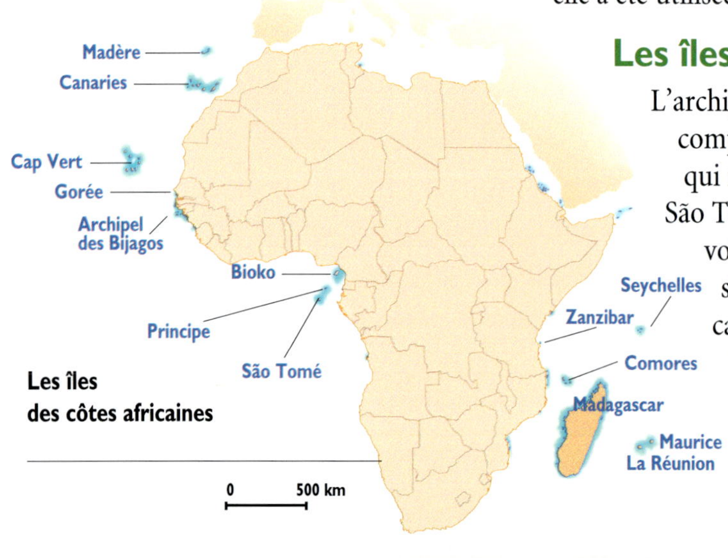

Les îles des côtes africaines

Les îles jardins de l'Atlantique

L'archipel des îles du Cap-Vert, au large du Sénégal, compte une quinzaine d'îles d'origine volcanique qui recouvrent une superficie de plus de 4 000 km^2. São Tomé, dans le golfe de Guinée, est une montagne volcanique au sol riche et couverte de forêts, qui s'élève à plus de 2 000 mètres. On y cultive du cacao et du café. Dans l'archipel des Bijagos, se trouve un parc national protégeant une faune rare et fragile dont l'hippopotame nain.

Tananarive, capitale de Madagascar, fut fondée au XVIIᵉ siècle par le roi des Hovas.

Madagascar, une île-continent

Cette grande île d'origine volcanique de 587 041 km^2 (à peu près la France), restée isolée du reste du monde pendant des millions d'années, est formée d'un haut plateau tempéré qui s'abaisse à l'ouest. La côte orientale qui borde l'océan Indien est étroite et sa végétation tropicale entretenue par les pluies abondantes de la mousson. Surnommée l'« île Rouge » à cause de son sol ferrugineux, Madagascar est riche d'une faune et d'une flore inconnues ailleurs : on y trouve des lémuriens et la plus grande diversité de papillons au monde.

Les îles aux épices de l'océan Indien

Zanzibar, grande île plate à la végétation luxuriante, entourée de récifs de corail, est située à 40 km à l'est de la Tanzanie. La richesse de son sol permet d'y cultiver des épices comme le clou de girofle. Elle a servi d'entrepôt aux marchands arabes qui faisaient le commerce des esclaves et de l'ivoire. Dans l'archipel des Comores, plus au sud, les sultans locaux se faisaient une guerre perpétuelle.

Un espace très varié

La Réunion et l'île Maurice avec ses dépendances comme Rodrigues (auxquelles on ajoute parfois les îles Seychelles) constituent un archipel d'origine volcanique, appelé les « Mascareignes ». Inhabitées à l'arrivée des Européens, elles abritent aujourd'hui une population métissée d'Africains, d'Indiens et d'Européens. La beauté des paysages et la richesse des fonds sous-marins sont des atouts pour développer le tourisme.

À Zanzibar, l'exubérance de la végétation n'a rien à voir avec la forêt vierge. C'est une île jardin cultivée avec soin.

DES ANIMAUX ÉTRANGES

Madagascar est le seul endroit au monde où vivent les lémuriens, mammifères aux yeux ronds et énormes, proches des singes. Ils auraient survécu sur cette île grâce à l'absence de concurrence avec les singes. Ils sont étudiés par ceux qui travaillent sur les origines de l'homme. Les Romains de l'Antiquité les appelaient *lemures*, « fantômes des morts ».

Les animaux de la savane

La savane est le paradis des animaux. Les hautes herbes procurent les aliments nécessaires aux grands mammifères tandis que les vastes espaces favorisent leurs migrations saisonnières. Herbivores et prédateurs vivent dans un monde où la recherche de l'équilibre reste la loi première.

Symbole de l'Afrique

La girafe était surtout recherchée pour la touffe de poils au bout de sa queue. Avec ces longs poils, les femmes tressaient des bracelets, symbole de fécondité.

Qui mange qui ?

Comme ailleurs, dans la savane, chaque animal se trouve à une place précise d'une chaîne alimentaire qui maintient un équilibre naturel. Les antilopes mangent les végétaux. Les carnassiers, lions et léopards, mangent les antilopes, en particulier les animaux malades ou blessés, mais vivants. Grands nettoyeurs de la savane, les vautours et les hyènes se nourrissent des cadavres en putréfaction. Les éléphants sont les seuls herbivores à ne pas être attaqués par un prédateur.

Sacrées dents !

Les défenses de l'éléphant sont ses incisives supérieures qui ont beaucoup grandi. À cause d'elles, les éléphants sont menacés par les trafiquants d'ivoire. Il y a un siècle, on pouvait encore voir des défenses de 3 m, pesant 100 kg.

Fort comme un lion

Les lions vivent en bande et plusieurs bandes s'associent parfois pour chasser de gros mammifères. Un lion peut traîner une proie trois fois plus lourde que lui.

Tous les animaux qui vivent dans la savane sont adaptés à la course et à la vue de loin. Parmi eux, beaucoup sont nomades, car ils sont toujours à la recherche de point d'eau.

Le roi de la brousse

Si, pour les Européens, le lion est le roi des animaux, pour les Africains, c'est l'éléphant. Le plus gros des mammifères terrestres peut atteindre 3,50 m au garrot et son poids avoisine 7 tonnes. L'éléphant des savanes d'Afrique est plus grand que l'éléphant d'Asie et que l'éléphant des forêts. Seul un milieu naturel comme la savane peut fournir à un adulte les 150 à 200 kg de nourriture quotidienne dont il a besoin.

Des cornes ou des rayures ?

L'abondance des graminées fait le bonheur des antilopes de toutes tailles qui peuplent la savane. Chaque espèce est caractérisée par la forme des cornes des mâles. Parmi les 70 espèces d'antilopes, la plus petite, le dik-dik, mesure 35 cm de haut ; la plus grande, l'éland du Cap, peut dépasser 1,80 m. La plus rapide, l'impala, est aussi la plus gracieuse : haute de moins de 1 mètre, elle peut sauter jusqu'à 3 mètres de haut. Le zèbre, lui, habite uniquement les savanes d'Afrique orientale et australe. Cet animal à la peau blanche avec des rayures noires, appartient à la famille des Équidés. Certaines espèces ont des bandes verticales sur l'arrière du corps et obliques sur le reste, d'autres, comme le zèbre de Grévy, ont des rayures verticales et plus fines sur l'ensemble du corps.

Les noms de l'antilope

Certains noms communs ont été créés par comparaison avec d'autres animaux : on distingue ainsi l'hippotrague ou antilope-cheval, le cerf d'eau pour le cob aux cornes en forme de lyre, l'antilope-girafe à cause de son front plat et de son long cou, ou encore l'antilope-taureau pour l'éland.

Des marginaux originaux

On connaît deux espèces de girafes : leur différence concerne leurs taches, grandes ou petites, avec des contours plus ou moins nets. De même, il n'existe que deux espèces de rhinocéros : le noir et le blanc qui atteint 5 mètres de longueur. Certains ont deux cornes : la plus grande, celle de devant, peut dépasser 1 mètre. Autre animal africain original : l'autruche, ce grand oiseau coureur. Le mâle peut mesurer 2,50 m et peser 150 kg ; la femelle pond des œufs dont le poids atteint 2 kg.

Les animaux de la forêt

Dans la forêt, l'abondance de la végétation, la pénombre et les difficultés de circulation favorisent plutôt les mammifères de petite taille, les reptiles et les oiseaux. C'est le milieu privilégié des singes tandis que les cours d'eau abritent crocodiles et poissons de toutes tailles.

Des mammifères nains

L'hostilité de la nature, une nourriture de mauvaise qualité et l'absence de végétaux accessibles conditionnent la taille des mammifères. Il n'existe pas de rhinocéros, d'hippopotames ou d'éléphants nains. En fait, la petite taille des espèces qui vivent en forêt résulte de conditions de vie difficiles. En forêt, le buffle est de plus petite taille que son cousin de la savane.

Comme Tarzan

Les singes sont évidemment les rois dans ce milieu où il est plus facile de circuler d'arbre en arbre que de marcher sur un sol spongieux, encombré de végétaux en décomposition. Les singes les plus répandus sont les cercopithèques et les colobes, qui se nourrissent surtout de feuilles. Dans les montagnes de la crête Congo-Nil vivent des familles de grands gorilles (ils peuvent atteindre 2 mètres). Dans les forêts, on rencontre aussi les chimpanzés qui vivent et voyagent en petits groupes sur des territoires assez vastes.

Curieux animal

Le pangolin au corps couvert d'écailles tranchantes et pointues mesure 1 mètre de long : sa queue représente les deux tiers de son corps. Amateur de fourmis et de termites, il creuse le sol et les attrape avec sa longue langue gluante.

Attention les pieds !

Mieux vaut ne pas marcher pieds nus dans la forêt tropicale. Les scorpions et les serpents prolifèrent. Certains serpents sont inoffensifs, mais d'autres sont redoutables comme le cobra cracheur, qui peut lancer son venin à 1,50 m de distance. Le mamba, lui, se laisse tomber des arbres sur sa victime. La vipère du Gabon injecte par ses crochets un venin mortel pour l'homme.

Dans la forêt tropicale, les insectes, sont les plus gros consommateurs de déchets naturels.

Baignades dangereuses

L'hippopotame peut atteindre 4 tonnes pour 3 mètres de long, c'est le plus grand des mammifères terrestres après l'éléphant et le rhinocéros blanc. Il n'aime pas être dérangé, mais redoute l'homme, qui l'a longtemps chassé pour sa chair et ses dents. Le grand crocodile du Nil lui-même, qui atteint 5,50 m et attrape tout ce qui passe à sa portée, le craint et garde ses distances. Comme le vautour dans la savane, le crocodile, éboueur des rivières, se nourrit d'ordures et d'animaux morts.

Petits mais redoutables

Le vrai danger n'est pas sous les pieds, mais dans l'air. C'est le moustique ! Il fait mille fois plus de victimes que le scorpion ou le serpent. Selon son espèce, le moustique peut transmettre le paludisme ou la fièvre jaune. La glossine (mouche tsé-tsé) peut, elle aussi, faire des ravages en propageant la maladie du sommeil qui touche les hommes et le bétail ; à cause de ce risque, il n'y a pas d'élevage en zone forestière.

Menace sur les gorilles

Les gorilles des montagnes du Rwanda et du Congo sont menacés de disparition. Ils sont recherchés par des collectionneurs pour leur fourrure, leurs mains ou leur tête. Pendant plusieurs années, la chercheuse américaine Dian Fossey les a approchés pour les étudier et les protéger, avant d'être assassinée par des braconniers.

Des génies aux ancêtres

Les Africains des générations passées pensaient que des esprits animaient les éléments naturels : la pluie, l'eau, les arbres, les rochers ou même la sécheresse. Plus tard, organisés en villages, les hommes n'ont pas oublié ce monde sauvage qu'ils ont domestiqué. Il leur a permis de subsister et doit les nourrir encore.

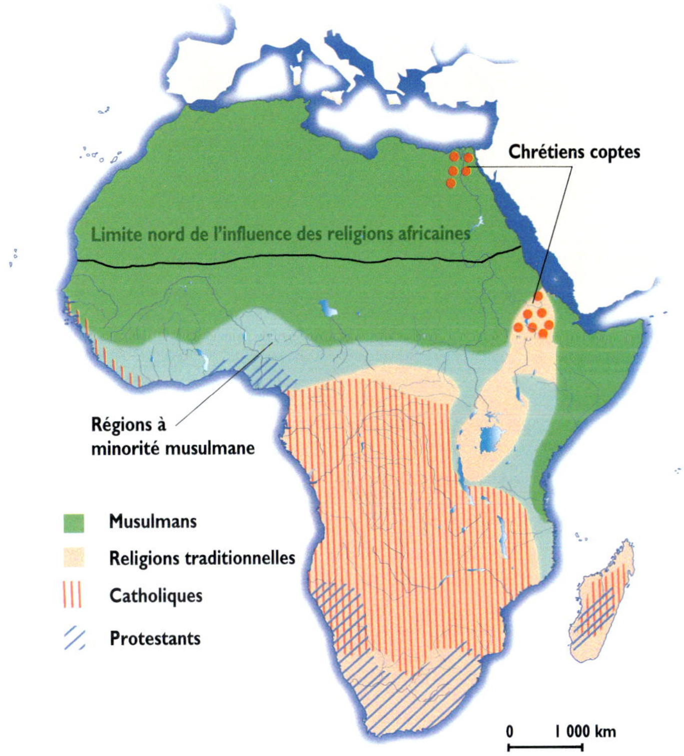
Chrétiens coptes
Limite nord de l'influence des religions africaines
Régions à minorité musulmane
Musulmans
Religions traditionnelles
Catholiques
Protestants
0 1 000 km

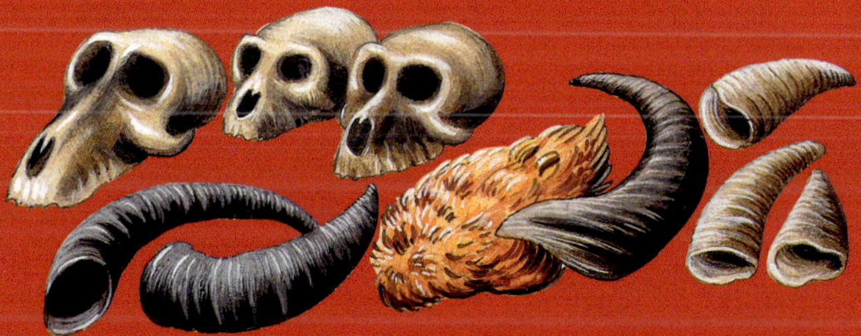

Au Togo, la principale céréale cultivée est le maïs, que les femmes récoltent au mois d'août.

Une nature généreuse

Les produits naturels ont toujours assuré la survie des hommes. Aujourd'hui encore, ceux-ci ont conscience de la bataille menée par leurs ancêtres pour fonder leur société et n'oublient pas que la nature peut leur fournir de quoi surmonter les moments difficiles.

Les hommes de la « brousse »

Les hommes qui vivent dans la forêt ou dans le désert ont une bonne connaissance du milieu et savent tirer parti de leur environnement. Dans les forêts d'Afrique centrale, les Pygmées piègent les animaux, et savent reconnaître les plantes et utiliser leurs propriétés. De même, les Bochimans des déserts du Sud récoltent l'eau des plantes grasses et suivent pendant des jours les traces des animaux sauvages pour les tuer ou les piéger.

C'est quoi, la brousse ?

Pour un villageois de la savane ou du Sahel, la « brousse », c'est tout ce qui est en dehors de son village et au-delà de ses champs cultivés. En zone boisée, on parle plutôt de la forêt. En général, ce sont les lieux non débroussaillés qui sont habités par les animaux sauvages et les esprits. Pour les citadins, la brousse, c'est le monde rural dans son ensemble.

Pas le temps de s'ennuyer !

En brousse, les chasseurs vivent en groupes d'une quinzaine de personnes. Les familles, composées du père, de la mère et de quelques enfants, sont relativement réduites car les hommes ne sont pas polygames : ils n'ont qu'une femme (au contraire des agriculteurs qui pratiquent plus souvent la polygamie). Les femmes sont spécialisées dans la cueillette des fruits et des racines sauvages et toutes les décisions concernant la chasse sont prises en commun.

Les débuts de l'agriculture

Pendant les périodes de disette, les femmes et les enfants agitent les épis des graminées pour faire tomber les graines les plus mûres. C'est peut-être ainsi que les femmes ont découvert l'agriculture il y a des milliers d'années. En plantant les plus belles graines tombées sur le sol, elles se sont rendu compte qu'on pouvait obtenir des plantes avec des tiges plus fortes et des graines plus grosses. Ces graines leur garantissaient la sécurité car on pouvait les stocker tandis que la viande rapportée par les hommes devait être consommée rapidement. Par la suite, a commencé la domestication, peut-être en élevant les petits des animaux sauvages.

L'ARBRE À BEURRE

Le karité offre bien des possibilités. Dans la savane, les femmes extraient de sa noix une matière grasse qu'elles vendent sur les marchés, ce qui représente leur revenu principal. Les feuilles et les baies servent à cuisiner des sauces pour les plats de céréales et à faire des onguents.

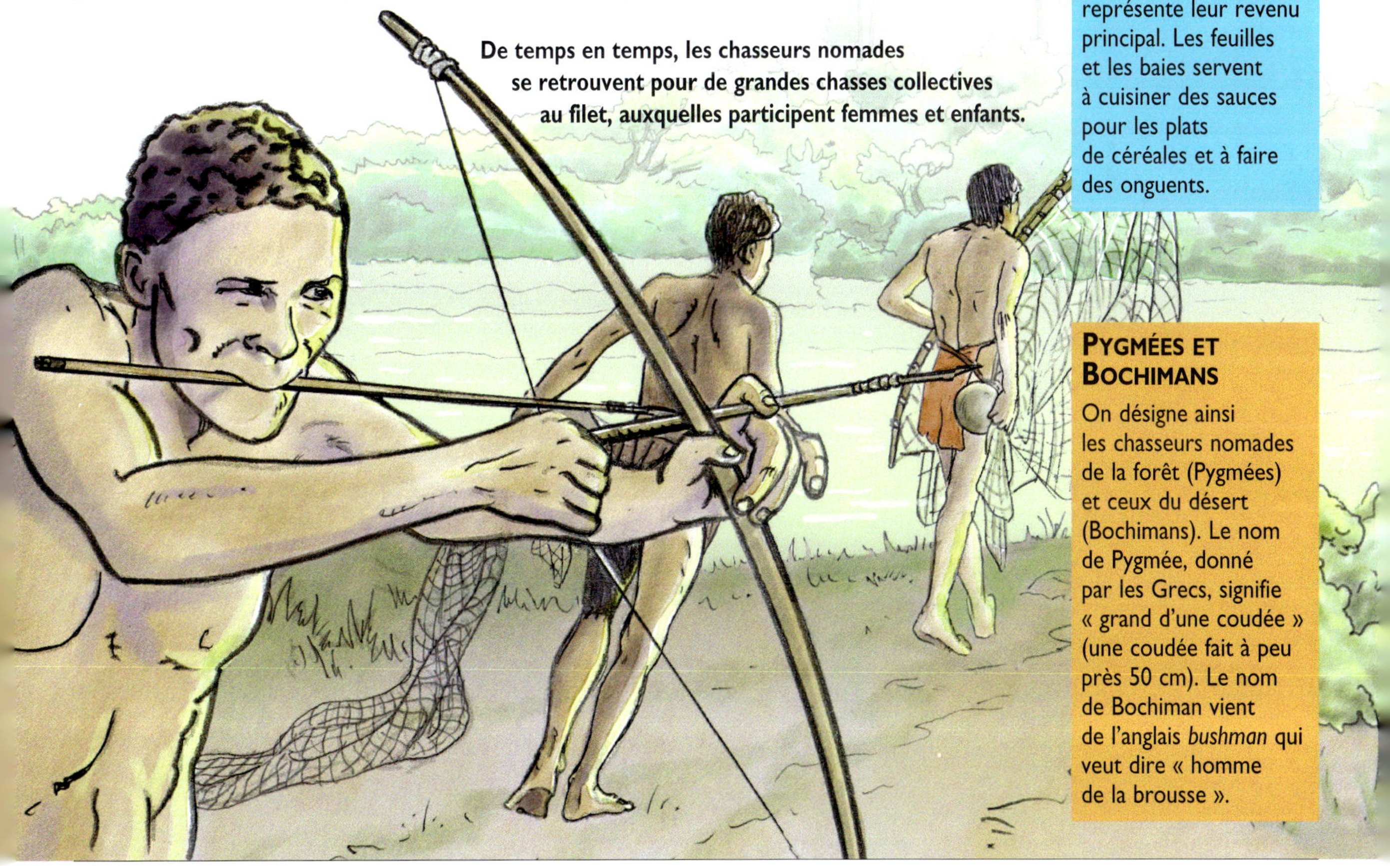

De temps en temps, les chasseurs nomades se retrouvent pour de grandes chasses collectives au filet, auxquelles participent femmes et enfants.

PYGMÉES ET BOCHIMANS

On désigne ainsi les chasseurs nomades de la forêt (Pygmées) et ceux du désert (Bochimans). Le nom de Pygmée, donné par les Grecs, signifie « grand d'une coudée » (une coudée fait à peu près 50 cm). Le nom de Bochiman vient de l'anglais *bushman* qui veut dire « homme de la brousse ».

Les génies de la brousse

Dans la religion des ancêtres, tous les éléments de la nature environnante – animal, plante, rivière ou même montagne – possèdent une âme animée par une force vitale : c'est l'animisme. Cette attitude religieuse traditionnelle se perpétue, au cours de fêtes populaires, dans de nombreux villages.

On fait régulièrement des offrandes de bouillie de mil ou de sang de poulet sur l'autel destiné aux génies et aux divinités.

La création du monde

En Afrique, chaque peuple possède sa propre histoire sur la création du monde, parfois très différente de celle de ses voisins. Le créateur prend rarement une forme humaine. Chez les Bambaras du Mali, on ne connaît le nom du créateur que sous la formule de « roi non créé », et il est interdit de la prononcer en dehors d'un cercle d'initiés. En général, ce créateur reste très éloigné des êtres humains. Certaines légendes racontent qu'il s'est désintéressé du monde après l'avoir créé car les humains avaient désobéi. Désespérant de pouvoir leur faire entendre raison, il en a laissé la charge à des dieux moins importants ou à des génies.

Les autels consacrés aux différents cultes peuvent être répartis dans le village, sur la place ou à l'entrée. On trouve aussi des autels « personnels » à l'intérieur des cases.

Un oiseau béni des hommes

Les paysans ont fait du calao le symbole de l'amour familial, à cause de son comportement. Pour couver ses œufs, la femelle s'enferme dans un trou d'arbre mort que le mâle bouche avec de la boue, ne laissant qu'une petite ouverture. Durant la couvée, le mâle la nourrit et lui apporte parfois des petits cailloux ou des fleurs. Le nourrissage se poursuit après l'éclosion, puis les deux adultes brisent l'entrée du nid pour libérer la famille.

L'équilibre du monde

Pour les animistes, celui qui ne respecte pas la loi divine n'est pas totalement mauvais car, par sa désobéissance, il introduit la notion de liberté individuelle.

Selon la légende dogon (une des cultures présentes au Mali), Yurugu, l'un des deux êtres humains créés par le dieu Amma, sortit de l'œuf du monde avant son jumeau Nommo. Cet événement sema le désordre dans la création car Yurugu avait rompu l'équilibre en ne sortant pas en même temps que son frère, ce qui suscita la colère d'Amma qui le transforma en renard et le condamna à errer partout dans le monde à la recherche de son frère Nommo. Ce dernier se sacrifia pour rétablir l'équilibre que son frère avait rompu et les gouttes de son sang donnèrent les étoiles. Ému par ce sacrifice, Amma le ressuscita, le fit redescendre sur Terre dans une arche contenant les ancêtres des hommes. Nommo apporta aussi le langage et la connaissance des techniques.

Des génies qui ont de l'esprit

Les Africains qui vivent encore en contact étroit avec la nature perçoivent les animaux comme des génies, bons ou mauvais. Par exemple, dans la savane, on considère l'antilope comme bienfaisante car les femelles ont leurs petits à une époque qui correspond à la récolte du mil. Au Mali, pour la fête des récoltes, on porte des statuettes d'antilope en bois sur la tête. Lorsqu'un chasseur se perd dans la forêt en poursuivant un animal, ou s'il se blesse en le traquant, celui-ci devient néfaste. Les chasseurs prennent comme emblèmes des animaux forts, redoutés ou, au contraire, rusés, comme le lion ou le léopard.

Masque de léopard

TOUCHE PAS À MON ARBRE

Les traditions africaines visaient à protéger l'environnement. Quand les chasseurs se groupaient pour abattre un gros animal, ils remerciaient la forêt de leur avoir donné de la nourriture. De même, ils s'adressaient aux génies de la forêt lorsqu'ils abattaient un gros arbre : l'offrande (de la bouillie de mil, qu'on versait sur le tronc) était à la fois une excuse et un merci !

LE DIEU SERPENT

Dans la vallée du Niger, on redoute le serpent car son venin peut être mortel. Il est pourtant respecté et considéré comme un symbole d'éternité en raison de sa mue. Sa nouvelle peau donne, chaque année, l'impression qu'il est immortel.

FABRIQUÉ EN SECRET

Personne ne doit voir détruite une représentation de génie bienfaiteur. Quand un masque est cassé, le chef des initiés le brûle au cours d'une cérémonie secrète avant d'en commander un autre au forgeron.

Le respect des ancêtres

C'est parce qu'ils ont transmis la façon de cultiver la terre et de préserver l'environnement que les ancêtres sont importants. Leur histoire et le récit de leurs voyages sont enseignés dans les chants, les contes et les légendes.

Le masque est comme l'emblème de chaque ethnie. Celui-ci représente la mère mythique pour les Tshokwes du Congo-Kinshasa.

Les inventeurs de la civilisation

Pour cultiver les céréales, il faut travailler la terre et, pour cuire les aliments, les poteries sont bien utiles. La découverte de la métallurgie pour fabriquer des outils en fer et celle de la cuisson de l'argile pour faire des poteries, ont constitué une grande révolution. La houe a été un outil essentiel : elle a permis aux hommes de travailler la terre, de couper du bois pour construire des maisons. C'est pour rendre hommage aux ancêtres inventeurs qu'on sculpte des statuettes à leur image et qu'on perpétue leur nom.

Protégés des dieux

Les légendes entourent de circonstances extraordinaires la fondation de lignages devenus célèbres. Soundiata Keita, le fondateur de l'empire du Mali, et Chaka, qui a rassemblé les Zoulous, étaient des infirmes, mais leur volonté ainsi que la protection des dieux et des génies en ont fait des êtres exceptionnels.

Les premiers ancêtres

Les ancêtres ne sont connus qu'à travers les histoires transmises de génération en génération, et, chez de nombreux peuples, par les statuettes qui les représentent. Fabriquées par le sculpteur du village, elles les montrent toujours dans la même position : assis sur un siège ou debout dans une attitude digne, imposant le respect. Pour attirer la protection du village ou de la famille, on dépose devant la statuette des ancêtres un petit bol de bouillie de céréales ou des parcelles de nourriture. Ces premiers ancêtres peuvent être l'homme ou la femme qui a fondé le lignage, comme la reine Pokou des Baoulés de Côte-d'Ivoire, qui a conduit son peuple dans une région prospère.

Un lignage très puissant

Les Lundas du Congo-Kinshasa ont pour ancêtre la reine Luedji, à qui son père avait donné son royaume au détriment de ses deux frères. Un jour, elle rencontra un fugitif appelé Illunda Shibinda, qui avait été chassé par son père du royaume voisin. Il se maria avec Luedji et l'aida à faire de son royaume un empire riche et puissant.

Les statuettes d'ancêtres, comme cette statuette baoulé, ont un rôle protecteur. Elles portent les signes tribaux et la coiffure de l'ethnie.

Une grande famille

Tous ceux qui honorent le même ancêtre et qui possèdent les mêmes statuettes appartiennent à la même grande famille et doivent donc s'entraider. Entre eux et leur ancêtre commun, de nombreuses générations se succèdent, formant une lignée d'ancêtres. C'est pourquoi on appelle « lignage » l'ensemble des personnes qui honorent le même ancêtre.

Les rois forgerons

En Afrique centrale, là où une forêt dense couvre une grande partie du territoire, un travail considérable de défrichement est nécessaire pour créer des clairières. Les arbustes sont coupés puis brûlés, ensuite il faut dégager avec la houe avant de couper les grands arbres. Ce travail ne pouvant s'effectuer qu'avec des outils en fer, les ancêtres des peuples qui ont défriché la forêt sont souvent appelés des « rois forgerons ».

Lorsqu'on leur rend hommage, les ancêtres, croit-on, intercèdent auprès des dieux en faveur des hommes.

Comme le sceptre en Europe, l'enclume royale des Kubas du Congo-Kinshasa était le symbole du pouvoir des rois forgerons.

Dans la seule région du fleuve Sénégal, on a repéré 40 000 vestiges de fourneaux servant à fabriquer du fer.

LE HÉROS DU FER

L'ancêtre fondateur est le premier homme qui a civilisé le groupe, celui qui l'a fait passer de l'état de chasseur à celui d'agriculteur. Or ce passage à l'agriculture implique l'utilisation d'outils pour travailler la terre, le premier ancêtre est donc, en fait, celui qui a fabriqué le fer.

Devenir adulte

Pour démarrer la cérémonie d'initiation, le départ des enfants vers le bois sacré se fait au son du tam-tam.

Quel courage !

Les épreuves sont très variées et testent le courage ou l'endurance des jeunes initiés. On les laisse, par exemple, seuls dans la forêt et ils doivent rentrer au camp par leurs propres moyens.

Des épreuves dépassées

Dans le passé, il arrivait qu'on marque l'appartenance des jeunes initiés à leur communauté en limant en biseau les deux incisives supérieures, ou en leur faisant sur le visage ou le corps des incisions au signe de leur tribu. Aujourd'hui, on ne pratique plus vraiment ces épreuves douloureuses : on fait semblant de les infliger.

Dans la plupart des régions d'Afrique où s'impose encore la religion animiste, les adolescents reçoivent un enseignement très particulier : « l'initiation ». Cela doit faire d'eux des adultes prêts à participer à toutes les activités de leur communauté.

Dans le bois sacré

Un jour, quand les enfants ont une douzaine d'années, des inconnus portant des masques effrayants s'emparent d'eux et les emmènent hors de vue du village, les garçons dans un camp, les filles dans un autre. Pendant plusieurs semaines, des hommes vont apprendre aux garçons ce qu'on leur cachait ; de même pour les filles, initiées par des femmes. Pour bien symboliser le début de leur nouvelle vie, on leur fait traverser un long tunnel de feuilles d'où ils ressortent comme s'ils renaissaient. Cet enseignement peut durer plusieurs semaines, en une ou plusieurs fois, et varie selon les régions. Pour les garçons, c'est toujours dans un bois ou un bosquet, pour les filles, on construit parfois un camp ceinturé par un enclos de paille à côté du village.

Lors des cérémonies d'initiation, l'enseignement a lieu la nuit, sous forme de contes joués par des adultes cachés derrière de grands masques, comme ce masque des Pendes du Congo-Kinshasa porté par le « gardien du bois sacré ».

L'école dans la brousse

Dans le bois sacré, on enseigne aux enfants ce qu'adultes ils devront connaître du monde dans lequel ils vivent et des traditions de leur communauté. Les jeunes initiés apprennent comment naissent les bébés, ce qu'il leur faut savoir de l'environnement (la brousse, les animaux) ou encore des pratiques de chasse… On leur dévoile aussi le secret des masques qu'ils voient dans les fêtes : ce ne sont pas les génies, mais seulement leur image, portée par des hommes du village. Au cours de cette période d'initiation, des épreuves d'endurance permettent aux jeunes de prouver qu'ils sont dignes d'accéder au statut d'adulte.

JETER DES PIERRES À SA MÈRE

Les camps d'initiation des filles sont interdits aux hommes et ceux des garçons aux femmes. Pour bien montrer qu'ils ne sont plus des enfants et qu'ils ne dépendent plus maintenant de leurs mères, les garçons font semblant de leur jeter des pierres.

Les morts vivants de la brousse

À leur arrivée dans le bois, on brûle les vêtements des jeunes initiés : ce ne sont plus des enfants mais pas encore des adultes ; tout le temps de l'initiation, ils sont considérés comme des morts placés sous la protection de bons génies. Ils portent un habit de feuilles et les lignes blanches qui recouvrent leur corps symbolisent les ossements des morts. On leur fait boire des potions pour les protéger contre les mauvais esprits.

Le chapeau pointu en fibres tressées porté par ces jeunes initiés du Burkina symbolise leur passage à l'état d'homme adulte et responsable.

Des adultes à part entière

La nuit précédant le retour au village, un homme pratique une ouverture dans la paroi du camp tandis que la porte reste fermée. Sous la surveillance d'un adulte, les jeunes s'échappent, montrant ainsi qu'ils ne veulent pas vivre la vie dans la forêt, mais qu'ils préfèrent revenir dans la société civilisée de leurs ancêtres. Avant de revenir dans leur famille, ils exécutent des danses récemment apprises, devant tout le village réuni.

TOUS SOLIDAIRES

Les enfants qui ont été initiés en même temps se considèrent comme frères ou comme sœurs et doivent être solidaires en toutes circonstances. Ces liens particuliers les unissent durant toute leur vie.

Pour danser, les Dogons revêtissent de superbes parures, mélange de pagnes, de plumes et de coquillages que seuls les hommes ont le droit de porter.

Un art sacré

Les masques et les statuettes complètent l'enseignement traditionnel et protègent des mauvaises influences. Au début du XXe siècle, les masques africains rapportés en Europe ont favorisé l'apparition de l'art moderne. On les considère comme des œuvres d'art, mais ce sont avant tout des objets religieux.

Les masques, objets d'art ?

Les masques se trouvent surtout en Afrique occidentale et dans les forêts d'Afrique centrale. Quand ils ne sont pas utilisés lors des fêtes, ils restent cachés aux yeux des enfants et des non-initiés. Chaque masque est destiné à montrer la vitalité du génie qu'il incarne : c'est pourquoi on en parle toujours comme s'il s'agissait d'un être familier. Ils sont, le plus souvent, faits en bois, ornés parfois de petits coquillages, les cauris, et par endroits de plaques de cuivre. Les plus anciens objets d'art en bois n'ont guère plus de 150 ans, car la tradition voulait qu'on fasse disparaître le masque lorsqu'il avait été détérioré.

Le danseur doit être toujours en mouvement pour faire tournoyer les longues fibres de son habit ; il symbolise ainsi la vitalité de la nature. Quand il s'arrête, il s'installe à l'écart.

Sacrés ancêtres !

Les statuettes représentent souvent des ancêtres ou les jumeaux qui sont à l'origine de la création du monde. Leur attitude calme et digne a pour but de créer une atmosphère de sérénité. Elles sont installées dans les cases, sur des étagères, comme en Europe lorsqu'on accroche au mur les portraits des grands-parents. En Afrique centrale, des statuettes portent sur le ventre une petite boîte munie d'un miroir. À l'intérieur de la boîte sont placés des objets ayant appartenu à un ancêtre (des cheveux, une dent). Le miroir est destiné à renvoyer les mauvaises pensées de celui qui entre dans la maison.

Masqué de la tête aux pieds !

On appelle « masque » non seulement la sculpture de bois figurant un personnage ou un animal que l'on place sur le visage mais aussi l'habit en fibres végétales porté par le danseur et les grelots qui lui enserrent les chevilles.

Le masque de « mégère » provient du Congo-Kinshasa. Les deux autres sont des masques dogons du Mali représentant un lapin et un singe.

Des céramiques très précieuses

Contrairement aux objets en bois que l'on ne conserve pas, les objets en terre cuite révèlent l'existence d'un art de la sculpture très développé depuis plus d'un millénaire. Ils ont tous été trouvés dans des sépultures où ils représentaient l'image idéalisée du défunt ou des animaux protecteurs destinés à l'accompagner dans le monde des ancêtres. À Nok, au Nigeria, on a retrouvé des têtes de grandes statuettes, dont la coiffure est semblable à celle qui est portée actuellement par des femmes de la région. Malheureusement, les vieux cimetières sont dévastés par des fouilleurs clandestins pour alimenter les galeries d'art et beaucoup d'objets sont détruits à cette occasion.

Chaque décor de poterie correspond à un lieu, une période, un peuple donnés. Celles-ci sont des poteries djemas moulées au Niger.

Artiste ou artisan ?

Avec les bouleversements politiques que l'Afrique a connus depuis l'indépendance et l'exode rural vers les villes, l'art traditionnel africain a laissé place à un art africain moderne. Les artistes africains actuels ont peu à voir avec ceux qui fabriquaient des masques ou façonnaient des statuettes en terre cuite. L'homme qui sculptait un masque, de même que sa femme qui façonnait une statuette, devaient toujours faire le même masque ou la même statuette. Les formes et les décors étaient ceux de leur communauté ainsi que l'image qui était donnée des génies de cette communauté. Aujourd'hui, l'artiste qui peint sur une toile ou qui fait un portrait sous verre avec des ailes de papillon possède une liberté de création qui était interdite au fabricant de masques. Il travaille en effet pour lui tandis que le forgeron et sa femme travaillaient pour leur village.

DES PEINTURES PAS SI NAÏVES...

Ces peintures sous verre, les « fixés », sont un art très ancien, particulier au Sénégal. On les trouve partout, accrochées aux murs extérieurs ou dans les échoppes. Le contour est dessiné à l'encre puis empli de couches de peinture successives sur le verre. La face peinte est protégée par un carton qui sert de support. Le tableau apparaît derrière la vitre de l'autre côté.

Les masques de la savane sont élancés, ils donnent une impression de légèreté contrairement à ceux de la forêt plus massifs et inquiétants. Le masque en cauris est un masque féminin, porté par un homme, tandis que celui en bois est un masque funéraire de chef.

Les « fixés » racontent la vie de tous les jours ou présentent des portraits. Les personnalités religieuses et les grands résistants à la colonisation en ont inspiré beaucoup.

Magie et divination

Les grigris

Ce sont des porte-bonheur qu'on porte toujours sur soi ou dans sa maison : dent de lion, bracelet en poils d'éléphant. L'objet doit provenir d'un animal bénéfique.

Cette calebasse de Tanzanie sert de contenant à des grigris ou autres philtres magiques.

Les semeurs de zizanie

Certains guérisseurs sont de véritables calamités qui sèment la haine dans les villages, en cherchant à tout prix un coupable. Persuadant leurs clients qu'ils sont victimes de sorts, ils les incitent à rechercher le jeteur de sorts. C'est ainsi que des personnes innocentes, accusées de sorcellerie, peuvent être chassées de leur village.

Dans les régions qui manquent d'écoles, de dispensaires et d'hôpitaux, les gens mal informés vont consulter des devins et des guérisseurs car ils n'ont pas d'autre solution. Mais l'efficacité de ces derniers n'est pas bien grande et ils peuvent être dangereux.

Mettre les génies de son côté

On est toujours tenté de chercher un responsable à ce qui arrive, surtout quand il s'agit d'une maladie ou d'un accident. En Afrique, comme ailleurs, on pense parfois avoir mécontenté les ancêtres ou les génies : c'est la raison pour laquelle on leur fait des offrandes et on participe aux fêtes données en leur honneur. Ces « rites » (ainsi appelle-t-on l'ensemble de ces cérémonies) sont destinés à attirer la protection des ancêtres et des esprits de la nature, mais aussi à calmer les génies, comme le tonnerre, qui risque de provoquer des catastrophes.

Devin ou psychologue ?

Pour connaître la cause d'un mal et en trouver le remède, on va voir le devin. Celui-ci, homme ou femme, est parfois le chef du village. Connaissant les problèmes de tous – c'est aussi un bon psychologue ! –, il donne des réponses qui étonnent par leur précision, de sorte que beaucoup le perçoivent comme un devin ou encore un magicien. Il prétend être le seul à pouvoir communiquer avec les esprits. Il trouve une signification à la disposition des objets qu'il utilise et donne alors sa réponse.

On plante des clous en bois dans les fétiches pour se venger d'une injustice commise. Mais ces objets « maléfiques » permettent surtout d'évacuer les ressentiments !

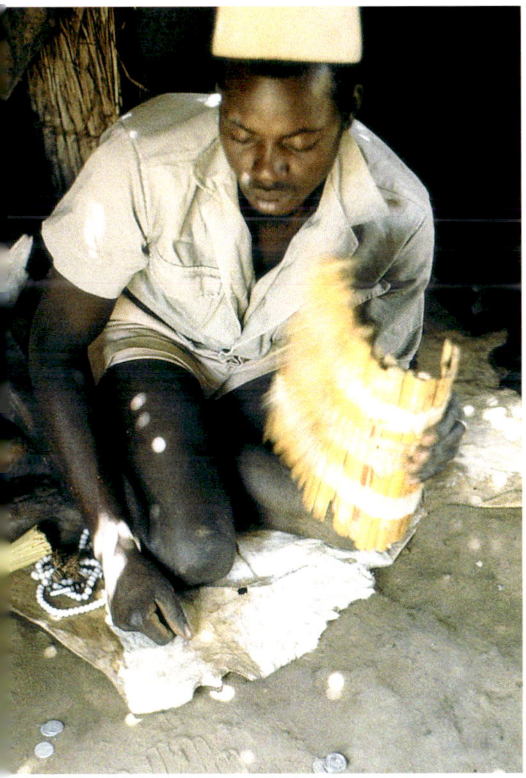

Pour communiquer avec les génies, le devin se sert de cauris, de bâtonnets ou de morceaux de noix de cola qu'il lance à terre.

Guérisseur ou sorcier ?

Une fois qu'il en a découvert la cause, le devin propose une solution pour éloigner le mal. Il demande d'abord au malade de se purifier afin d'éloigner les mauvaises influences ; celui-ci doit se laver avec une eau ayant contenu des herbes provenant de la forêt, puis faire des offrandes aux génies ou aux ancêtres. Ensuite, le devin donne des potions fabriquées à partir d'herbes cueillies en brousse dans un endroit secret. Ces remèdes peuvent suffire à calmer ceux qui sont seulement angoissés.

Des talismans magiques

Dans les régions qui comptent beaucoup de musulmans, le guérisseur est appelé « marabout ». Les talismans qu'il donne sont de petites boîtes en métal ou de petites pochettes en cuir contenant un papier sur lequel sont écrites soit des phrases du Coran soit des formules magiques. Ces talismans peuvent être portés autour du cou, du bras ou de la taille.

DES VILLAGES DE SORCIERS

Les accusations de sorcellerie peuvent conduire des innocents à l'exclusion du village, voire à la mort si les faits reprochés sont très graves. Dans certaines régions d'Afrique occidentale, il existe des « villages de sorciers » où les personnes accusées de pactiser avec les mauvais génies sont exilées et considérées comme maléfiques. Elles vivent plus pauvrement qu'ailleurs, car peu de gens veulent échanger avec elles.

LES FAISEURS DE PLUIE

Au Niger, quand arrive la fin de la saison sèche, des bruits de tam-tams se font entendre. Ce sont des appels aux génies de la pluie et à Shango, le tonnerre, pour faire crever les nuages qui permettront de planter le mil. Alors une femme commence à danser, puis entre en transe. Pour l'assemblée, elle devient la monture des génies de la pluie qui ont répondu à l'appel du tambour.

Les maîtres de la parole

Avant l'introduction de l'écriture, la parole était le seul moyen de communication. Aujourd'hui, même si la radio permet d'avoir des nouvelles du monde, la vie des villages se concentre encore dans les lieux où l'on échange des idées ou des nouvelles. Et les griots sont toujours les « maîtres de la parole ».

Les potins du village

On ne parle pas n'importe où ! Pour raconter les petites histoires du village, il y a le puits ou le bord de la rivière très fréquentés, où les pasteurs font boire leurs bêtes et où les femmes du village viennent puiser l'eau. C'est donc ici qu'on sera informé des problèmes des uns et des autres, des projets de mariage, etc. Au marché, on peut prendre des nouvelles d'ailleurs et se renseigner sur les chances d'obtenir un bon prix de vente pour la récolte.

La tradition orale

En Afrique, on place l'échange humain au-dessus de tout ; un marchand sera étonné que l'on ne marchande pas, car il aime connaître la personne qui lui achète quelque chose. Bien souvent, la somme est surévaluée pour obliger l'acheteur à marchander. De même, deux personnes devant évoquer un sujet précis ne parlent pas tout de suite de celui-ci, mais demandent des nouvelles de leurs familles respectives selon des formules qui perdurent depuis très longtemps, elles en viennent ensuite brusquement au sujet principal de leur conversation.

Les fans du roi

Les rois et les grands personnages avaient des griots pour chanter leurs louanges. Ces derniers étaient chargés de connaître par cœur leur généalogie, c'est-à-dire les noms de leurs ancêtres. Le souverain pouvait ainsi se rattacher à un ancêtre prestigieux.
Les exploits, vrais ou imaginaires, chantés par le griot royal ajoutaient au prestige de son maître.

L'arbre à palabres est souvent un manguier, ce grand arbre au feuillage touffu et toujours vert.

Ce griot sénégalais joue du tam-tam d'aisselle.

L'arbre à palabres

Il y a toujours en Afrique un endroit où se réunir pour « palabrer ». En saison sèche, on se retrouve sous l'arbre à palabres. Quand il pleut, on se réunit sous l'auvent qui protège une estrade isolée du sol par de grosses pierres. Dans les régions où les habitations sont dispersées, un lieu de rassemblement est toujours prévu. Dans ces endroits publics, on n'évoque en général que les sujets qui intéressent toute la collectivité.

Griots de père en fils

On ne parle pas n'importe quand... et n'importe qui ne peut raconter des histoires du passé ! C'est le domaine du griot. Le griot doit être fils de griot car il est important que la transmission de la tradition orale soit la plus juste possible. Sa femme doit être elle-même fille de griot. Selon la façon dont il raconte la vie des grands personnages, le griot peut les rendre sympathiques ou détestables.

Célèbre comme un griot

On connaît plusieurs catégories de griots : les griots de village et les griots professionnels, célèbres comme des artistes de variété. Ils chantent dans les fêtes et les cérémonies comme les mariages et les baptêmes en s'accompagnant d'un instrument à cordes, violon à une corde au Sahara, harpe à sept ou huit cordes au Rwanda.

LA BIBLIOTHÈQUE DU VILLAGE

Le griot est redouté car il connaît le passé. Il appartient à une classe à part en raison d'une faute commise aux origines : il aurait révélé des secrets réservés aux seuls initiés. Il existe aussi des griottes, notamment chez les Maures du Sahara. À la fois adulés et méprisés, les griots sont perçus comme l'étaient les comédiens européens des siècles passés.

Chants et danses au Burundi.

Tam-tam

La vie en dansant

En Afrique, la musique et la danse ont valeur de langage, elles traduisent parfaitement le dynamisme de la nature. Objets utiles, comme le tam-tam qui sert à communiquer très vite sur de longues distances, les instruments de musique sont aussi, souvent, de véritables sculptures.

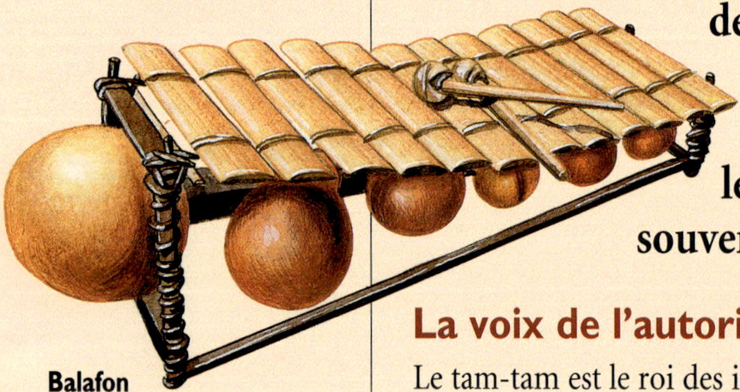

Balafon

La voix de l'autorité

Le tam-tam est le roi des instruments de musique. Il transmet les messages à des distances supérieures à la portée de la voix humaine : par exemple dans la forêt ou d'une rive à l'autre d'un fleuve. Selon son rythme ou sa puissance, il annonce un événement exceptionnel ou prévient de l'arrivée de quelqu'un. Le langage du tam-tam s'apprend et le tambourinaire est craint et respecté, car c'est un messager. Autrefois, il transmettait les ordres du roi.

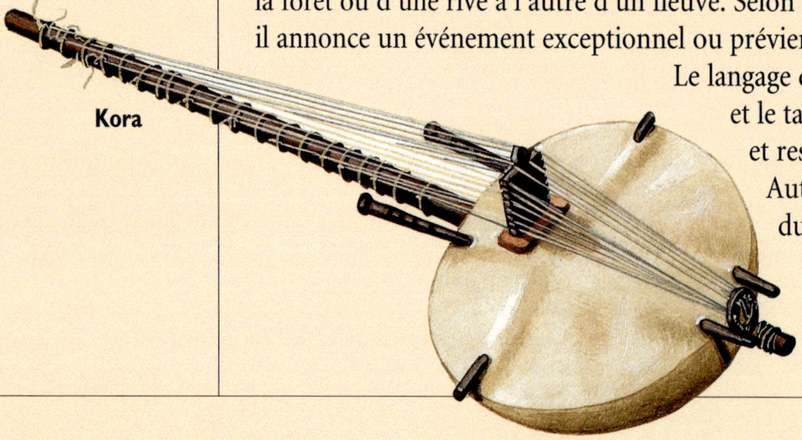

Kora

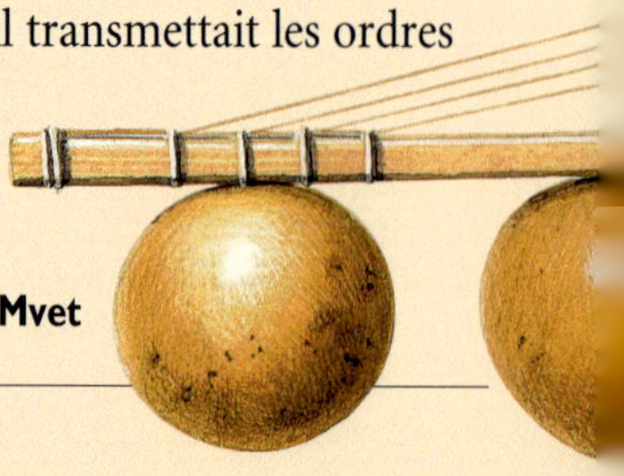

Mvet

Vivre en dansant

Les Africains découvrent la danse et le chant en même temps que le langage. Tout au quotidien est l'occasion d'apprendre les chants et les rythmes. Les enfants voient leur mère et leurs sœurs piler le mil au son d'airs très scandés. Pour raconter une histoire, le griot s'accompagne d'un petit violon à deux ou trois cordes. Peu à peu, son récit, rythmé par les notes de l'instrument, se transforme en poème ou en chanson. Tout au long de sa vie, un Africain participe aux fêtes traditionnelles où la danse tient la première place. Le jour qui marque leur entrée dans l'âge adulte, les jeunes montrent au village réuni qu'ils connaissent les danses apprises dans les camps d'initiation.

LES AMBIANCEURS

Dans les quartiers populaires des villes, les bals attirent de nombreux orchestres. Ils ont adapté les rythmes africains aux instruments de musique européens, comme le saxophone et les batteries de jazz. Les fans qui mettent de l'ambiance dans ces bals se nomment eux-mêmes les « ambianceurs ».

Le tambour royal

Le tambour, qui transmet les messages et les commandements, est un symbole du pouvoir. Autrefois, en Afrique centrale, le tambour royal n'était jamais battu car il représentait le roi. On battait un tambour plus petit à sa place. Au Rwanda, il contenait des objets (un coquillage, un os, une dent, etc.) connus seulement du roi et de celui qui devait lui succéder. À la mort du souverain, son successeur devait prouver sa légitimité en décrivant les objets en question.

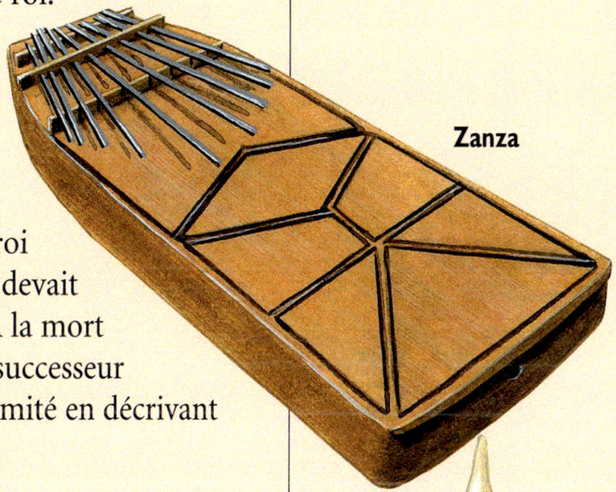

Zanza

Le tambour est la voix des ancêtres et des esprits de la brousse.

Tout pour la musique

Les instruments de musique sont nombreux. Les instruments à cordes utilisent des calebasses comme caisses de résonance. Le balafon est fait avec des lames de bois de différentes longueurs qui donnent des sons très secs. Les danseurs portent parfois des petites clochettes autour des chevilles. On emploie aussi des hochets faits d'une petite calebasse remplie de graines ou de petits cailloux.

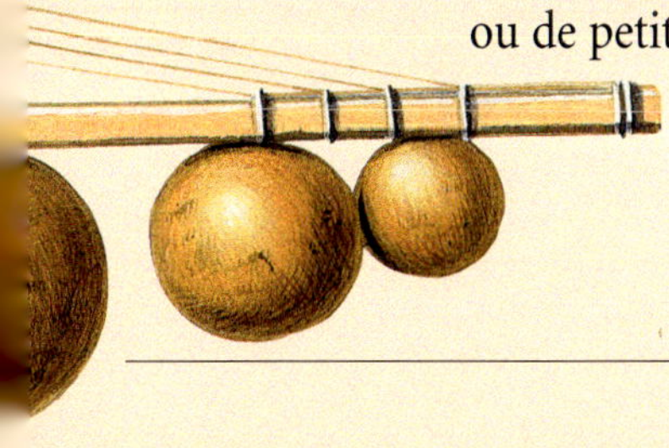

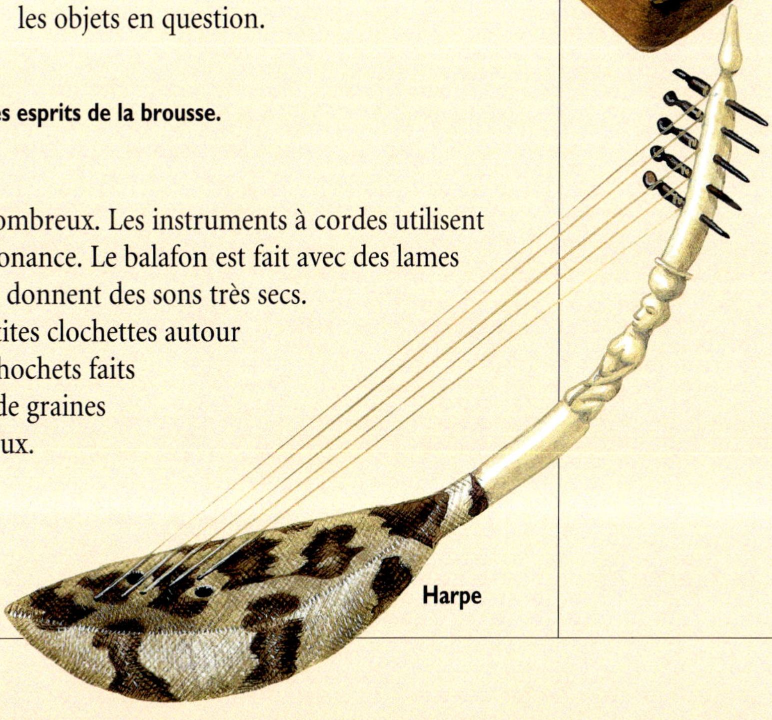

Harpe

Traditions pas mortes

Aujourd'hui, beaucoup d'Africains sont chrétiens ou musulmans, en particulier dans les villes. Ils n'ont pas rejeté pour autant toutes les croyances de leurs ancêtres et n'ont pas oublié les règles de leur société.

Solidaires avant tout

Depuis l'arrivée des Arabes, il y a 1 000 ans, et des Européens il y a 500 ans, l'islam et le christianisme ont fait leur apparition. L'animisme, la religion traditionnelle, n'a pas disparu et les cérémonies sont encore nombreuses dans les villages. Dans beaucoup d'endroits, des gens sont devenus musulmans ou chrétiens, mais cela ne les empêche pas de continuer à suivre des traditions, comme la fête des moissons au Sahel et celle de l'igname dans les pays de la forêt, avec parfois, l'usage de la guitare en plus. Dans les moments difficiles, on continue à faire preuve de solidarité. La famille restée à la campagne n'hésite pas à venir en aide à ses membres partis vivre en ville et vice versa.

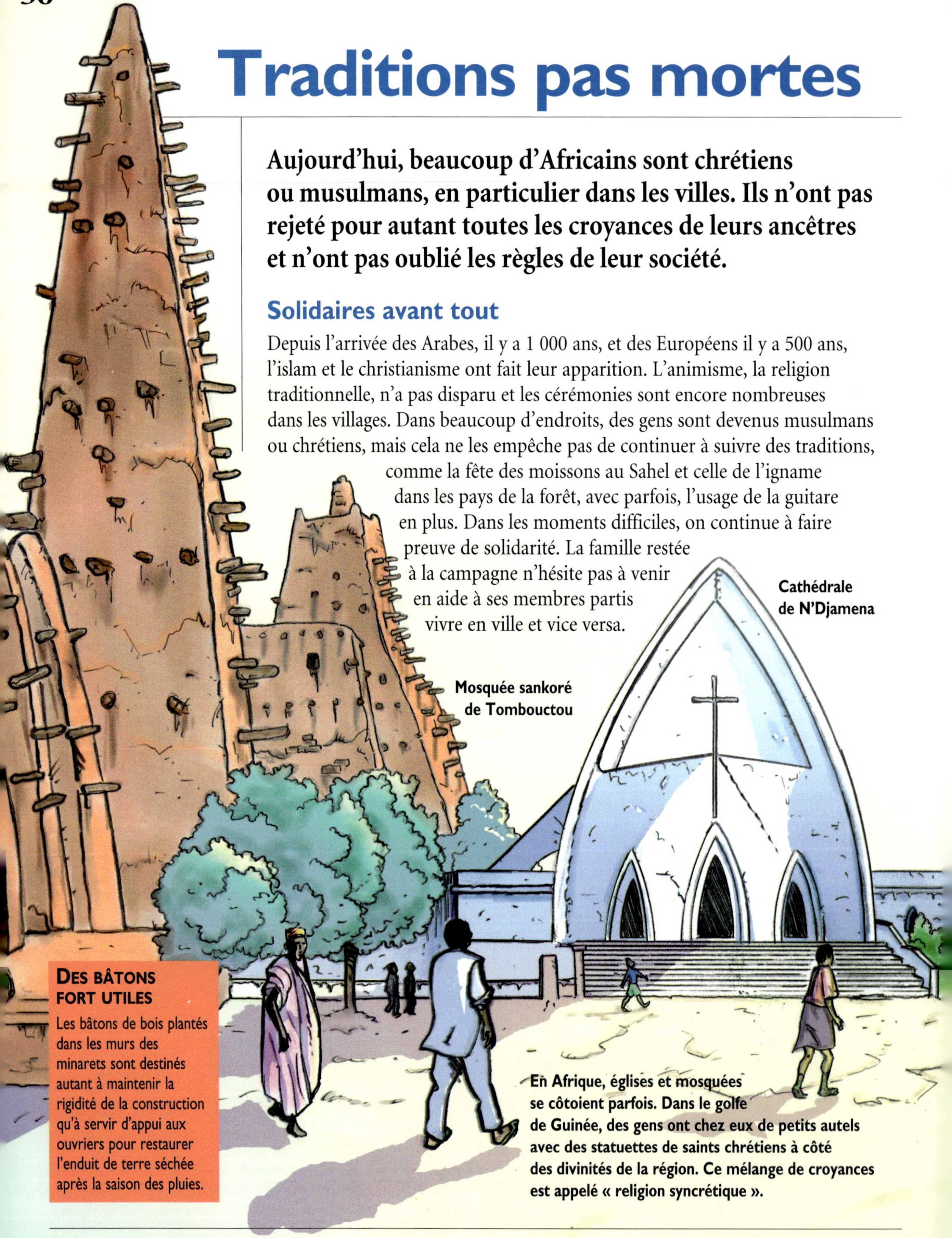

En Afrique, églises et mosquées se côtoient parfois. Dans le golfe de Guinée, des gens ont chez eux de petits autels avec des statuettes de saints chrétiens à côté des divinités de la région. Ce mélange de croyances est appelé « religion syncrétique ».

Des bâtons fort utiles

Les bâtons de bois plantés dans les murs des minarets sont destinés autant à maintenir la rigidité de la construction qu'à servir d'appui aux ouvriers pour restaurer l'enduit de terre séchée après la saison des pluies.

Statuette funéraire du Congo.

Le tam-tam dans l'église

La destruction des masques par les missionnaires musulmans ou chrétiens n'a pas empêché les populations de vénérer les esprits de la nature et des ancêtres tout en pratiquant les nouvelles croyances. Ainsi voit-on des musulmans déposer des offrandes sur la tombe de leurs ancêtres avant de s'incline en direction de La Mecque pour prier. De même, bien des chrétiens participent dans leur village aux fêtes populaires chez leurs parents restés animistes. Et dans les églises, c'est au son conjugué du tam-tam et des cloches que les fidèles chantent les cantiques. Cependant face à l'islam et au christianisme qui l'ont interdite, l'initiation traditionnelle des enfants régresse de plus en plus.

Des portes aux animaux protecteurs

Dans les villages, les greniers possèdent souvent de petites portes en bois sculpté représentant les animaux bienfaisants, protecteurs des récoltes et symboles du renouveau de la nature tels le serpent, le lézard, la tortue, avec sa carapace protectrice, ou les antilopes qui mettent au monde leur petit à l'époque des récoltes. Ce sont ces animaux que les marabouts dessinent pour faire de la divination.

Le vaudou, une religion africaine

Le vaudou est la religion traditionnelle du Togo, du Bénin et du sud du Nigeria, transportée au Brésil et aux Antilles par les esclaves. Le mot « vaudou » veut dire divinité. Ce sont des forces de la nature comme la foudre, le serpent python ou des ancêtres célèbres. Le croyant choisit une divinité à laquelle il fait des offrandes. Pendant les cérémonies qui lui sont consacrées, il se comporte comme s'il était devenu cette divinité. Il y a peu de temps, le vaudou a été reconnu par le pape comme une des religions du monde.

Mausolée d'une notable au Togo.

Fétiches et idoles

Quand les missionnaires portugais sont arrivés sur les côtes d'Afrique au XVIe siècle, ils ont donné le nom de « fétiches », qui signifie « factice » (artificiel, faux), aux statuettes d'ancêtres ou de divinités des populations qu'ils rencontraient. Ce mot a souvent remplacé celui d'« idoles » employé sur les autres continents. Alors que pour les Africains, ces statuettes étaient l'image de leurs ancêtres et non pas de simples objets en bois qu'ils adoraient.

L'union fait la force

Une personne seule ne peut rien faire, tandis que l'union de tous permet d'affronter les plus grandes difficultés : c'est la base de l'éducation traditionnelle. Cela explique pourquoi les Africains aiment se grouper en associations d'entraide.

La morale de l'histoire

L'individualisme est mal perçu en Afrique. Les histoires que l'on raconte le soir dans les villages se terminent presque toujours par une morale qui rappelle combien la solidarité entre les membres de la communauté est primordiale. Cette morale s'étend aussi au respect de l'environnement et au maintien de l'équilibre naturel symbolisé dans les fêtes populaires par les masques des génies exprimant la vitalité de la nature.

Sous ce masque de buffle, qui figure la force de la nature, se cache un initié.

Shango, le dieu du tonnerre

Partout dans le monde, le tonnerre symbolise le dieu des dieux. Les Grecs l'appelaient Zeus et les Romains Jupiter. En Afrique occidentale, on lui a donné le nom de Shango. Redouté à cause de la foudre, il est pour les paysans l'annonce de la saison des pluies et la promesse de belles récoltes.

Secrète et parfois puissante

Les adultes des sociétés secrètes qui fabriquent les masques les gardent dans un lieu tenu secret qui peut être soit le bois sacré, soit le tronc creux d'un vieux baobab. Groupés en association appelée « société des masques », ils organisent les fêtes traditionnelles comme celles des récoltes et des initiations. Il arrive à cette société, très puissante (car ses membres affirment tenir leur pouvoir des ancêtres), d'assurer la police et de gouverner le village. Plus ou moins effrayants, ils ont longtemps joué le rôle de croquemitaine auprès des enfants et des adolescents.

Les peuples animistes ont compensé l'absence de structures religieuses par le développement d'associations qui devaient rendre un culte aux génies mais qui ont parfois cherché à diriger leurs semblables.

Les associations de femmes

Dans les régions de savane, les femmes sont plus autonomes car les hommes partent souvent travailler dans les plantations des zones forestières. Elles commercialisent les produits de leurs propres champs et ceux de la cueillette comme le karité. Elles s'unissent pour régler les problèmes pratiques et ont été les premières à fonder des associations (type ONG) qui œuvrent dans le domaine économique ou dans le domaine sanitaire pour les vaccinations et contre l'excision.

Les femmes n'hésitent pas à mettre un peu d'argent en commun pour informer les autres femmes de leurs droits.

Terribles chefs de bandes

Il y a un siècle, en Afrique centrale, pour terroriser les villageois qui préféraient un chef de village à un autre écarté du pouvoir, ses partisans se sont déguisés en hommes-léopards et ont tué leurs victimes en laissant sur leur corps des marques faites avec des griffes en fer. Lors des guerres qui ensanglantent aujourd'hui l'Afrique comme en Sierra Leone, au Liberia et en Ouganda, des chefs de bandes enlèvent des enfants, les conduisent en brousse, où ils se font passer pour leur maître d'initiation. Ils leur demandent ensuite de montrer leur courage en allumant des incendies dans leur village ou en commettant des crimes.

L'AVENIR DE L'HOMME !

Aujourd'hui, les associations à but économique sont de plus en plus nombreuses. Elles ont pris modèle sur les ONG (organisations non gouvernementales), créées par les pays développés pour aider le tiers-monde. Les femmes sont les plus dynamiques dans ce domaine. Ensemble, elles achètent tissus ou pagnes pour les revendre au marché ou encore commercialisent les produits de la terre.

Hommes-léopards ou hommes-caïmans : leurs méfaits ne trompent personne même si leur signature (griffes, empreinte) renvoie aux animaux de la forêt.

Vivre au quotidien

En Afrique, les hommes ont dû s'adapter au climat. Chassés par la désertification et pressés par le besoin de nourrir une population en augmentation, ils ont essayé d'utiliser ce que la nature leur offrait. Ils ont parfois trouvé des méthodes ingénieuses pour passer les moments critiques.

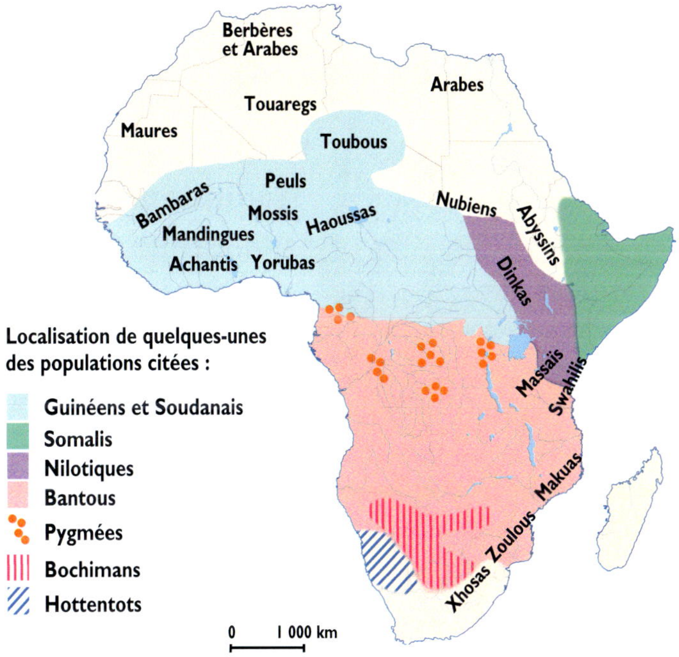

Berbères et Arabes
Arabes
Touaregs
Maures
Toubous
Peuls
Bambaras
Mossis
Haoussas
Mandingues
Achantis
Yorubas
Nubiens
Abyssins
Dinkas
Massaïs
Swahilis
Makuas
Zoulous
Xhosas
Localisation de quelques-unes des populations citées :
Guinéens et Soudanais
Somalis
Nilotiques
Bantous
Pygmées
Bochimans
Hottentots
0 1 000 km

La terre nourricière

Le riz africain résiste mieux à la sécheresse et à l'aridité des sols que le riz asiatique.

Les plantes cultivées aujourd'hui en Afrique ne sont pas toutes originaires du continent, et la nourriture traditionnelle des Africains était bien monotone avant l'introduction du maïs, du manioc et de la tomate en provenance d'Amérique.

Préparer le mil pour le repas nécessite une heure et demie de vannage et de pilage dans un mortier de bois.

Le riz africain

L'Asie n'est pas le seul berceau du riz. En Afrique occidentale, dans les vallées du Sénégal et du Niger, on a commencé à cultiver `une variété locale de riz 2 000 ans avant J.-C. Aujourd'hui, on produit du riz d'Extrême-Orient plus performant. Cependant, bien des Africains préfèrent « leur » riz, plus savoureux. Au Mali, plus de la moitié du riz consommé est d'origine africaine. Le riz est la nourriture des citadins alors que le mil reste celle de la campagne.

Le mil quotidien

Nourriture exclusive du paysan de la savane, le mil se consomme en bouillie ou cuit comme du couscous. Le remplacement du mil par le riz, plus cher, est caractéristique de l'évolution sociale du paysan.

Le mil de la savane

Cette plante des régions sèches aurait commencé à être cultivée il y a 5 000 ans. Il lui suffit de 500 mm de pluie tout au long d'une saison, puis d'une période sèche et ensoleillée, pour mûrir, ce qui en fait la plante idéale pour la savane. Le mil vient juste après le blé pour sa richesse en protéines (11,4 %). Dans les savanes plus humides et dans les clairières, on cultive du sorgho, plus exigeant en eau.

Le mil de la savane est aussi appelé « petit mil » ou « mil chandelle » en raison des grains minuscules disposés autour de sa tige.

Signe de pauvreté

En ville, les personnes les plus pauvres qui survivent grâce au mil, provenant de leur famille restée au village, ont parfois honte quand les voisins entendent le bruit du pilon dans le mortier.

Une racine qui vient de loin

La première plante cultivée de façon systématique en zone de forêt aurait été l'igname, plus de 4 000 ans avant J.-C., au Nigeria. Cette grosse racine à la chair blanche est extraite du sol à l'aide d'un solide bâton pointu. On produit l'igname en plantant des morceaux de racine dans un sol bien retourné, puis butté. L'igname – comme le mil, le sorgho et le riz – se consomme avec une sauce épicée enrichie d'un peu de viande ou de poisson séché.

La culture de l'igname nécessite un climat humide et chaud.

Pour diversifier le menu

Les Portugais et les Espagnols ont introduit, au XVIe siècle, des plantes venant du Nouveau Monde. Les Espagnols ont apporté la tomate, le piment en provenance du Pérou et le maïs – céréale très cultivée en Afrique australe aujourd'hui – en provenance du Mexique. La banane, elle, vient d'Indonésie : elle a été introduite par les marins indiens et arabes qui ont abordé les côtes de l'Afrique orientale dans l'Antiquité.

Le sorgho est la céréale la plus cultivée au monde après le blé et le riz.

LES RACINES DE LA CIVILISATION

Selon certains historiens, c'est grâce à la culture de l'igname depuis 6 000 ans que le Nigeria est devenu le pays le plus peuplé d'Afrique (130 millions d'habitants). Vivant à l'abri des famines, les populations auraient pu se consacrer à d'importantes innovations comme la maîtrise des métaux ou la fabrication du bronze.

Le sorgho pousse très vite (jusqu'à 10 cm par jour). On le récolte par gerbes. Au Burkina Faso, il permet de fabriquer de la bière.

Les derniers chasseurs-pêcheurs

Les Bochimans ne se séparent jamais de leur bâton à fouir et de leur petit arc doté de flèches empoisonnées.

Dans certaines régions hostiles, comme les déserts de Namibie et du Mali, la forêt équatoriale du Congo ou les côtes de Mauritanie, des populations ont réussi à s'adapter à des conditions extrêmes. Là, elles vivent de chasse et de pêche.

Aux limites de la survie

Il y a 4 000 ans, quand la désertification a débuté au Sahara, une partie de la population s'est regroupée autour des derniers points d'eau. Les hommes ont cherché à tirer parti de tout ce que la nature pouvait encore leur offrir, en particulier les animaux sauvages. Ailleurs, des populations chassées par la guerre se sont réfugiées dans des régions défavorisées.

Une chasse longue et difficile

Les Nemadis vivent à la frontière du Mali et de la Mauritanie et chassent l'addax à pied avec leurs chiens. Cette grande antilope à longues cornes droites ne boit pratiquement jamais et ne peut donc pas être surprise près des points d'eau. Avec une incroyable endurance, les chasseurs suivent l'addax à la trace pendant des jours, attendant le bon moment pour lui décocher une flèche.

Les chasseurs du Kalahari

Repoussés dans le désert du Kalahari par les pasteurs et les agriculteurs, les Bochimans vivent encore par petits groupes d'une quinzaine de personnes et chassent les animaux avec des lances, des pieux, des arcs, des collets et toutes sortes de pièges. Les Bochimans savent déceler la présence d'eau en dessous du sol aride en repérant les plantes gourmandes en eau. Ils se désaltèrent ainsi avec le suc des plantes, la rosée sur les feuilles et les réserves d'eau des plantes grasses. Ils vivent selon les possibilités de l'endroit. Ils partagent volontiers leurs affaires, leur sens de la propriété étant quasi inexistant.

Les Bochimans se servent d'œufs d'autruche comme gourdes.

Les survivants de la forêt

La population pygmée ne représente plus que quelques dizaines de milliers de personnes.

Les Pygmées habitent dans la forêt équatoriale en Centrafrique, au Gabon, au Congo-Kinshasa, au Rwanda, au Burundi et au Cameroun. Aujourd'hui, seule la moitié d'entre eux vit de la chasse et de la cueillette. Les autres exécutent des travaux – mal rémunérés – pour leurs voisins agriculteurs. Connaissant bien la forêt, ils peuvent leur procurer le gibier et les plantes médicinales dont ils ont besoin. En échange, ils reçoivent des couteaux et le tissu qui remplace l'écorce battue avec laquelle ils confectionnaient leurs pagnes. Les Pygmées chasseurs habitent dans des huttes de branchages et pratiquent un art musical réputé pour sa grande richesse.

Les pêcheurs du Sahara

Les Imraguens ne sont plus que quelques milliers, répartis dans huit villages sur les côtes désertiques de la Mauritanie, où les pluies sont inexistantes. Ils subsistent grâce à la pêche au mulet, dont les œufs – compressés, salés et fumés – sont achetés très cher en Europe. Quand un banc de mulets est signalé près des côtes, les Imraguens battent du tam-tam pour attirer les dauphins, qui poussent les poissons jusqu'à la côte : il ne leur reste plus qu'à entrer dans l'eau, tendre un filet et assommer les mulets. Les prises sont échangées avec les commerçants maures contre de l'eau et autres produits qui leur sont indispensables.

LE MEILLEUR DE TOUS

Les Pygmées n'ont pas de chef, mais respectent les conseils du meilleur chasseur. Les hommes chassent ensemble tandis que femmes et enfants récoltent les baies des arbres sauvages, les larves des termites et le miel sauvage.

NE M'APPELEZ PAS PYGMÉE

Les Pygmées estiment qu'être appelés ainsi est insultant. Comme leurs voisins agriculteurs, ils appartiennent à des grands groupes et portent des noms de clans. Ainsi, les Bingas vivent en Centrafrique, les Mbutis à l'est du Congo et les Twas au Rwanda et au Burundi.

Les nomades du désert

Le dromadaire peut porter des charges d'une centaine de kilos sur 30 à 40 kilomètres par jour.

Les nomades du désert n'existeraient pas sans le dromadaire. Toute leur vie tourne autour de cet animal : il sert de moyen de transport et leur permet d'aller et venir entre les oasis séparées par de longues distances sans un seul point d'eau.

Vivre au chaud !

Grâce au dromadaire, les Berbères, venus du nord il y a 2 000 ans, ont pu étendre leur domination sur les habitants du désert qu'ils ont ensuite gardés à leur service pour s'occuper des oasis. Les Maures et les Touaregs sont issus de ces tribus berbères et pratiquent le nomadisme dans les régions arides du Sahara où seuls les dromadaires et les chèvres trouvent à se nourrir.

UNE SUPÉRIORITÉ MILITAIRE

Leurs longues épées, appelées « takoubas », et leurs dromadaires donnaient aux Berbères une supériorité sur leurs adversaires, qui ne disposaient que d'arcs et de sagaies.

Les hommes bleus

Les Maures et les Touaregs vivent à l'ouest et au centre du Sahara. On les désigne souvent sous le nom d'« hommes bleus », car ils portent sur la tête un long foulard teint à l'indigo. Cette teinture, faite avec les feuilles de l'indigotier, a la particularité de déteindre sur la peau. Dans l'Est, au Tchad, on trouve des nomades noirs qui élèvent aussi des dromadaires.

Les dromadaires ont les pattes et les pieds très fragiles. Le passage d'une dune difficile oblige les caravaniers à décharger les bêtes puis à les recharger de l'autre côté.

De grands voyageurs

Originaires du sud du Maroc, les Touaregs se sont installés, il y a plus de 1 500 ans, dans les montagnes du centre du Sahara où des sources, les « gueltas », fournissent de l'eau toute l'année. Les hommes se couvrent la bouche avec leur foulard, le « litham », les femmes ont le visage découvert et disposent d'une grande liberté : elles s'occupent du campement quand les hommes partent au loin mener leurs bêtes sur des pâturages situés parfois à des jours de marche.

Les commerçants du désert

Les Maures habitent la plus grande partie du Sahara occidental où les premiers sont arrivés il y a 1 500 ans. Pour la plupart, ils travaillent dans le commerce et les transports. Cela commence par l'éleveur dont le fils ou le cousin conduit une caravane sur des centaines de kilomètres, jusqu'au commerçant qui l'a financée. Il ne faut pas non plus oublier les jardiniers noirs des oasis qui fournissent en vivres frais les caravanes de passage.

Vingt litres à la minute

Comme le chameau et le lama, le dromadaire appartient à la famille des Camélidés. Il fait varier sa température interne pour supporter les grandes chaleurs et le manque d'eau. Il peut ingurgiter près de 20 litres d'eau à la minute. Il se nourrit des plantes épineuses qui poussent dans le désert.

De moins en moins nombreux

La plupart des dromadaires sont des animaux de bât, destinés à transporter des marchandises. Au Sahara, il n'y a que des dromadaires, mais c'est le mot « chameau » qu'on emploie pour parler d'eux. Aujourd'hui, on élève moins de dromadaires à cause de la concurrence du camion, de la diminution de la population maure et de la sédentarisation des nomades.

Les pasteurs du Sahel

Dans le Sahel et la savane, les pasteurs ont une grande considération pour leur bétail. Nomades eux aussi, ils conduisent les troupeaux d'un pâturage à l'autre. Ils échangent le lait de leurs bêtes contre les céréales des agriculteurs.

Une assurance vie

Ces pasteurs n'élèvent pas des animaux pour leur viande, mais pour leur lait ; dans les régions de sécheresse, un troupeau nombreux est une garantie de survie. La nourriture des pasteurs est à base de lait et de fromage obtenu en faisant cailler le lait sur une pierre au soleil. La vie sociale tourne autour du troupeau : la vache est considérée comme une monnaie, en particulier pour la dot de la jeune mariée, ou encore comme cadeau de naissance.

Au Sahel, les bœufs sont mis à contribution comme moyen de transport.

Entre le désert et la savane

En arabe, le mot « Sahel » veut dire « rivage du désert ». Dans cette région, les bovins trouvent de l'herbe et de l'eau au printemps mais sont obligés de se déplacer vers le sud plus humide quand arrive la saison sèche.

De plus en plus sédentaires

Les Peuls nomades vivent dans les savanes d'Afrique occidentale, du Sénégal au lac Tchad, dans des huttes de branchages. Certains, devenus sédentaires, pratiquent un peu d'agriculture. D'autres cohabitent avec les agriculteurs, échangent leur lait contre des produits de la terre et font paître leurs animaux sur les champs après la récolte pour les fertiliser. Au Niger, à la fin de la saison des pluies, le sol très salé des dépressions se couvre d'une mince couche d'herbe. Les Peuls Bororos viennent y faire paître leur bétail, très friand de ce sel. Les Peuls profitent de cette rencontre annuelle pour se fiancer, se marier ou régler des affaires familiales.

Les huttes de branchages des Peuls sont recouvertes de nattes confectionnées avec de grandes herbes tressées.

La plupart des Peuls se sont convertis à l'islam sauf certains comme les Bororos du Niger.

À votre santé !

Au nord de l'Ouganda, où le climat est semblable à celui du Sahel, les Karamojongs se sont séparés en plusieurs groupes car le sol était devenu trop aride pour les nourrir tous. Souvent leur repas consiste en un mélange de lait battu avec du sang de bœuf. Ils prélèvent celui-ci, en petite quantité, sur la bête vivante, à l'aide d'une flèche plantée dans la veine jugulaire. Le bétail est si important pour eux qu'à leur mort, les Karamojongs se font enterrer dans une peau de bœuf.

Danse des Morans au Kenya.

Vénérables vaches

Pour ces pasteurs qui habitent en Afrique orientale, Dieu créa d'abord les Massaïs, puis aussitôt après le bétail qui les fait vivre, et plus tard seulement, le reste du monde. Ils méprisent ceux qui ne possèdent pas de troupeau et qui doivent s'abaisser à cultiver la terre. En revanche, ils vénèrent l'herbe sauvage qui nourrit leurs bêtes. Les « Morans » sont les jeunes guerriers chargés de défendre la communauté. Ils sont formés dès l'adolescence. Un Moran porte une coiffe en forme de crinière de lion dès qu'il en a tué un à la lance. Il ne peut se marier qu'après une quinzaine d'années passées dans la classe des guerriers.

SON BŒUF PRÉFÉRÉ

Les Karamojongs entretiennent des relations presque familiales avec leur bétail. Quand un enfant vient au monde, on lui donne un bœuf qui porte le même nom que lui. Ce sera comme son frère ou son compagnon. L'enfant lui chantera des chansons et le décorera avec des guirlandes.

UN VOL QUI TOURNE MAL

Chez les peuples pasteurs, voler du bétail était jusqu'à présent une coutume soigneusement contrôlée. Mais elle prend aujourd'hui des allures de drame. Car les guerres ont laissé de nombreuses armes en circulation et les jeunes gens s'en servent dans leurs expéditions.

Chez les Karamojongs et les Massaïs, voler du bétail est une façon de montrer qu'on est devenu un homme et qu'on est digne de se marier.

Les défricheurs de la forêt

UN OUTIL MILLÉNAIRE

La daba est le plus ancien outil trouvé en Afrique. C'est une houe avec une large lame en fer et un manche en bois qui sert à fendre la terre pour la retourner ensuite et la briser. La daba est répandue sur l'ensemble du continent et symbolise l'extension de l'agriculture au détriment de la forêt.

Les sols africains sont fragiles et pauvres. Les champs ne peuvent pas être exploités très longtemps. Seules quelques régions, bords de fleuves inondés par les crues, hauts plateaux volcaniques ou plaines en bordure du golfe de Guinée, échappent à la dureté du climat.

Des agriculteurs nomades

C'est la découverte de la métallurgie, vers 2000 av. J.-C., qui a permis aux hommes de fabriquer des houes, les « dabas » , et de devenir agriculteurs. Grâce à la daba, ils ont pu défricher la forêt pour créer des clairières et planter du sorgho ou des ignames. Les premières années, les récoltes sont bonnes, mais comme la terre s'épuise, les agriculteurs partent chercher un autre endroit en attendant que la terre se régénère et que la forêt repousse. C'est l'agriculture « itinérante ».

Des incendies maîtrisés

Pour aménager un champ dans la forêt, on coupe les buissons et les arbustes, puis on les brûle. Comme on dispose rarement de l'outillage nécessaire, on est obligé de laisser les troncs sur le sol et de cultiver tout autour. Chaque saison, on brûle les végétaux morts : c'est la culture sur brûlis. Les premières années, les cendres enrichissent le sol, mais comme le feu a détruit les racines, la terre n'est plus retenue et les sols sont ravinés par les pluies, forçant les paysans à partir.

La forêt recule depuis la préhistoire. Ce sont la désertification et l'action de l'homme qui l'ont fait disparaître peu à peu. Bien des historiens pensent que la métallurgie du fer, nécessitant beaucoup de bois, a accentué la déforestation.

La pratique du brûlis est très répandue dans les pays qui bordent le golfe de Guinée.

De la forêt à la savane

La végétation qui repousse sur des champs abandonnés lorsque la terre a été épuisée est différente de celle de la grande forêt primaire. Les arbres sont plus petits et les gros mammifères de la savane, comme les buffles, peuvent y pénétrer, ce qui ne favorise pas la repousse. Par la suite, les éleveurs y font paître leurs troupeaux et n'hésitent pas à mettre le feu à l'herbe sèche pour favoriser la pousse d'herbe verte. En plusieurs générations, ces incendies à répétition contribuent à leur tour à transformer la forêt en savane.

UN OUTIL BIEN PRATIQUE

Au Niger, les paysans utilisent la hilaire pour cultiver le mil. Cet outil au long manche terminé par une lame en fer en forme de croissant est utilisé pour soulever la mince couche de terre du Sahel. Au Sénégal, on a essayé d'introduire des charrues pour labourer le sol en profondeur, mais le soc de la charrue en mélangeant la terre arable et la latérite l'a rendu stérile.

L'agriculture moderne

Petits champs aménagés en pays dogon, au Mali.

UN SAVOIR ANCESTRAL

Dans le Tagant, une région de Mauritanie menacée par le désert, on a découvert des murets destinés à retenir l'eau dans des champs de quelques mètres carrés. Ils datent d'environ 2 500 ans, lorsqu'il y avait encore des paysans au Sahara.

Les Africains cultivent des endroits qui étonneraient les paysans européens. Depuis longtemps, ils ont appris à lutter contre les caprices du climat et à chercher des solutions pour nourrir une population sans cesse en augmentation.

Nourrir tout le monde

Le continent abrite 800 millions d'habitants : les prévisions envisagent un doublement de la population d'ici 50 ans. Il est donc urgent d'employer de nouvelles méthodes pour rendre les terres plus productives. Or les sols de l'Afrique sont menacés par la désertification dans la savane et la forêt risque la destruction à cause de l'exploitation des bois précieux.

Une lutte contre la montre

Au Sahel, peu après le début de la saison des pluies, de grandes mares apparaissent car le sol n'absorbe pas l'eau. Les paysans s'installent à proximité, dans des cabanes provisoires, pour profiter de la présence de l'eau et pour protéger leurs cultures de sorgho, de haricots ou de légumes menacés par le bétail des éleveurs. Le sorgho profite de l'humidité qui imprègne le sol, tandis que les paysans utilisent l'eau du reste de la mare pour l'arroser. C'est une lutte contre la montre avant l'arrivée de la saison chaude qui assèche les mares.

Les femmes africaines sont très impliquées dans les travaux des champs.

Pour séparer le grain de la balle, il faut battre la gerbe de riz.

Aménagement d'une rizière au Niger.

Une barrière contre l'érosion

Au Rwanda et au Burundi, où la densité de la population est la plus importante d'Afrique (250 habitants au kilomètre carré), la terre est très fragile. Ici, l'érosion n'est pas due au soleil ou à la sécheresse, mais plutôt à la pluie qui tombe en abondance sur des terres en forte pente, piétinée par le bétail trop nombreux. Les paysans empêchent la transformation de leurs terres en boue en plantant des haies aux racines très serrées pour retenir la terre et en réduisant leurs troupeaux.

Attention aux moustiques !

Les vallées des rivières de la forêt sont favorables à la culture de céréales nourrissantes comme le riz. Mais les paysans les ont toujours évitées en raison des maladies qu'on y contracte, comme le paludisme, la fièvre jaune et l'onchocercose qui rend aveugle, sans oublier la maladie du sommeil. C'était le cas de la vallée de la rivière Volta au Burkina Faso : maintenant, on lutte contre les moustiques et les mouches qui transmettent ces maladies afin d'y installer des paysans.

UN JARDIN DANS LE DÉSERT

Dans les oasis, on puise l'eau, souvent à 2 ou 3 m de profondeur, avec un puits à balancier, le « chadouf ». C'est un long tronc d'arbre mince, souvent de palmier, auquel sont accrochés un poids en pierre d'un côté et une corde de la hauteur de la nappe d'eau de l'autre ; au bout de la corde, un seau en toile s'aplatit au fond du puits pour récupérer le plus d'eau possible.

Dans les oasis, les palmiers protègent les orangers au-dessous desquels on fait pousser des tomates ou des oignons. On y cultive aussi de l'orge, arrosée par irrigation au moyen de petits canaux que l'on peut ouvrir ou fermer.

Durban, en Afrique du Sud, possède le plus grand port du continent.

Les cultures industrielles

LES CULTURES DE RENTE

Les Européens ont forcé les Africains à cultiver des produits industriels pour payer l'impôt qu'ils avaient créé et pour acheter des marchandises qu'ils fabriquaient dans leurs usines. Ces cultures qui leur étaient payées en argent liquide et non en échangeant des produits par le troc, pratique plus courante, étaient appelées des « cultures de rente ».

Pour acheter des machines et des objets qu'elle ne produit pas, l'Afrique exporte des produits agricoles dans le reste du monde. L'équilibre est souvent difficile à respecter entre ces cultures industrielles et les cultures vivrières indispensables pour nourrir la population.

Les cultures de la colonisation

Les pays européens qui ont colonisé l'Afrique ont introduit des plantes comme le café, l'arachide et le coton, pour ne pas avoir à les acheter à des États étrangers. Devenus indépendants, les pays africains ont continué ces cultures industrielles. Celles-ci s'effectuent aux dépens des cultures vivrières prévues pour fournir de la nourriture aux populations locales, ce qui provoque de graves pénuries alimentaires.

Les plantes de la savane

Originaire de l'Inde, le coton, introduit par les Arabes, était seulement cultivé pour les besoins personnels. Aujourd'hui, c'est une véritable richesse et un grand produit d'exportation pour des pays comme le Tchad : les graines servent à faire de l'huile et les fibres sont exportées. Du fruit de l'arachide (ou cacahuète), on extrait une huile, exportée elle aussi. L'arachide est la production principale du Sénégal.

Dans de bonnes conditions, les fleurs du cotonnier, jaunes ou pourpres, arrivent à maturité 6 mois après l'ensemencement.

Le cotonnier peut atteindre 2 mètres de haut.

Les plantes de la forêt

L'ombre des grands arbres favorise la pousse d'arbustes qui ont besoin d'humidité et qui craignent un soleil trop violent. Certaines variétés de caféier, et notamment le robusta, se cultivent dans les zones forestières des pays du golfe de Guinée et en Afrique centrale. Originaire d'Afrique, le café a fait la fortune des pays d'Amérique centrale d'où proviennent le cacao, le maïs et l'arachide. La forêt ivoirienne est si favorable à la culture du cacaoyer que le pays est devenu le plus gros producteur mondial de cacao.

On récolte l'arachide à la fin de la saison des pluies.

Les fleurs du caféier se transforment en « cerises » vertes qui rougissent en mûrissant.

La terre, source de conflits

Plus que les cultures vivrières, les cultures industrielles appauvrissent les sols. On le constate dans les pays de savane où la culture de l'arachide d'un bon rapport financier épuise les sols. L'assolement – qui consiste à planter une année une espèce aux racines profondes et l'année suivante une espèce dont les racines restent près de la surface – ne suffit pas. Par exemple, en Casamance, au sud du Sénégal, des conflits apparaissent entre des émigrants cultivateurs d'arachide, qui ont quitté leur région, où la terre est épuisée, et les populations locales qui ont toujours préservé leur sol en cultivant du sorgho.

Les cabosses, fruits du cacaoyer, poussent sur le tronc, séparément ou groupées par deux.

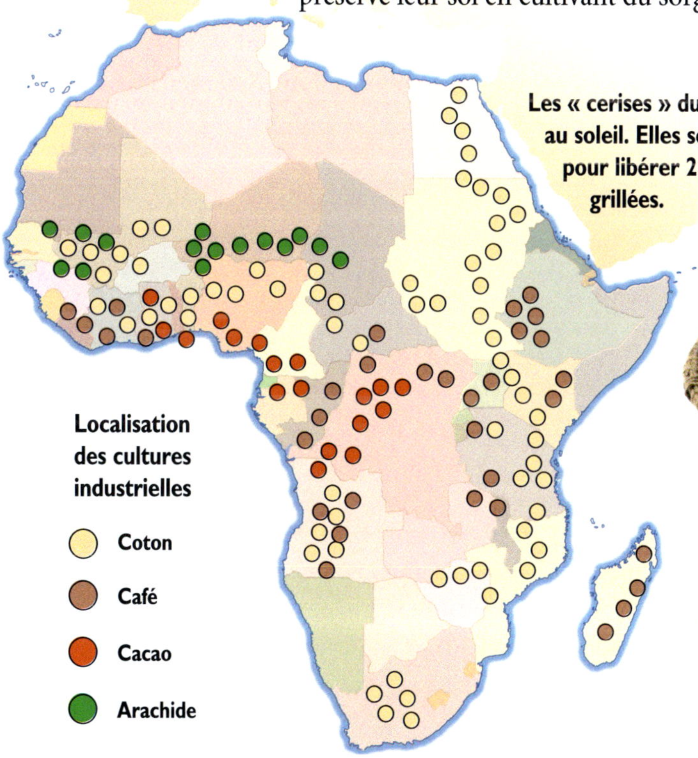

Les « cerises » du caféier peuvent être séchées au soleil. Elles se cassent alors d'elles-mêmes pour libérer 2 graines qui seront ensuite grillées.

LES CADEAUX DES AZTÈQUES

Le mot « cacao» vient du mot aztèque *cacauatl*, qui veut dire « graine », tandis que « cacahuète » vient de *tlacacauatl* qui signifie « cacao de terre ». Ces deux produits sont originaires du sud du Mexique où s'est épanouie la civilisation aztèque avant la conquête espagnole au XVIe siècle.
Les Aztèques utilisaient les fèves de cacao comme monnaie.

Les hommes de l'eau

Du Sahara à la forêt primaire, l'eau est au centre de la vie sociale. Dans la savane, la saison des pluies est attendue avec impatience. Dans les régions forestières, la rivière est la seule voie de communication permanente. Mais avant tout, fleuves et rivières sont riches en poissons.

Du poisson à toutes les sauces

Des régions entières ne peuvent pas pratiquer l'élevage à cause de la mouche tsé-tsé qui décime le bétail : la viande revient donc cher. Heureusement, il y a le poisson. On en trouve partout dans les cours d'eau, et même dans les mares qui n'apparaissent qu'à la saison humide. Une grande partie du poisson pêché est séchée au soleil ou fumée sur des herbes pour être conservée et commercialisée. On s'en sert pour faire des sauces et accommoder les céréales.

À Djibouti, on pêche autant le mérou, la dorade et le rouget que le thon ou le barracuda.

Les génies de l'eau

Les cours d'eau et les lagunes unissent les populations qui habitent sur leurs rives. Elles y trouvent leur subsistance et croient en l'existence de génies qui habitent les profondeurs de l'eau. Au Mali, les Sorkos, pêcheurs nomades du fleuve Niger, commerçants et transporteurs, et parcourent le fleuve sur de grandes pirogues couvertes qui leur servent d'habitation. Équivalent des maîtres de la terre chez les agriculteurs, ils sont les intermédiaires entre les hommes et les génies du fleuve. Ces derniers sont symbolisés par l'hippopotame et le « capitaine », ce grand poisson qui peut atteindre 2 mètres.

Pirogue de poissons fumés dans le port de Mopti, au Mali.

En tête !

Le Mali est un pays sahélien sans accès à la mer. Pourtant, c'est le premier pays africain pour la pêche traditionnelle avec 100 000 tonnes annuelles de poisson grâce au fleuve Niger qui le traverse et à son immense delta intérieur de 30 000 km^2 à l'époque des crues.

Pêche d'un silure au Burkina Faso.

Tous à l'eau !

Dans la savane, personne n'a le droit de pêcher pour son profit personnel dans les grandes mares que les pluies tropicales ont remplies d'eau. Quand le niveau de l'eau a suffisamment baissé, toute la population va y faire la seule pêche de l'année. Si l'eau est trop profonde, on utilise une calebasse vide comme flotteur. On capture surtout des silures à l'aide de nasses en forme de cloches.

Les nouveaux pirates

Les côtes africaines de l'océan Atlantique comptent parmi les plus riches en poissons de la planète. Mais les populations côtières n'en profitent pas pleinement car les pêcheurs n'ont pas les embarcations adéquates pour aller loin en mer. Ils sont obligés de rester près des côtes où le poisson est de plus en plus rare à cause des énormes bateaux des pays riches qui pêchent avec des filets de plusieurs centaines de mètres de long et qui dévastent le fond des mers.

La pêche industrielle au chalutier s'exerce au détriment des pêcheurs locaux qui n'ont que leurs pirogues pour travailler.

LE POISSON DE LA SAVANE

Le silure, qu'on appelle aussi poisson-chat à cause des « moustaches » autour de sa gueule, vit dans les rivières et dans les mares. Pendant la saison sèche, quand l'eau s'est presque évaporée, les silures s'enfoncent dans la boue et disparaissent dans les parties humides du sol. Ils n'ont plus qu'à attendre la prochaine saison des pluies pour revenir à la surface.

LA DÉCORATION DES PIROGUES

Les pêcheurs sénégalais décorent leurs pirogues de formes géométriques aux couleurs vives. Ils inscrivent sur la coque des formules destinées à attirer la protection divine et à éloigner le mauvais sort.

Les maîtres du feu

Sans le travail des artisans, on ne peut rien faire. Leur rôle est important car ils fabriquent et réparent les objets dont on a besoin. On les respecte, et tout particulièrement le forgeron.

Le fer provient des profondeurs du sol où se trouvent les ancêtres, mais il est également lié aux forces du ciel car il attire la foudre. On trouve dangereux de l'utiliser comme objet personnel sans l'associer avec un peu de cuivre, métal plus bénéfique.

Un artisan respecté

En Afrique, la métallurgie du fer a débuté, comme ailleurs, vers 2000 avant J.-C. Des traces de la fonte du fer ont été découvertes par les archéologues un peu partout sur le continent. Et au début du XXe siècle, on pratiquait encore la fonte traditionnelle. Dans les villages, le forgeron bénéficie d'un statut particulier : il sait produire le fer et faire des outils, et c'est lui qui sculpte les masques car il travaille aussi le bois puisqu'il réalise les manches des houes. C'est parce qu'il maîtrise parfaitementle fer, matériau réservé aux ancêtres, qu'il est le mieux à même de sculpter leur représentation symbolique.

Le miracle de la céramique

Comme il maîtrise le feu pour réduire le minerai de fer, le forgeron connaît aussi la température adéquate pour cuire les poteries en terre : c'est pourquoi sa femme est souvent potière. Au sud du Sahara, les poteries sont moulées à la main. Les potières roulent la pâte d'argile pour former des boudins appelés colombins. Elles les placent les uns au-dessus des autres en les aplatissant pour donner la forme voulue à leur ouvrage.

Des décors en relief

Selon les époques, les poteries d'une même région ont les mêmes formes et les mêmes décors. Les décors en relief étaient faits dans l'argile avant la cuisson au moyen d'incisions avec différents objets : épis de céréales, coquillages, petit peigne. Les décors obtenus facilitaient la prise en main de la poterie.

La poterie est le symbole du sédentaire qui y fait cuire ses céréales. Le nomade, au contraire, préfère la calebasse, plus légère et moins fragile.

La fonte traditionnelle

Pour obtenir du métal à partir du minerai de fer, on construisait une cheminée de 1,50 m de haut en banco, avec un gros trou à la base et plusieurs petits tout autour (1), dans lesquels on enfonçait les tuyères de plusieurs soufflets. Elle était ensuite remplie de charbon de bois (2) que l'on enflammait (3) avant de verser le minerai de fer (4). L'air des soufflets (5), qui étaient actionnés en permanence, permettait d'atteindre la température de 1 000 °C environ, suffisante pour séparer le fer du minerai. On attendait que le bas-fourneau refroidisse un peu, puis, avec une tige de fer, on enlevait (6) la « loupe » (bloc de fer mélangé aux scories).

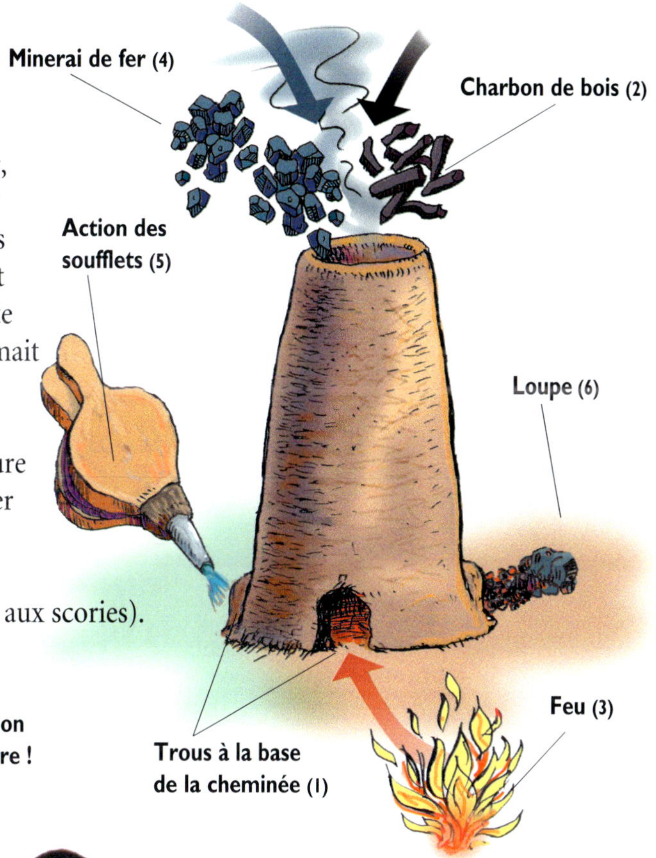

Les fours pouvaient atteindre 3 m de haut. À la fin de l'opération, il arrivait parfois qu'on les détruise ; ce n'était jamais que de la terre !

La potière moule le fond du pot en écrasant une boule d'argile. Elle polit l'intérieur à l'aide d'un fragment de calebasse.

FAIRE DU NEUF AVEC DU VIEUX

En Afrique, on voit peu de décharges, car on récupère tout pour le recycler. Aujourd'hui, les forgerons trouvent leurs matières premières dans les objets en métal qui ne servent plus. Ils récupèrent tout ce qui est en acier et en fer pour fabriquer des objets de la vie quotidienne comme des fourneaux à charbon de bois. Les enfants fabriquent des jouets en fil de fer.

Les magiciennes de la couleur

Il n'est pas rare de voir des femmes marcher dans la rue, le visage recouvert d'un masque de beauté rouge ou jaune.

L'Afrique, c'est le triomphe de la couleur. Toutes les occasions sont bonnes pour décorer et peindre les murs, les poteries, les vêtements et même les visages, la peau et les décors dans les cheveux. C'est le travail des femmes car elles connaissent la signification des décors et des couleurs.

Mettre la chance de son côté

On pense que les décors et les couleurs protègent celui qui les porte contre les mauvais esprits et favorisent ce qu'il entreprend. Dans certaines régions d'Afrique occidentale et d'Afrique australe, ces symboles décorent les façades des maisons et les greniers où l'on emmagasine la récolte de l'année. On décore aussi les objets de la vie quotidienne par goût et par respect des coutumes ancestrales.

L'indigo

En écrasant les feuilles de ce petit buisson appelé indigotier, on obtient une teinture bleue utilisée pour les tissus. Au Sahel, avoir la peau couverte de couleur bleue signifie qu'on a les moyens de porter des vêtements neufs.

La noix de cola

Originaire de la zone forestière du nord du golfe de Guinée, la noix de cola est un stimulant qui fait l'objet d'un commerce local important. En la broyant, on obtient une couleur marron clair qu'on utilise pour teindre les tissus de pagnes selon les méthodes du pochoir ou de la réserve.

Le henné

C'est un colorant brun obtenu en broyant les petites feuilles vertes d'un buisson épineux. Mélangées avec un corps gras, les feuilles écrasées servent à décorer la peau.
Le henné est utilisé par les femmes en Afrique du Nord, au Sahel, et de plus en plus en Afrique occidentale, pour faire des dessins traditionnels sur le visage et sur les mains, et pour colorer les cheveux.

Joindre l'utile à l'agréable

Les couleurs, fabriquées avec des herbes, des écorces ou des terres et des pierres broyées, sont considérées comme bénéfiques à cause de leur effet sur la peau et sur certaines maladies. On les utilise mélangées à une matière grasse comme le beurre de karité pour en faire une pâte facile à étaler sur le visage ou sur le corps.

Maison colorée du village de Shella, dans l'archipel de Lamu, au Kenya.

Les décors sur les murs

Si la construction de la maison est réservée aux hommes, sa décoration est le travail des femmes. À Oualata, en Mauritanie, pour ne pas perdre cette connaissance, il a fallu demander à une femme âgée de transmettre son savoir à des plus jeunes. Elle était la seule à se souvenir des endroits où se trouvaient les terres colorées, de la préparation des murs et de l'application des couleurs.

Teindre les tissus

Les tissus sont teints à la main, selon des procédés appelés « au pochoir » ou « à la réserve ». Ces techniques sont répandues dans toute l'Afrique de l'Ouest pour la confection de pagnes ou de boubous. Les couleurs utilisées sont surtout l'indigo et la cola. La teinture « au pochoir » consiste à tremper un tampon gravé de motifs (fleurs, animaux...) dans de la cire chaude, puis à l'appliquer sur un tissu. Lorsqu'on trempe le tissu dans la teinture, la couleur ne pénètre pas dans les parties protégées par la cire. Lorsque l'on veut teindre « à la réserve », on plie le tissu et on le serre très fort avec des cordelettes avant de le tremper. On obtient ainsi des cercles concentriques sur les parties de tissu non enserrées.

Tissu teint à l'indigo à Nouakchott, en Mauritanie.

Une couleur bénéfique...

Le rouge, couleur du sang, est la couleur de la vie tandis que le blanc, couleur des ossements, est celle des ancêtres.
En Afrique centrale, on trouve des masques d'ancêtres avec la face blanche. Couleur bénéfique, le blanc est obtenu en broyant une argile blanche très fine, le kaolin.

Les hommes des profondeurs

Dans les mines d'or, les conditions de travail sont épouvantables et les cadences infernales.

Le sous-sol de l'Afrique est réputé pour sa richesse. On y exploite l'or depuis longtemps. Pourtant, ce sont le fer et le sel qui sont indispensables aux populations, alors que le métal le plus précieux est maudit à cause des malheurs qu'il provoque.

Un métier dangereux

On trouve du minerai de fer à peu près partout à la surface du sol, tandis que l'on doit s'enfoncer profondément pour trouver de l'or. Le métier de mineur est dangereux pour ceux qui le pratiquent de façon artisanale en utilisant des techniques ancestrales. L'exploitation du sel dans les dépressions surchauffées et sans eau du centre du Sahara était autrefois réservée aux esclaves.

Un métal précieux

Toutes les civilisations ont cherché à se procurer de l'or pour s'en servir comme monnaie ou pour en faire des bijoux afin de montrer leur richesse et leur puissance. En Afrique occidentale, on le trouve surtout aux sources du Niger, du Sénégal et de la Volta. L'or est un métal très lourd qui se présente sous la forme de petites paillettes brillantes mélangées à des graviers à plusieurs mètres de profondeur. De nombreuses paillettes agglomérées forment une pépite.

Une vie de célibataire

Dans les grands centres industriels d'Afrique du Sud et de Zambie, les mineurs habitent dans des cités-dortoirs, séparés de leur famille restée à la campagne.

Un pouvoir maléfique

Au sud du Sahara, les légendes disent que l'or est un métal qui n'apporte que le malheur à cause des dangers de son extraction, des guerres et de l'esclavage qu'il a entraînés.

C'est 24 heures sur 24 que des milliers de travailleurs descendent toujours plus profond pour extraire le minerai d'or comme ici à Koma-Bangou, au Niger.

Une extraction difficile

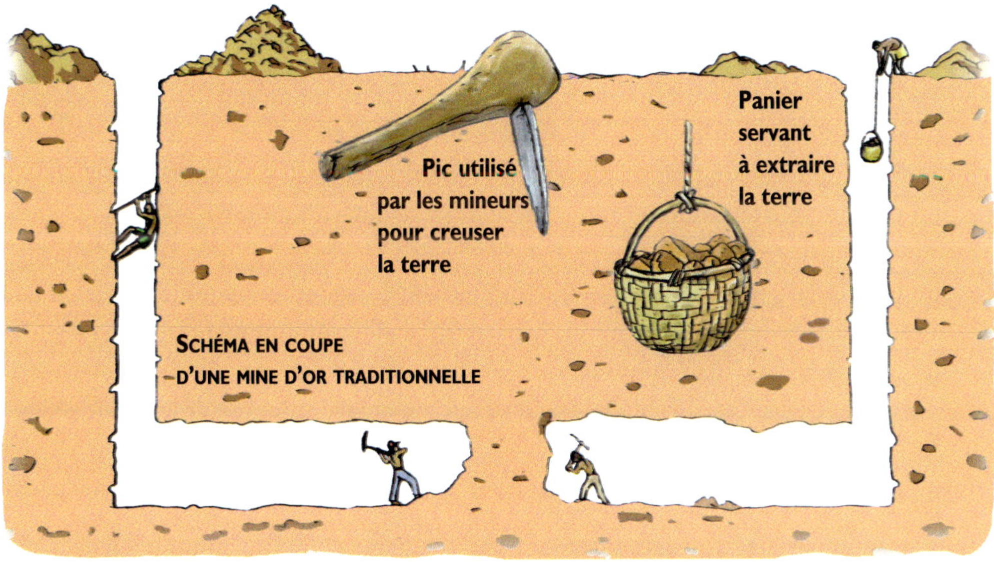

Quand un paysan découvre une paillette d'or en retournant la terre, il sait que le terrain est favorable. Les mineurs commencent à forer des puits d'environ 80 cm de diamètre pour atteindre le filon, qui peut se trouver à 20 mètres de profondeur. On creuse alors des galeries latérales pour faire communiquer les puits. C'est un travail dangereux à cause des risques d'effondrement car les tunnels ne sont pas étayés. À l'extérieur, des femmes lavent la terre et les graviers qui contiennent les paillettes dans une large calebasse pour faire partir la boue. À la fin, il ne reste plus que les graviers et les paillettes d'or plus lourdes tombées au fond.

L'enfer du sel

Le corps humain a besoin de sel pour retenir l'eau, surtout sous les tropiques. Or le sol de la savane est pauvre en sel, emporté par les pluies : le sel étant vital, il a donc fait l'objet d'un des plus anciens commerces africains. Depuis longtemps, des caravanes sont constituées pour aller chercher du sel dans les dépressions du Sahara où il s'est déposé en couches de plusieurs centimètres d'épaisseur. Découper des plaques de sel est très difficile, car le sel ronge les mains et les pieds. Actuellement le commerce du sel est en voie de disparition, le sel obtenu par l'évaporation de l'eau de mer coûtant beaucoup moins cher.

CHEF DE FILE

Dans le domaine de l'or, c'est l'Afrique du Sud qui vient en tête avec une production annuelle de 617 tonnes, dans les années 1990, soit 35 % de la production mondiale. Aujourd'hui la production est limitée à 550 tonnes, soit 25 % de la production mondiale.

LE SEL VÉGÉTAL

Au Niger, le sel coûte cher, et les populations des régions reculées sont parfois obligées de brûler des tiges de mil et de filtrer les cendres pour extraire le sel qu'elles contiennent.

Dégagement de plaques de sel en Éthiopie.

Les richesses de l'Afrique

Entonnoir de Kimberley, en Afrique du Sud.

UN AUTRE MÉTAL PRÉCIEUX

Métal de couleur jaune-rouge, le cuivre est souvent utilisé en alliage avec d'autres métaux : étain, zinc, plomb, nickel, argent ou or. Il ne rouille pas comme le fer. Au XIXe siècle, la découverte de l'électricité en a fait un métal très demandé en raison de ses qualités de conducteur.

Notre civilisation a besoin d'acier, de métaux rares et d'énergie pour faire fonctionner les machines. Le sous-sol de l'Afrique peut lui fournir tout cela.

Un comble financier

On trouve sur le continent africain tous les principaux minerais, mais pas les structures industrielles qui permettraient d'en extraire les métaux. Ces minerais non raffinés – les matières premières – sont exportés et traités dans les pays développés. Les métaux obtenus serviront ensuite à fabriquer objets et machines qui seront vendus en Afrique... très cher.

En Mauritanie, on a construit une ligne de chemin de fer spéciale de 650 km pour exporter vers le port de Nouadhibou le minerai de fer, extrait du centre du Sahara. Ce train compte près de 200 wagons. C'est le plus long du monde !

Riches ou pauvres ?

Le sous-sol de l'Afrique du Sud est tellement riche qu'on a qualifié ce continent de « scandale géologique ». On a ensuite utilisé la même expression pour parler du Congo-Kinshasa à propos des métaux rares et du golfe de Guinée au sujet du pétrole. De nombreuses régions d'Afrique produisent des minerais de fer et de cuivre, exploitables à ciel ouvert et qui demandent des installations gigantesques.

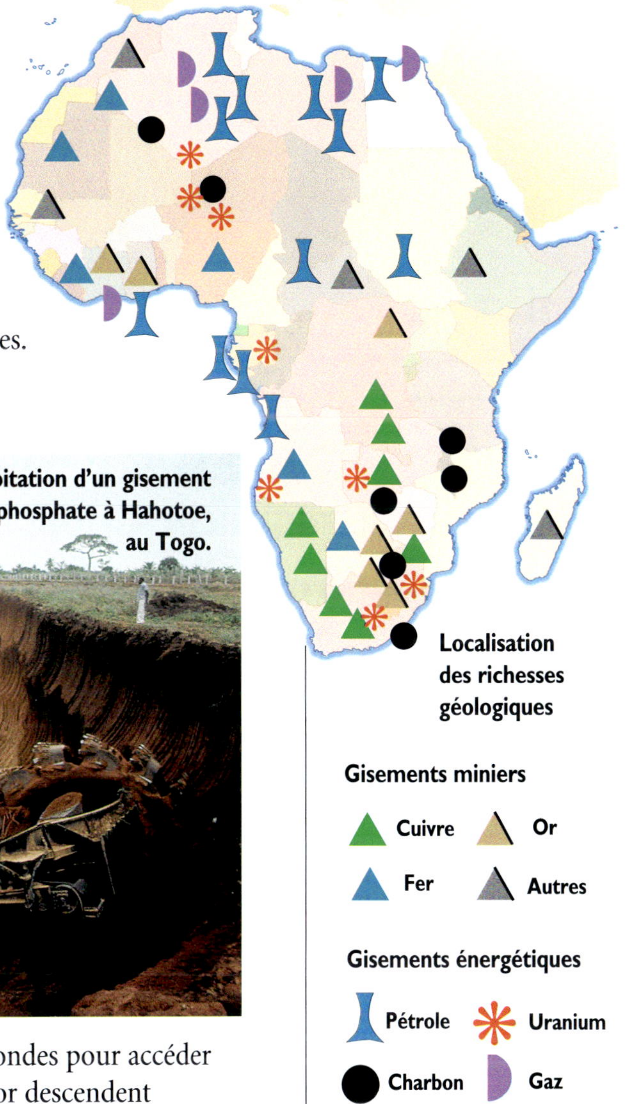

Localisation des richesses géologiques

Cinq kilomètres sous terre

Exploitation d'un gisement de phosphate à Hahotoe, au Togo.

Les mineurs doivent souvent creuser des galeries très profondes pour accéder aux minerais. En Afrique du Sud, les galeries des mines d'or descendent en moyenne à 2 000 mètres de profondeur (on a récemment atteint 5 000 mètres) et la chaleur y est excessive. D'autres minerais, comme l'aluminium, sont exploitables à ciel ouvert : on creuse alors d'énormes entonnoirs.

Les sources d'énergie

Le charbon est abondant en Afrique du Sud et le pétrole influence la vie humaine sur les côtes du golfe de Guinée, en particulier au Nigeria où la pollution par les hydrocarbures affecte gravement la mangrove et les animaux dont les populations se nourrissent. La plupart des gisements de pétrole se trouvent en pleine mer et les techniques pour les exploiter viennent seulement d'être mises au point. Mais cette industrie n'a pas besoin de beaucoup de main-d'œuvre et les populations n'en profitent pas.

LES DIAMANTS DE LA GUERRE

On trouve des diamants et des métaux rares en Sierra Leone, au Liberia, au Congo-Kinshasa et en Afrique australe. Leur exploitation est une des causes des guerres qui déchirent le continent. Les mineurs qui les extraient dans les zones en guerre sont traités comme des esclaves.

L'URANIUM POUR LA BOMBE ATOMIQUE

L'uranium du Katanga, au Congo-Kinshasa, a servi à la fabrication des premières bombes atomiques. Pendant la Seconde Guerre mondiale, l'Afrique au sud du Sahara, qui possédait des gisements d'uranium, était le seul endroit épargné par la guerre.

Du village à la ville

Il y a cinquante ans, la plupart des Africains vivaient à la campagne. Dans les villages, la vie sociale était animée par les fêtes et les travaux en commun. Les villes regroupaient surtout les services administratifs et les commerçants. Aujourd'hui, plus de la moitié des Africains sont des citadins. Leur façon de vivre et leurs relations ont changé.

BAR
NOUS LES JEUNES
Les lions verts

Chaque vendredi matin, le Morho Naba, l'empereur des Mossis du Burkina Faso et chef traditionnel de Ouagadougou, donne une audience officielle selon un rituel immuable.

L'ancêtre fondateur du lignage supportant le chef du village, quoi de plus symbolique !

Le meilleur de tous

Des royaumes aux mains de souverains puissants existaient, dans la savane ou la forêt, bien avant l'arrivée des Européens et la création des États modernes. Dans les régions plus difficiles à administrer – déserts, montagnes ou forêt profonde –, les populations peu nombreuses se gouvernaient elles-mêmes.

LE SIÈGE DU CHEF

Le siège est instrument de pouvoir. Celui du souverain était le plus décoré et le plus haut de tous. Aujourd'hui, certains chefs du golfe de Guinée ont pour siège de fonction des fauteuils occidentaux hérités des anciens gouverneurs coloniaux, une façon d'hériter aussi de leurs pouvoirs !

Un chef de village incontesté

Si les Pygmées de la forêt reconnaissent l'autorité du meilleur chasseur, chez les sédentaires et les agriculteurs d'Afrique occidentale, les villages sont sous l'autorité d'un homme respecté, descendant du fondateur du village. Il rend la justice et veille au respect des traditions. Ses conseils sont écoutés : pour les villageois, il est le seul à savoir mettre les bons génies de son côté. Il tient souvent le rôle de « chef de terre » chargé de la bonne exploitation du sol. En Afrique occidentale, le chef de terre est le gardien des traditions et de l'héritage des ancêtres, c'est-à-dire tout ce qui touche à la terre et aux cérémonies. Il n'a pas de rôle politique et administratif, mais son avis est important.

Mieux que Louis XIV

Quand des peuples sont devenus conquérants, leurs chefs ont pris une importance considérable car on estimait qu'ils avaient les génies avec eux. Le Morho Naba, ancien roi du Burkina Faso, ne devait pas poser les pieds sur le sol : selon ses sujets, il était porteur d'une telle force vitale qu'il risquait de brûler la terre et de la rendre stérile. Qu'aurait dit Louis XIV, le Roi-Soleil, s'il avait su que les messagers royaux annonçaient la mort du Morho Naba en criant dans Ouagadougou, sa capitale : « Le soleil s'est éteint ! »

Chef-roi de Notsé, au Togo.

Détail d'un pagne sur lequel sont imprimés les portraits des candidats aux élections dans l'ancien Burkina Faso (ou Haute-Volta).

Le roi et le président

Les chefs traditionnels ont perdu leurs pouvoirs politiques, mais leur influence reste importante sur la population qui voit encore en eux les garants de la prospérité. Les candidats aux élections présidentielles essaient de gagner les faveurs de ces personnalités en leur rendant visite et en assurant le maintien de leurs privilèges. Ces anciens rois ne dédaignent pas de profiter de la situation pour faire des affaires ou pour obtenir l'embauche d'un membre de leur famille dans l'administration ou des faveurs pour leur entreprise.

Sur les côtes du golfe de Guinée, on élève souvent des mausolées sur la tombe des chefs de village, signe de leur importance durant leur vie.

ROI OU CHEF ?

Il n'y a plus de rois proprement dits en Afrique, mais certains portent encore une couronne d'apparat et rendent la justice pour des affaires locales. En général, on les appelle « rois », mais leur titre officiel est « chef coutumier », car on leur reconnaît un rôle dans le respect des coutumes.

À QUI LA TERRE ?

Dans la tradition africaine, la terre n'appartient pas aux hommes mais à Dieu. Quand un Africain veut défricher un champ dans la brousse, il doit demander au chef de terre de lui désigner un terrain. De même, l'emplacement sur lequel il veut construire sa maison ou les cases pour sa famille s'appelle une « concession », car l'endroit lui est « concédé » (accordé) par le chef de terre.

C'est compliqué, la famille !

À cause de la pauvreté de la terre, des difficultés du climat et des maladies, beaucoup d'enfants meurent très jeunes. Les familles ont donc toujours souhaité avoir de nombreux enfants ; ce qui explique, en partie, la pratique de la polygamie. On parle alors de « famille élargie ». Mais qu'est-ce qu'une famille en Afrique ?

Sacrés ancêtres !

Quand le sol devenait trop pauvre pour nourrir une population trop nombreuse, une partie des habitants, conduite par un des fils du chef du village, partait en quête de nouvelles terres. Ses descendants le considéraient comme le fondateur de leur lignage, et si celui-ci était très prolifique, il finissait après plusieurs générations par donner naissance à un nouveau peuple. Ainsi, au Congo-Kinshasa, une partie du peuple luba ayant émigré a donné naissance aux Lundas. Les Lundas considèrent donc les Lubas comme de très lointains cousins.

« Mon cousin, c'est comme mon frère »

En Afrique occidentale, le lignage de la mère est souvent le plus important. Et le frère tient un grand rôle dans l'éducation des enfants de sa sœur, à tel point que leurs enfants se considèrent autant comme des frères que des cousins. Autrefois, dans l'empire du Ghana, l'héritier du souverain ne pouvait être qu'un des fils de sa sœur. Ainsi était-on sûr qu'il était de sang royal.

La plupart des statuettes féminines représentent les femmes en mères fondatrices des lignages.

L'EXPLOIT DE LA REINE POKOU

Les Baoulés de Côte-d'Ivoire donnent une grande importance au lignage maternel, car c'est une femme, la reine Pokou, qui les a conduits du Ghana où ils habitaient jusqu'aux terres fertiles où ils vivent aujourd'hui.

Femme et enfant de la tribu himba en Namibie.

Une famille élargie autour du chef de famille.

« Même père, même mère »

La polygamie, cette coutume d'épouser plusieurs femmes, est encore répandue dans la plupart des campagnes africaines. On entend souvent des enfants employer l'expression « même père, même mère » pour faire remarquer qu'ils sont bien frères et sœurs du même père et de la même mère. Mais on peut aussi appeler « papa » les frères de son père, « maman » les sœurs de sa mère, et « fils » ou « filles » ceux qui appartiennent à la génération suivante. C'est une façon de se situer dans l'arbre généalogique, de manifester son respect pour les plus âgés et sa condescendance vis-à-vis des plus jeunes. Pour montrer son admiration, on peut aussi appeler « Papa » quelqu'un d'exceptionnel comme par exemple Papa Wemba, le grand chanteur congolais.

L'esprit de clan

Plusieurs lignages forment un clan. Les noms de Keita, de Traoré, de Touré, qui reviennent souvent dans l'actualité, ne sont pas vraiment des noms de familles, mais des noms de grands clans. Ils se sont perpétués au cours des siècles car ils ont été portés par des ancêtres prestigieux que leurs descendants tiennent à associer à leur propre nom.

Hors de mes yeux !

La pire des punitions pour un Africain est d'être banni de son village et de ne plus faire partie de la collectivité. Quand la faute est moins importante, le coupable est tenu à l'écart de toute activité sociale. Dans tous les cas, il doit rétablir l'équilibre qu'il a rompu en réparant le mal qu'il a causé, généralement en offrant un sacrifice aux génies… ou un cadeau (animal, objet quelconque) à la personne lésée.

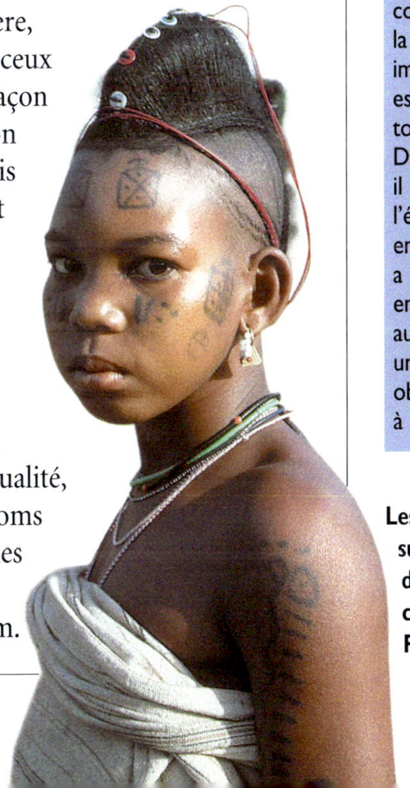
Les tatouages sur la peau sont le signe d'appartenance à un clan comme ici chez les Peuls du Nord-Bénin.

Le portage dans le dos présente beaucoup d'avantages dont le confort et la sécurité.

Être enfant au village

Passer son enfance dans un village, c'est la vie rêvée. On y apprend à vivre en société et à connaître la nature environnante.

Sur le dos de sa mère

Jusqu'à l'âge de 18 mois, l'enfant, attaché par un pagne, est toujours sur le dos de sa mère, qu'elle fasse la cuisine, pile le mil ou travaille dans les champs. La mère s'occupe de son enfant à plein temps, mais, après une nouvelle naissance, qui arrive rapidement en général, le plus jeune est pris en charge par les sœurs aînées ou les cousines. En Afrique de l'Ouest, la plupart des femmes ont 6 ou 7 enfants.

Éduqué par les plus grands

À 6 ou 7 ans, les filles et les garçons vont à l'école et commencent à avoir des activités différenciées. Au village, les filles aident leur mère aux travaux de la maison et s'occupent des enfants plus jeunes. Les garçons, encadrés par des plus grands, sortent de la concession, vont chercher du bois, secondent leur père aux travaux des champs. Ils explorent les alentours du village, apprennent à ne pas avoir peur de la brousse et à se rendre utiles à la collectivité.

Des jouets étonnants

Les enfants fabriquent leurs jouets avec les matériaux qu'ils trouvent : du bois, de la paille, des vieux tissus, des baies d'arbustes... Quand ils peuvent trouver du fil de fer, les garçons fabriquent des petits vélos, des voitures ou des camions miniatures. En Mauritanie, les filles font des maisons de poupées en terre cuite.

Les petits vélos en fil de fer ont même les roues qui tournent !

Cette fillette s'occupe de son frère comme une maman.

Les enfants apprennent la vie à travers les histoires de leurs ancêtres.

Des histoires, encore des histoires !

Dès leur plus jeune âge, les enfants apprennent comment se comporter envers les autres. Cette éducation est transmise par la famille, mais aussi par les autres adultes qui se plaisent à conter des histoires. Elle concerne la vie au village, les relations humaines et, plus largement, la vie en société. Puis c'est à l'école de la brousse que des adultes leur enseigneront l'autonomie et leur feront découvrir la vie en dehors du village.

Vive l'école !

Aujourd'hui, la plupart des enfants citadins sont scolarisés. En brousse, quand il n'y a pas d'école, les parents se réunissent pour en construire une et payer un enseignant. Souvent ce dernier est un villageois qui sait lire et écrire. Il n'y a pas de règle pour le rétribuer, mais si le village est pauvre, les parents lui donnent des produits de la terre ou l'aident à cultiver son champ. Cet enseignement, irrégulier, se pratique surtout en saison sèche quand les champs nécessitent peu de main-d'œuvre. À la campagne, les enfants font parfois plusieurs heures de marche pour aller à l'école du centre administratif.

Expérience d'alphabétisation rurale par la télévision au Niger.

DES LIVRES TROP RARES

La majorité des projets éducatifs échouent car ceux qui ont appris à lire et n'ont pas poursuivi leurs études, c'est-à-dire la plupart, ne lisent plus du tout après leur scolarité. On ne trouve que deux ou trois libraires dans chaque capitale et le prix d'un livre équivaut à 10 jours du salaire d'un manœuvre. Quant aux journaux, diffusés uniquement dans les capitales, leur tirage n'excède guère 1 500 exemplaires.

LA MORALE DES CONTES

Les contes expliquent d'une manière imagée comment se comporter vis-à-vis des autres. L'enfant désobéissant rencontre toujours un mauvais génie sur sa route. Celui qui est indiscret ou qui révèle les secrets de l'initiation n'est pas digne de faire partie du monde des adultes. Dans les contes, on apprend aussi que l'intelligence et la réflexion permettent au faible de triompher du plus fort.

Les Peuls ne construisent pas de cases en banco, mais en bois et en paille tressée, comme ici dans le Fouta Djalon, au Sénégal.

Le village, centre du monde

PAS DE PIERRE
L'argile, la paille et le bois sont les principaux matériaux utilisés : on ne trouve pas de maisons en pierres. Dans le nord du Sénégal, les habitations sont faites de branches et de nattes tressées.

BANCO !
Dans le Sud, en Casamance, les maisons sont bâties à l'aide de briques de banco, un mélange d'argile et de paille semblable au pisé. Elles servent à la construction de nouvelles habitations ou à la réparation des dégâts causés par la saison des pluies.

Le village, comme la maison, est une notion « élastique ». Les habitations sont parfois si dispersées dans la nature qu'on a du mal à retrouver la structure d'un village.

Village ou concession ?

Dans la savane, il n'y a pas toujours de « vrais » villages, mais des concessions séparées les unes des autres par quelques centaines de mètres. Plusieurs concessions rapprochées forment un village. Au Burkina Faso, les concessions regroupent un ensemble de cases accolées en rond les unes aux autres qui s'assimile à un village. Chacune abrite une famille élargie comportant parfois une quarantaine de personnes. Au Rwanda et dans la région des grands lacs d'Afrique centrale, on ne parle pas de village mais de colline sur laquelle se trouvent des petites cases isolées les unes des autres, chacune au milieu d'un champ de haricots.

Dans les grandes concessions isolées du Sahel, il suffit d'ajouter une case quand la famille s'agrandit.

À l'image de la société

En Afrique occidentale, la demeure du chef est au centre, car il est l'héritier du fondateur du village, autour duquel sont groupés ses descendants. Chez les nomades musulmans, les tentes sont placées de part et d'autre de celle du chef de campement et se déploient en général sur une même ligne, ouvertes à l'ouest pour bénéficier de la lumière dans la tente le plus tard possible. Pour la prière, on se tourne vers l'est, en direction de La Mecque.

Vivre les uns sur les autres

Dans une région voisine des Mossis au Burkina Faso, les Bobos vivent dans des habitations en banco avec une terrasse à la place du toit. Au fur et à mesure des générations et des mariages, on ajoute des pièces pour les enfants devenus adultes. L'ensemble forme un véritable labyrinthe. Au Togo, les concessions des Sombas, entièrement construites en banco, ont l'aspect de petits châteaux forts.

TROP DIFFICILE À REGROUPER...

En Tanzanie, où l'habitat est dispersé, les autorités ont essayé de grouper les gens en villages pour les faire bénéficier de l'école et du dispensaire. Cette expérience, la « villagisation », a échoué parce que les paysans étaient obligés d'aller très loin pour cultiver leurs champs.

GARE À LA FORÊT !

En zone forestière, les villageois sont reliés au reste du pays par la route qui traverse la forêt. Ils s'en tiennent au plus près, car la forêt est un endroit assez effrayant.

Village kassena au Burkina Faso.

Les vaches d'abord !

Dans le sud et l'est de l'Afrique, les éleveurs de bovins, comme les Zoulous ou les Massaïs, placent leurs troupeaux au centre du village. Celui-ci est constitué d'un grand cercle, entouré d'une palissade avec des entrées aux quatre points cardinaux. Les cases circulaires sont disposées autour d'une place centrale plantée d'arbres. Tout au centre, se trouve un autre enclos où l'on rentre les animaux pour la nuit.

À la fin de la saison des pluies, on mélange à de la paille la terre humide des mares pour confectionner les briques de banco.

Vivre au village

Sous les yeux des autres

Malgré la nostalgie que les citadins éprouvent pour leur village, peu retourneraient y vivre, car dans un village, il est difficile de mener sa vie comme on l'entend. Celui qui ne participe pas aux activités traditionnelles est rejeté par la collectivité. Il ne fait pas bon être un marginal car si un malheur survient, on risque d'être accusé d'en être responsable.

Pas de gros besoin !

Beaucoup de villages vivent en autonomie. Ils se subviennent à eux-mêmes par la culture de leurs champs et l'élevage de petit bétail (moutons, chèvres).

Les villageois qui sont partis habiter en ville regrettent l'atmosphère accueillante de leur village. Pourtant la vie y est difficile, on a du mal à échapper aux regards et aux critiques du voisinage.

Vivre ensemble

Les villages regroupent ceux qui suivent les mêmes coutumes et parlent la même langue. Les familles d'un même lignage habitent le même « quartier ». Les jeunes qui ont le même âge et ont subi ensemble l'initiation forment une classe d'âge et partagent les mêmes jeux. Chacun se doit de participer aux activités collectives : réparer les chemins, construire un abri sur la place du village pour les réunions des chefs de famille, participer, selon son âge, à l'éducation traditionnelle des enfants pendant la saison sèche, tenir son rôle pendant les fêtes collectives.

Malgré les dangers qu'ils représentent en raison des crues et des moustiques, les bords des rivières abritent de gros villages, comme ici chez les Djermas du Niger.

Porte décorée à Oualata, en Mauritanie.

Repousser le mauvais œil

Le village est un monde protecteur au sein duquel on se sent à l'abri des dangers de l'extérieur, non seulement des animaux et des rôdeurs, mais aussi des mauvais génies. La maison que l'on habite est souvent comparée au ventre maternel, comme au Tchad ou au Burkina. À Oualata, dans le sud-est de la Mauritanie, de part et d'autre de la porte d'entrée extérieure des concessions, des plaques d'ardoise brillantes sont chargées de repousser les mauvaises intentions du visiteur. Les entrées des portes de la cour intérieure donnant sur les différentes pièces, ainsi que dans ces pièces elles-mêmes, sont abondamment décorées de signes géométriques pour favoriser la fécondité de la famille.

Ce sont des femmes spécialisées qui peignent les décors des maisons.

TOUT EN FINESSE

Toutes les maisons africaines ne sont pas ornées, mais on trouve des décors aussi bien au Sahel (Mauritanie, Niger) qu'en Afrique du Sud, sur les murs des maisons des Ndébélés.

À la maison

Dans les régions forestières, quand il pleut, on fait la cuisine à l'intérieur de la case.

Dur, dur !

Le plus souvent, on dort sur un lit en bois ou une plate-forme posée sur des pieds en terre cuite décorée, sauf dans les petits villages du Sahel et chez les nomades où l'on se couche par terre, sur une natte.

L'habitation est à l'image de la famille et du lignage auxquels on appartient. Les maisons ont des formes très variées mais sont toujours réalisées avec les matériaux des environs.

Dormir dedans, vivre dehors

Les Africains vivent à l'extérieur, sous un abri appelé généralement « hangar », qui protège du soleil et de la pluie. L'habitation est surtout utilisée pour dormir. Les murs sont creusés de niches pour entreposer postes de radio, lampes, papiers importants, livres, habits et tissus. L'une d'elles est réservée à une lampe à pétrole. Des coffres en bois, parfois sculptés, servent de rangements et l'on accroche au mur les calebasses et les objets précieux.

Chacun chez soi

Chez les Mossis du Burkina Faso, le chef de famille a sa propre case. S'il a plusieurs femmes, chacune d'elles a la sienne, qu'elle occupe avec ses enfants. Il en est de même pour les grands-parents. Les cases sont rondes, entourées d'une palissade en herbes tressées, avec une seule entrée qu'on referme le soir après avoir rentré les animaux.

Cuisine collective au centre d'une concession au Burkina Faso.

Se coucher comme les poules

Dans la brousse, les habitants se couchent tôt et se lèvent tôt car l'électricité est rare. Seuls les commerçants, dans les gros villages, éclairent leur magasin le soir avec un groupe électrogène. L'électricité reste trop chère pour les paysans. On mange aux dernières lueurs du jour et près du feu principal au centre de la concession. Les cases sont éclairées par une lampe à pétrole.

Intérieur d'une maison à Oualata, en Mauritanie.

Un univers en réduction

Pour les Falis qui vivent au nord du Cameroun, la maison est semblable à un être humain. C'est un individu qui naît, vit et meurt : en construction, elle est comme l'enfant qui grandit ; terminée, elle est perçue comme un adulte apte à avoir des enfants ; quand elle s'écroule, c'est l'image de la mort. La fumée qui s'échappe de son toit est semblable à l'air exhalé par les poumons, et les réparations effectuées tout au long de sa vie symbolisent les efforts permanents qu'il faut faire pour préserver l'équilibre du monde.

Construction d'une maison dans l'île de Santiago, au Cap-Vert.

La leçon de la tortue

Au Tchad, les agriculteurs ont un grand respect pour la tortue, car, disent-ils, elle a montré aux humains qui couchaient à la belle étoile, comment construire une maison pour abriter leur famille.

Des maisons à colonnes

Si la plupart des maisons traditionnelles africaines ne comportent qu'un rez-de-chaussée, on trouve en Casamance, au sud du Sénégal, de grandes maisons à un étage soutenues par des colonnes. Elles ont une cour vers laquelle les toits en tôle sont inclinés pour récupérer l'eau de pluie.

Se parer

Aujourd'hui, c'est surtout pour leur beauté qu'on porte les bijoux, que ce soit en Namibie ou au Mali.

UN RÔLE MULTIPLE
Comme les tatouages et les maquillages, la coiffure traditionnelle montrait à quelle communauté on appartenait. On mettait dans les cheveux des perles qui portaient bonheur et des coquillages, signe de prospérité. Aujourd'hui encore, les femmes passent des heures à se tresser les cheveux, de toutes les manières possibles, mais plutôt par souci esthétique.

Sous les tropiques, la chaleur n'est pas tous les jours caniculaire. Il peut geler au Sahara et il peut faire 0 °C sur les hauts plateaux d'Afrique centrale. Si les vêtements protègent le corps des intempéries, on a longtemps pensé que les bijoux et les tatouages préservaient des mauvaises influences.

Des habits trop encombrants

Dans certaines régions montagneuses d'Afrique occidentale, les gens vivaient nus et portaient une simple ceinture autour de la taille. Il y a environ une centaine d'années, les missionnaires les ont forcés à porter des vêtements. Aujourd'hui, pendant la saison chaude, en dehors des villes et des villages, les hommes et les femmes ne portent souvent qu'un pagne noué autour de la taille.

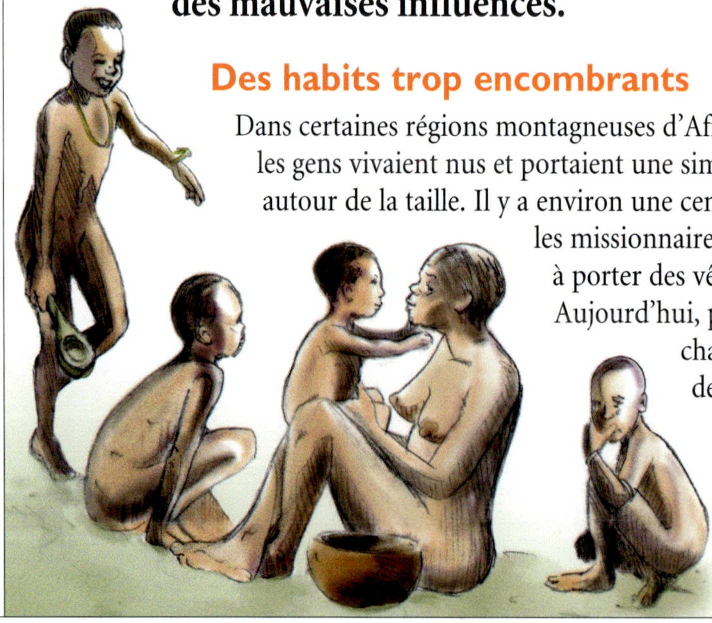

En général, les enfants vivent tout nus jusqu'à l'âge de 3 ou 4 ans.

La cotonnade, reine des tissus

Le coton est la matière la plus souvent employée pour confectionner les vêtements. Dans les régions où il pousse mal, comme dans la forêt équatoriale, on s'est longtemps habillé avec du raphia tressé provenant de palmiers, et de l'écorce d'arbre battue. Dans la savane, on utilisait des peaux d'animaux ou des tissus venus du monde arabe, qui coûtaient très cher. Le coton tissé en longues bandes par le tisserand traditionnel a été porté par les Africains jusqu'à l'époque coloniale, et il l'est encore dans certaines régions rurales.

Les tissus en coton ont été remplacés par des cotonnades légères, très colorées, fabriquées en usine.

L'embarras du choix !

Les citadins s'habillent à l'européenne ou portent le costume traditionnel de chaque grande région climatique. Pour les hommes de la savane, c'est un pantalon très large, le « saroual », et pour les femmes, un pagne serré autour de la taille, avec un corsage. Quand ils ne travaillent pas, les hommes et les femmes mettent un boubou. C'est une pièce de tissu très ample à cause de la chaleur, brodée avec des motifs géométriques souvent de couleur bleue.

Dans les régions forestières, on porte un long pagne enroulé autour du corps comme une toge romaine avec des décors colorés dans les tons brun sombre. Dans les pays du golfe de Guinée, c'est la toge qui prédomine.

HABIT D'ÉCORCE

En 1750, le marchand danois Römer, établi au Ghana, raconte qu'il existe « des arbres dont l'écorce peut être traitée comme la peau de mouton. Les gens enlèvent l'écorce de l'arbre, la sèchent, la battent et la portent comme un pagne. Elle est aussi souple et aussi solide qu'une peau de mouton ».

LE COMMERCE DES PAGNES

Les pagnes font l'objet d'un important commerce entre les villes du golfe de Guinée et l'intérieur du continent, car ils font partie des cadeaux traditionnels offerts au moment des naissances, des mariages ou des initiations.

Cuisiner

La cuisine africaine, à base de mil et d'igname, s'est enrichie au contact des navigateurs venus d'ailleurs. Ils ont introduit le maïs et l'arachide du Mexique, la pomme de terre, la tomate et le piment du Pérou et le manioc des forêts d'Amazonie. Par l'océan Indien sont arrivés la banane, le riz et les épices.

En Afrique, la cuisine, c'est avant tout la sauce qui permet d'accommoder céréales et racines.

La sauce aux herbes sauvages

La nourriture quotidienne du paysan africain est peu diversifiée. Il ne mange pas de viande à tous les repas. C'est surtout la sauce au poisson fumé mijoté à l'huile de palme ou au beurre de karité qui donne toute sa saveur au mil et à l'igname. Les femmes vont chercher en brousse les herbes sauvages, les champignons et les baies nécessaires à la « boule », bouillie de mil, préparée dans la savane. À base de feuilles de baobab, elle s'accommode avec des morceaux de poisson fumé.

Une cuisine internationale

Dès l'installation des premiers comptoirs européens sur les côtes du golfe de Guinée au début du XVe siècle, les produits d'Europe (carottes, oignons, choux), d'Amérique latine et d'Asie s'ajoutèrent aux productions africaines et une cuisine locale commença à voir le jour. Aujourd'hui, elle a beaucoup de similitudes avec la cuisine des Antilles et des Mascareignes (île Maurice, île de la Réunion). Seuls changent les produits de base et la matière grasse permettant d'amalgamer les sauces. Les crabes farcis et les beignets d'huîtres ou de moules sont réservés aux grandes occasions.

BANANE PLANTAIN, IGNAME, MANIOC OU MAÏS

En Côte-d'Ivoire, on se régale avec le « foutou » à base de banane plantain ou d'igname, ou l'« atiéké » à la farine de manioc. Au Gabon, le « chikuang » est constitué de pâte de manioc enveloppée dans de la feuille de bananier avant d'être grillée. On mange aussi une pâte de maïs, d'igname et de banane plantain avec une sauce au gingembre, assaisonnée d'amandes de mangues broyées ou de « pili-pili » (nom donné au piment par les Africains).

Les sauces à l'arachide donnent du goût à l'igname, par ailleurs très fade.

L'héritage des Brésiliens

Après la suppression de l'esclavage, au milieu du XIXe siècle, des anciens esclaves du Brésil sont revenus s'installer sur les côtes du Togo et du Bénin. Ils utilisent depuis les nombreuses épices rapportées d'Inde par les Portugais. Sur cette partie des côtes d'Afrique, la nourriture de base est le « gari ». C'est du manioc râpé, puis pressé et cuit dans une poterie pour le dessécher. Comme l'igname, le gari est servi avec toute une gamme de sauces au poisson ou au poulet.

L'ananas est plutôt cultivé pour être exporté mais chaque concession possède un ou deux papayers.

Tiéboudienne et yassa sénégalais

On dit que le Sénégal a la tête dans la savane et les pieds dans la forêt. À Dakar et à Saint-Louis, l'abondance des bancs de mulets sur les côtes permet de faire le célèbre « tiéboudienne », un plat composé de riz pilé, de mulet cuit avec des légumes locaux ou encore des carottes et du chou, accommodé avec des épices, du piment et de l'arachide. Le plat traditionnel dans le sud de la Casamance est le poulet « yassa », un poulet au citron vert, mijoté dans de l'huile de palme, qui se mange avec du riz ou de la patate douce.

Petite vendeuse de sauce à Lomé.

La mangue est un fruit de la savane, au contraire de l'avocat, fruit des régions humides.

BOIRE UN PEU MAIS PAS TROP

On trouve partout une bière peu alcoolisée et des boissons à base de produits locaux. Chez les musulmans, on boit du thé vert à la menthe très sucré. Les Maures et les Peuls nomades restent attachés au lait battu de chèvre et de chamelle, appelé « zrig » chez les Maures, utilisé aussi comme médicament. Dans la savane, le fruit du baobab râpé ou « pain de singe » donne une boisson acidulée proche de la limonade. Dans les régions forestières, on aime le vin de palme.
En Afrique centrale, c'est la bière de banane qui est consommée par les paysans.

Quitter le village

Le manioc est l'aliment de base dans le golfe de Guinée.

Les paysans quittent leur village car la vie est difficile dans les campagnes : c'est l'exode rural. Aujourd'hui, plus de la moitié des Africains vivent dans les villes.

Beaucoup de soucis

Comme en Europe, les paysans se plaignent des aléas du climat. Au Sahel, la désertification les oblige parfois à abandonner leur terre. Il arrive aussi qu'une invasion de sauterelles détruise le travail d'une année. Dans la forêt, un déboisement trop important peut provoquer des glissements de terrain. Et même si tout va bien, la récolte trouvera-t-elle des acheteurs à un bon prix ?

Besoin d'argent

Autrefois, les paysans échangeaient leurs produits contre des marchandises fabriquées par leurs voisins artisans et utilisaient peu la monnaie : ils faisaient du « troc ». Ils vivaient de leurs céréales, des produits de leurs animaux, et s'habillaient avec le coton qu'ils récoltaient. Aujourd'hui, ils ont besoin d'argent pour se soigner, pour se vêtir avec des tissus venus d'ailleurs, pour payer les études de leurs enfants, pour acheter une bicyclette ou du matériel agricole. Beaucoup sont donc tentés par la ville, où ils espèrent trouver du travail plus facilement.

La mévente des produits agricoles

Les Africains ont souvent du mal à vendre leurs produits agricoles comme le coton, le café ou même l'arachide, car les prix sont fixés en Bourse par des compagnies internationales. De plus, ils ne peuvent pas concurrencer les produits européens qui sont aidés par leurs gouvernements et qui sont vendus moins cher que les leurs.

Les taxis-brousse, véhicules d'occasion achetés en Europe, sont réaménagés pour le transport collectif.

En route pour le paradis !

Ceux qui reviennent de la ville font rêver ceux qui sont restés au village et qui trouvent leur existence monotone. Ils leur parlent du cinéma, des rues animées, des grands marchés où l'on trouve toutes sortes de marchandises et de la télévision qu'on ne peut pas capter au village. Vivre en ville, c'est aussi avoir l'école et l'hôpital à sa portée. Les seules visites que reçoivent les villageois sont celles de colporteurs à bicyclette, à moto ou en voiture qui proposent souvent trop cher des marchandises invendables en ville.

En ville, les cinémas sont en plein air. Installés sur les murs, les resquilleurs ne perçoivent que les paroles et la musique.

De terribles voyages

Pour le jeune paysan pauvre du Sahel qui cherche à partir en Europe, la traversée du Sahara se fait en camion. Afin d'éviter de passer par les postes de police et de douanes où des fonctionnaires corrompus exigent souvent une dîme, il est tentant de prendre un itinéraire isolé. Il suffit alors d'une panne ou d'un ensablement pour mourir de soif. On ne retrouvera les corps que plusieurs semaines après. La traversée de la Méditerranée est aussi très dangereuse : une embarcation trop chargée, la fuite pour échapper à la police ou l'abandon par les passeurs, et c'est la noyade.

Payer la dot

Il est de tradition en Afrique occidentale de partir à l'étranger gagner de l'argent et de revenir pour se marier en payant une dot à la famille de sa future femme. C'est une compensation pour le départ de celle-ci qui ne pourra plus aider à la maison ou dans les champs.

De plus en plus de gens ont des postes de radio, mais l'écouter à plusieurs permet d'économiser les piles et de commenter ensuite les émissions.

La ville, centre du pouvoir

En moins de cinquante ans, la ville a pris une place prépondérante sur le continent. Mais la transformation des villageois en citadins n'est pas toujours facile.

Tout contrôler

La capitale exerce une forte attraction, car c'est là que se trouve le pouvoir. Dans beaucoup de pays africains, celui-ci est de type présidentiel et centralisé pour éviter que les hommes politiques locaux ne prennent trop d'importance. Les présidents tiennent à contrôler de près tout ce qui permet l'exercice du pouvoir, c'est-à-dire la vie politique, l'administration et l'économie. En outre, la capitale a un avantage supplémentaire : un port ou un aéroport international.

Garde présidentielle à Dakar, au Sénégal.

Qui est le chef ?

Chaque ville a un maire et un conseil municipal qui administrent la cité en utilisant les maigres crédits que rapportent les taxes sur les commerces, les marchés et les impôts locaux. En Afrique occidentale, ce pouvoir est souvent doublé par celui du chef traditionnel du lieu d'origine. Son influence est encore grande et les autorités tiennent compte de ses avis. Il arrive au chef de régler les différends à l'amiable avant que les conflits n'arrivent devant les tribunaux.

Tribunal traditionnel à Notsé, au Togo.

BÂTIR POUR RESTER

En Mauritanie, les habitants qui le peuvent achètent un carré de terrain assez grand pour aménager un petit jardin. Et sans attendre de disposer de l'argent pour édifier une maison, ils construisent un enclos avec un grand portail en fer pour délimiter leur bien. Puis ils plantent une tente ou construisent une case à l'intérieur afin de loger un membre de leur famille et d'occuper ainsi les lieux.

Un charme désuet

Ancien palais du sultan de Zanzibar.

Les villes ont presque toutes gardé les bâtiments publics de l'époque coloniale. Après l'indépendance, le palais du gouverneur est souvent devenu la résidence présidentielle, les bureaux de poste se sont agrandis et on a construit des hôtels modernes. Les anciens bâtiments de Bamako, N'Djamena, Ouagadougou ou Luanda ont gardé un charme désuet à côté des buildings et des quartiers d'affaires édifiés dans les pays qui ont connu un décollage économique important comme à Abidjan, en Côte-d'Ivoire, ou à Lagos, au Nigeria.

L'école pour tous ?

Dans la plupart des pays, la moitié de la population a moins de 20 ans, et il a fallu multiplier les écoles, construire des collèges et des universités. Leur nombre ainsi que celui des enseignants restent cependant très insuffisants. Aussi, dans les quartiers populaires des grandes villes comme Kinshasa ou Lagos, il n'est pas rare que des parents demandent à une personne sachant lire d'enseigner les rudiments de la lecture à leurs enfants privés d'école.

La peur de l'autre

Dans les pays victimes de guerres civiles, les populations ont afflué vers les villes pour y trouver la sécurité et l'aide alimentaire. Les gens en ont gardé une peur instinctive de leurs voisins et se sont regroupés dans des quartiers bien séparés, comme à N'Djamena, au Tchad, où les agriculteurs chrétiens et animistes du Sud habitent leur propre quartier et les nomades musulmans le leur.

Vendeur de journaux à Dakar.

La voix du peuple ?

Après la présidence, l'église ou la mosquée, l'immeuble le plus célèbre d'une ville est celui de la radio-télévision. Son antenne domine la ville. Il représente la voix des différentes régions du pays. Lors d'un coup d'État, la prise de contrôle de cet immeuble est souvent le premier objectif visé. Le tirage des journaux, en revanche, dépasse à peine quelques milliers d'exemplaires pour les plus importants.

Vivre en ville

De vraies villes champignons

Les villes africaines grossissent à une vitesse vertigineuse. Nouakchott, la capitale de la Mauritanie, qui abritait tout juste 5 000 habitants en 1960, en comptait plus de 600 000 en l'an 2000.

Tout droit !

En ville, les moyens de transport sont souvent traités de « tombeaux ambulants » par les usagers. Les taxis collectifs et les bus sont vétustes et ne possèdent pas le minimum de sécurité. Ainsi, on appelle « taxis tout droit » les taxis hors d'âge qui n'ont plus de direction et qui ne peuvent de ce fait qu'emprunter les avenues toutes droites.

Chaque jour, les villes africaines se peuplent de nouveaux arrivants, et plus encore quand la région est troublée par la guerre ou par la sécheresse.

Les maisons des bidonvilles près des ports sont construites avec les planches des grandes caisses de déménagement, comme ici à Dakar.

Une affluence ingérable

Les nouveaux arrivants s'installent à la périphérie sous des tentes ou des cabanes en planches. Mais les services publics n'arrivent pas à suivre, car l'État n'est pas assez riche pour s'adapter à cette affluence. Il est plus facile d'installer l'électricité – il suffit de poser des lignes électriques sur des poteaux – que de faire venir l'eau ; souvent une seule borne-fontaine approvisionne une dizaine de familles. Et le grand problème reste celui des égouts, simples tranchées creusées dans la rue qui débordent à la moindre pluie et se transforment en dépotoirs.

Solidarité ou solitude...

Au début, les nouveaux citadins profitent de l'hospitalité de parents déjà présents sur place, avant de se construire une maison à proximité. Et c'est bientôt tout un quartier qui finit par regrouper les personnes originaires d'une même région. Elles essaient de recréer l'atmosphère de leur village et de maintenir la solidarité qui les aide à affronter solitude et chômage. C'est une situation difficile et peu habituelle pour le nouveau venu qui doit apprendre à tout payer, son logement comme sa nourriture.

Dans les bidonvilles, les habitants se regroupent par origine mais cohabitent aussi avec des émigrés d'autres régions dans des conditions sanitaires déplorables.

Grand et petits marchés

Une ville africaine, c'est surtout un grand marché central où l'on trouve de tout, dans de petites échoppes qui ne disposent que d'un comptoir en bois entouré d'étagères. Chaque quartier a son petit marché où l'on vend des légumes à même le sol et de la viande un peu à l'écart. Au bord des grandes avenues, de petits marchands proposent des allumettes, du pain, du sucre et des petits tas d'arachides.

La survie quotidienne

Vivre en ville n'est pas un paradis pour celui qui vient de la campagne. Les hommes ont souvent plusieurs emplois. Certains sont livreurs le jour et gardiens la nuit. D'autres disent qu'ils « font des affaires », mais ce sont des affaires bien minces qui ne rapportent pas beaucoup d'argent. Comme au village, les femmes assurent la survie quotidienne. Elles font des beignets, revendent au bord de la route un panier de mangues qu'elles ont achetées en gros à l'entrée de la ville. À la maison, on confie les enfants les plus jeunes aux plus âgés.

Vendeuses de nourriture prête à consommer.

Marché à Lagos, au Nigeria.

Un marché à l'image du pays

Le plus célèbre des marchés d'Afrique est celui d'Addis-Abeba, en Éthiopie. Ouvert tous les jours, il attire les populations du centre du pays. Il illustre la situation économique de ce pays défavorisé : plus un pays est pauvre, plus ses marchands vendent des objets de peu de valeur ou des produits alimentaires en petite quantité.

Dès le matin, c'est la galère !

Au lever du jour, les passants envahissent les rues menant aux quartiers du centre. La grande majorité se déplace à pied à cause de l'insuffisance des transports ou, le plus souvent, du manque d'argent pour les prendre. Des employés de bureau font jusqu'à deux heures de marche matin et soir. C'est aussi le cas des lycéens qui habitent la lointaine banlieue.

Les grandes villes de l'intérieur

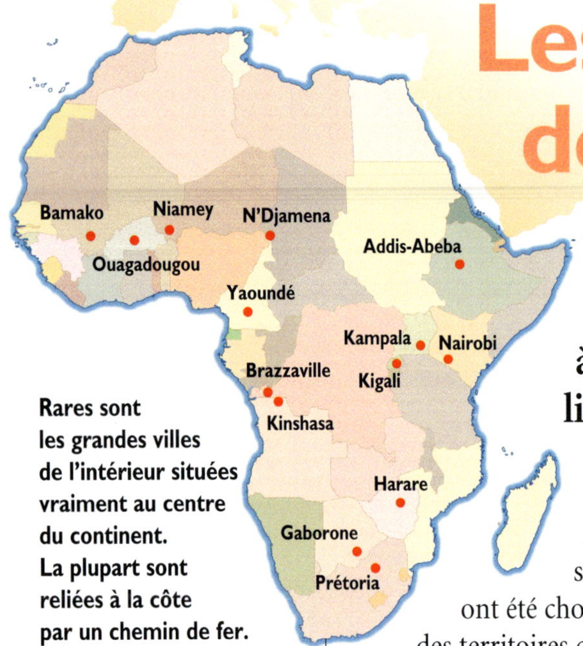

Rares sont les grandes villes de l'intérieur situées vraiment au centre du continent. La plupart sont reliées à la côte par un chemin de fer.

Beaucoup de grandes villes africaines sont d'anciens centres administratifs créés à l'époque coloniale. Ces villes sont rarement limitées par l'espace pour s'agrandir.

Petites villes deviendront grandes...

À l'intérieur du continent, d'anciens marchés importants situés au croisement d'un fleuve et d'une piste commerciale ont été choisis par les Européens pour devenir les centres administratifs des territoires coloniaux. Après l'indépendance, des villes comme Bamako et Niamey, bordées par le fleuve Niger, sont devenues les capitales du Mali et du Niger. En Afrique centrale, Kinshasa et Brazzaville, situées de part et d'autre du fleuve Congo, sont devenues les capitales des deux Congos. La plupart des capitales ont ainsi tendance à s'agrandir démesurément, comme Bamako au Sahel, ou Kinshasa en zone forestière.

Marigot ou capitale ?

À l'origine, Bamako, l'actuelle capitale du Mali, dont le nom signifie « marigot du crocodile », était composée de quatre quartiers habités par des agriculteurs bambaras, des pêcheurs bozos, des commerçants mandingues du Sahel et des marchands maures du Sahara. La ville était prospère car l'activité de chaque groupe était utile aux trois autres. À l'époque coloniale, la construction d'un chemin de fer jusqu'à Dakar pour exporter le coton et l'arachide a encore augmenté l'importance de Bamako, qui compte 1 million d'habitants.

Les cités dortoirs

Dans les régions minières d'Afrique australe, les mineurs, qui ont laissé leur famille au village, vivent dans des cités constituées de blocs de maisons collectives qu'on appelle des cités dortoirs. Elles ont été construites à l'écart des villes à l'époque de l'apartheid, il y a une cinquantaine d'années.

Mis à part les centres-ville, les grandes villes de la savane, comme ici Bamako, sont constituées de larges avenues et de rues se croisant à angles droits ; ainsi sont délimités des blocs de maisons avec de grandes cours plantées d'arbres.

Dans les villes musulmanes du Sahel, on boit surtout du thé et des jus de fruits, mais sur la côte et en Afrique centrale, des bars proposent de la bière peu alcoolisée.

Boîte et maquis

Dans les grandes villes des pays non musulmans, la musique et la danse envahissent les bars et les boîtes de nuit. Dans les quartiers populaires, des petits restaurants appelés « maquis » servent de la cuisine africaine bon marché.

Tentaculaires...

Comme toutes les villes de l'intérieur, où l'espace ne manque pas, Kinshasa est traversée par de grandes et larges avenues ombragées. La capitale du Congo démocratique est située au bord du lac Malebo, juste avant les grandes chutes d'Inga qui permettent au fleuve Congo d'atteindre la mer 100 km plus loin. Kinshasa ne cesse de s'étendre car les guerres ont poussé beaucoup d'habitants du pays à se réfugier dans la capitale. Il y aurait actuellement plus de 5 millions d'habitants.

Le centre-ville de Nairobi, la capitale du Kenya, est très moderne.

... et surpeuplées

Au début du XXe siècle, les Anglais construisirent un chemin de fer à travers le Kenya pour rejoindre leur colonie d'Ouganda. Le principal dépôt de matériel qui se trouvait à mi-chemin donna naissance à Nairobi, l'actuelle capitale du Kenya. À cette époque, les ouvriers se protégeaient chaque soir des lions qui rôdaient en entourant leurs campements d'une haie d'épineux. Aujourd'hui, Nairobi compte plus de 2 millions d'habitants, parmi lesquels un grand nombre de paysans qui ont fui la désertification et vivent dans des bidonvilles.

Les villes sur la mer

Centre administratif de Djibouti.

La campagne à la ville

Il est très difficile de compter la population d'une ville africaine, car beaucoup de gens vont et viennent entre la campagne et la ville. Les nouveaux arrivants s'installent à la périphérie des cités et conservent souvent le même genre de vie que dans leur village, si bien que la limite ville-campagne est difficile à déterminer.

Les villes de la côte africaine, issues du commerce et de la colonisation, ne correspondent plus aux nécessités politiques des États modernes.

Des lieux de rêve

Plusieurs des villes maritimes sont des ports situés au fond de baies bien protégées dans un cadre superbe, comme Luanda, Conakry, Freetown dominée par de hautes collines, Monrovia au Liberia, Djibouti dans la Corne de l'Afrique, ou Le Cap en Afrique du Sud.

L'héritage de la colonisation

Quand les puissances coloniales ont commencé à exploiter les richesses du continent au début du XXe siècle, les anciens comptoirs européens installés sur les côtes sont devenus de grands ports pour exporter les matières premières. Par conséquent, beaucoup de ces grands ports ont été désignés, dans les années soixante, capitales d'États indépendants comme Dakar au Sénégal, Conakry en Guinée, Freetown en Sierra Leone, Abidjan en Côte-d'Ivoire, Lagos au Nigeria, Libreville au Gabon, Luanda en Angola ou Dar es-Salaam en Tanzanie.

Château arrière décoré d'un boutre de l'océan Indien.

Trop à l'étroit !

En raison de l'augmentation effrénée de la population, plusieurs de ces capitales ont dû être transférées à l'intérieur des terres. Ainsi, dans les années quatre-vingt, Yamoussoukro a remplacé Abidjan comme capitale de la Côte-d'Ivoire, Abuja a remplacé Lagos au Nigeria, et Dodoma, Dar es-Salaam en Tanzanie.

Dakar, la rayonnante

La capitale du Sénégal est aussi le plus grand port du pays. Dans le centre-ville, on trouve encore quelques maisons de la fin du XIXᵉ siècle, qui voisinent avec de grands immeubles modernes et une université. Dakar est entourée de nombreux quartiers populaires et compte près de 2 millions d'habitants avec les villages périphériques qui ne cessent d'être englobés. Un chemin de fer relie le port à Bamako, et permet d'exporter les productions agricoles de cette région enclavée. De Dakar, on peut voir la petite île de Gorée, d'où a commencé la colonisation de l'Afrique occidentale.

Dar es-Salaam tourné vers l'Orient

Le nom du grand port de la Tanzanie signifie « havre de paix ». Il a été fondé vers 1860 par le sultan de l'île voisine de Zanzibar pour exporter les produits agricoles qui arrivaient d'Afrique centrale par caravanes de porteurs. Dar es-Salaam est alors devenu le port principal de la côte orientale de l'Afrique. Son importance s'est renforcée en 1905 quand les Allemands ont construit un chemin de fer pour remplacer les caravanes. Aujourd'hui, Dar es-Salaam dépasse 2 millions d'habitants.

La Banque centrale des États de l'Afrique de l'Ouest a son siège à Dakar.

Abidjan sur la lagune

Comme Lagos au Nigeria, Lomé au Togo et Cotonou au Bénin, Abidjan en Côte-d'Ivoire est implantée sur une lagune qui s'étale derrière une large bande de sable de quelques centaines de mètres. Il y a plus d'un demi-siècle, Abidjan était encore une petite cité sur une île de la lagune. C'est un des plus grands ports de l'Afrique de l'Ouest aujourd'hui. Devant l'afflux des immigrants, la ville a dû s'étendre sur les autres îles de la lagune. Elle se répartit entre un quartier moderne avec de grands buildings, un quartier résidentiel et les quartiers populaires de Treichville et d'Adjamé.

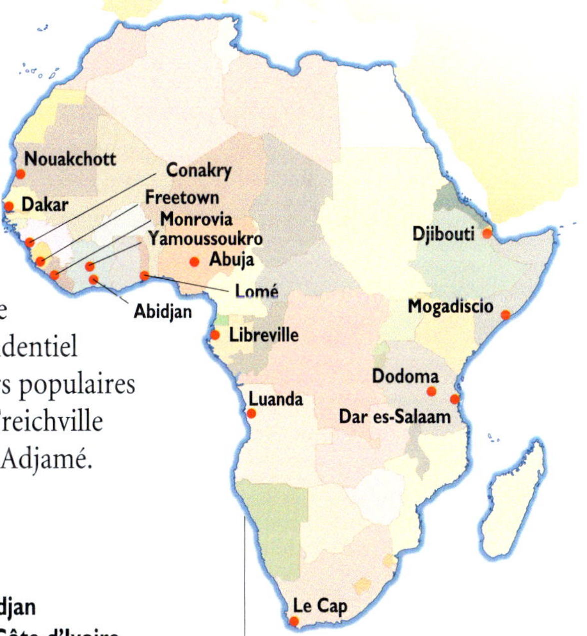

Abidjan en Côte-d'Ivoire.

DE GRANDS TRAVAUX

En 1950, on a creusé un canal de 10 m de profondeur et de 100 m de large qui a permis à Abidjan d'accéder directement à la mer.

Une terre d'échanges

Un pour tous, tous pour un ! En Afrique, la notion d'entraide est essentielle. On fait toujours partie d'un groupe, d'une famille ou d'un clan. C'est l'assurance de toujours trouver de l'aide et une façon de montrer aux autres qu'on accepte les règles qui régissent la société. Ces rapports sociaux favorisent les échanges humains et commerciaux.

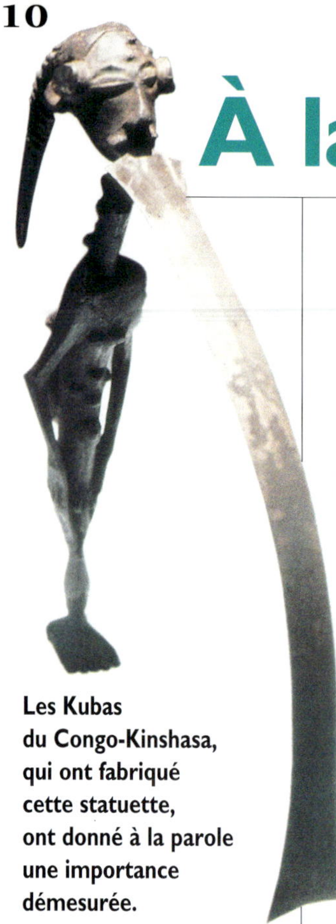

À la rencontre des autres

Les Kubas du Congo-Kinshasa, qui ont fabriqué cette statuette, ont donné à la parole une importance démesurée.

En Afrique où l'écriture a mis longtemps à s'imposer, les échanges d'idées ou d'informations passent encore le plus souvent par la parole. Cette façon de communiquer favorise les contacts entre les humains.

Parole créatrice

Au Mali, les Dogons disent que la parole est la trame du monde et qu'elle donne vie à tout ce que l'on nomme. C'est ainsi qu'une personne, une plante ou un objet ne deviennent réels que si on leur donne un nom. Mais ce pouvoir de création rend la parole magique, et c'est pourquoi il ne faut pas l'utiliser n'importe comment.

Parole destructrice

La parole peut aussi être destructrice quand elle donne naissance à des rumeurs qu'on ne peut pas contrôler. La multiplication des moyens de transport a accentué la diffusion des fausses nouvelles. Dans des pays aussi éloignés l'un de l'autre que la Tanzanie et le Bénin, plusieurs personnes ont été accusées de sorcellerie et tuées en public.

Une vision destructrice

La grande famine qui décima les Xhosas d'Afrique du Sud en 1857 eut pour point de départ des propos inconsidérés. À cette époque troublée par des guerres entre les fermiers blancs et les éleveurs africains, une jeune Xhosa eut une vision qui lui prédit le départ des Blancs et le retour à la paix si les siens abattaient leur bétail et détruisaient leurs récoltes. Des dizaines de milliers de vaches furent tuées, ce qui n'empêcha pas les Xhosas de mourir en masse, trop affaiblis pour résister aux fermiers blancs et aux Zoulous, leurs adversaires traditionnels.

Il fait bon boire un peu de bière à la banane ou au mil, tout en discutant, comme dans cette buvette de village au Burkina Faso.

Les rois et les chefs ont toujours cherché à garder leurs distances avec leurs sujets pour mieux montrer leur importance.

Respecter les règles

Dès leur plus jeune âge, on apprend aux enfants à ne pas dire n'importe quoi et à ne pas parler n'importe quand car le silence est une vertu qui donne toute sa valeur à la parole. On leur apprend à s'adresser aux autres en respectant la hiérarchie sociale et les règles qui régissent la famille. C'est important dans les familles polygames pour éviter les jalousies entre frères et demi-frères ou les conflits entre épouses.

Parole de marchand

« Parle ! » dit le marchand à celui qui veut lui acheter quelque chose. Ce que nous appelons « marchandage » ou « palabre » est en réalité le désir du marchand de connaître l'acheteur de ses marchandises qui sont un peu une part de lui-même. Cela commence toujours par les salutations d'usage destinées à montrer le respect mutuel et la reconnaissance que l'on a de la position sociale de l'acheteur. L'échange de mots dévoile alors son intelligence, son humour... ou sa grossièreté. Ainsi, quelqu'un d'une classe sociale ou d'une caste supérieure évitera de marchander ou de plaisanter pour faire baisser un prix sous peine de déchoir ou de paraître mesquin.

Faire de l'étranger un ami

En Afrique, où l'émigration des jeunes est répandue, l'hospitalité est la règle. Chez les Haoussas du Niger, aucun mot n'existe pour dire « étranger ». On emploie plutôt le terme d'« hôte » car on espère que sa venue attirera le bonheur sur le village ou la famille. L'étranger est le bienvenu car c'est lui qui apporte des nouvelles d'ailleurs et vient échanger les produits indispensables.

En Afrique comme partout, le partage de la nourriture est souvent le début de l'amitié.

PAROLE DE ROI

Pour donner toute son importance à sa parole, l'ancien empereur de l'empire du Kanem, au Tchad, parlait à ses sujets derrière un rideau. On devait éviter de soutenir son regard. En Éthiopie, les sujets du négus s'allongeaient dans la poussière à son passage.

PAROLE DE GÉNIE

Lors des cérémonies, le tambour représente la parole des génies. À travers les sons propagés et les mouvements du masque porté par le danseur, c'est le symbole de la vie qui est mis à l'honneur. Le danseur, lui, reste muet car il s'efface derrière le génie.

Le grand commerce du sel

Au milieu du XIXe siècle, le marché de Socoto, dans le nord du Nigeria, visité, ici, par l'explorateur Heinrich Barth, était l'un des plus grands de l'Afrique occidentale.

Aucun peuple ne produit tout ce qui lui est nécessaire, ce qui oblige à échanger des produits entre voisins. En Afrique, la diversité des zones climatiques a favorisé depuis longtemps le commerce entre les populations.

Du sel contre du mil

Le sel des dépressions du Sahara est indispensable aux populations qui vivent dans la savane. Hommes et bêtes en ont besoin pour retenir l'eau dans leur corps pendant les fortes chaleurs de la saison sèche. Les Touaregs et les Maures du Sahara, vivant du nomadisme, achètent le mil que le désert ne peut leur fournir. En Afrique occidentale, l'échange de sel contre le mil a favorisé la naissance du grand commerce par caravanes.

De la cola contre du sel

La noix de cola pousse dans les forêts humides au bord du golfe de Guinée. Les habitants des régions où la saison sèche dure longtemps la mâchonnent volontiers pour ses propriétés toniques qui stimulent physiquement ou intellectuellement et apaisent la faim. Ils disent aussi qu'elle leur permet de supporter une chaleur dépassant souvent 45 °C à l'ombre. Ils l'obtiennent auprès des commerçants de la forêt contre une partie du sel qu'ils se sont procuré chez les Maures du désert.

À Nouakchott, en Mauritanie, on continue à vendre du sel en barre, mais celui-ci est moins bon pour la santé que le sel de mer car il ne contient pas d'iode, produit qui a des vertus bénéfiques pour le corps.

Marchands de père en fils

Ces échanges sur des distances parfois importantes sont assurés par des marchands, dont c'est le métier de père en fils. Ils se marient à l'intérieur de leur profession et la langue dont ils se servent pour les transactions est comprise de toutes les populations qu'ils approvisionnent. Au sud du Sahara, les marchands ont été les premiers à se convertir à l'islam car la connaissance de l'arabe leur permettait de faire du commerce avec le monde musulman.

Au contraire du sel, la noix de cola craint la sécheresse et doit être conservée dans de gros ballots enveloppés de feuilles de bananiers qui conservent l'humidité.

La rencontre de la pirogue et du chameau

En Afrique occidentale, les grands fleuves, Niger et Sénégal, et le lac Tchad empêchaient les caravanes de chameaux de poursuivre leur voyage. De grands marchés se sont donc installés à l'endroit où la route des chameaux rencontrait celle des pirogues. Car les fleuves s'avéraient être le plus souvent les seules voies de communication possibles pour les commerçants venant des forêts et des savanes. Et pour franchir, avec leurs marchandises, les endroits barrés par les chutes ou les rapides ou bien les revendre à d'autres commerçants installés là, ces derniers étaient obligés de faire appel à des porteurs.

LES LANGUES DES COMMERÇANTS

Les Africains parlent plusieurs langues : celle de leur famille, celle des peuples voisins, celle des commerçants étrangers de plus en plus importante avec la multiplication des échanges. En Afrique occidentale, le dyula est parlé jusqu'à Niamey. Le haoussa est utilisé au Nigeria et jusqu'à la rive nord du fleuve Congo. Dans le reste de l'Afrique centrale, en Afrique australe et en Afrique orientale jusqu'à Djibouti, c'est le swahili qui ne cesse de s'étendre.

Le fleuve Niger donne vie à l'Afrique occidentale. Il sépare aussi le Sahel, où vivent les grands nomades, de la savane, domaine des agriculteurs.

Au début était le luxe

Le commerce sur de longues distances a commencé dès l'Antiquité. Il s'agissait alors essentiellement d'un commerce de luxe qui visait à satisfaire la vanité des rois et des prêtres par rapport à leurs dieux.

Cette plaque circulaire en or finement ouvragé était portée sur la poitrine par un roi sénégalais du VIIe siècle.

À l'égal des dieux

Quand des hommes se sont mis à la tête de populations sédentarisées et en sont devenus les rois, ils ont alors cherché à être considérés comme des dieux. Ils se couvraient d'or, ce métal de la couleur du soleil qui ne s'oxyde pas, ou de peaux d'animaux féroces et prestigieux. Mais ces ornements étaient rares et coûtaient très cher.

Ces bracelets en cuivre datant du Xe siècle ont été fabriqués dans le comptoir saharien d'Aoudaghost, en Mauritanie.

Magiques et prestigieux

On pensait aussi que l'ivoire avait un pouvoir magique, car les dents des humains ou des animaux sont les dernières parties du squelette à se dissoudre dans la terre. Mais l'Égypte et la Mésopotamie n'avaient ni or, ni défenses d'éléphants, ni plumes d'autruches, ni cornes de rhinocéros, ni queues de girafes, symboles de puissance, de pouvoir et de prospérité. Et c'est pour acquérir toutes ces richesses qui ajoutaient à leur prestige que les rois envoyèrent des expéditions vers l'intérieur de l'Afrique.

Un commerce très ancien

Les plus anciens témoignages du commerce en Afrique et dans le monde sont des pierres colorées et des coquillages, considérés comme bénéfiques. On a, en effet, trouvé ces coquillages au centre du Sahara à des milliers de kilomètres de la mer !

Un métier difficile

En Afrique orientale, les porteurs d'ivoire n'étaient pas toujours des esclaves. Ils appartenaient à une corporation où l'on entraînait les plus jeunes en leur donnant, très tôt, un morceau de défense à porter.

Un continent impénétrable

S'enfoncer en Afrique au-delà de leurs frontières était, pour les Égyptiens ou les Mésopotamiens, vraiment périlleux. Les expéditions royales devaient, en plus de l'hostilité de la nature, affronter des populations qui leur refusaient le passage ou exigeaient un pourcentage sur les ventes. Il était si difficile de pénétrer les terres africaines qu'on a fait, pendant longtemps, du commerce sans se voir ni se parler.

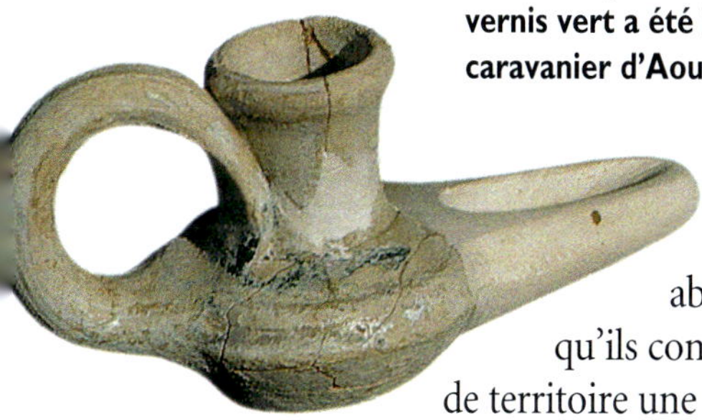

Cette lampe à huile recouverte à l'origine d'un beau vernis vert a été importée au Xe siècle dans le comptoir caravanier d'Aoudaghost en Mauritanie.

Le troc muet

Il y a 2 500 ans, des marchands phéniciens abordant les côtes d'Afrique du Nord racontent qu'ils commençaient par déposer en bordure de territoire une petite quantité d'objets. Après leur départ, les populations locales laissaient à leur tour de l'ivoire, de l'or ou des peaux rares. À leur retour, si les marchands prenaient ce qui leur était proposé, c'est que l'échange leur convenait. S'ils voulaient plus de produits, il leur suffisait de remettre une nouvelle quantité d'objets. Ce troc fondé sur la confiance et la prudence a duré jusqu'à l'arrivée des Arabes, il y a un millier d'années.

Dès les débuts du commerce, les vendeurs tenaient avant tout à cacher l'origine des produits qu'ils échangeaient et cherchaient à avoir le moins de rapports possible avec leurs acheteurs.

DES AROMATES POUR LES DIEUX

Dans l'Antiquité, Égyptiens, Phéniciens, Hébreux et Arabes brûlaient beaucoup d'encens et de cannelle dans leurs temples. Les fumées odorantes qui disparaissaient dans l'air étaient censées emporter leurs prières vers les divinités. Ils s'approvisionnaient sur les côtes de Somalie.

L'IVOIRE ET L'ESCLAVAGE

Le commerce antique a favorisé l'esclavage. Les produits du centre de l'Afrique – l'ivoire et les peaux d'animaux–, beaucoup plus lourds que les perles de verre colorées échangées par les marchands arabes ou phéniciens, étaient parfois vendus avec leurs porteurs.

Les routes de l'or

Au Sahara, on transportait l'or sous forme de poudre, en paillettes, ou en barres comme celles-ci datant du xe siècle et trouvées à Tegdaoust.

Dès le VIIIe siècle, les Arabes ont cherché à se procurer de l'or pour frapper le dinar, une monnaie utilisable sur l'ensemble de leur empire, de Gibraltar à l'Indonésie.

Ces dinars en or du xe siècle ont été trouvés par un caravanier mauritanien en plantant sa tente.

Un grand comptoir commercial

À l'époque, les principaux gisements d'or connus se trouvaient au sud de la Nubie ou aux sources du Sénégal et du Niger. Des marchands musulmans installèrent un comptoir commercial à Aoudaghost, au sud du Sahara, en Mauritanie. Ils échangeaient avec le royaume du Ghana des tissus, des objets en cuivre et des poteries émaillées contre de l'or et des défenses d'éléphants. Aoudaghost exportait également des produits indispensables à l'industrie et à l'artisanat nord-africains, comme la gomme arabique destinée à donner un apprêt aux tissus, ou du bois précieux incrusté d'ivoire qui permettait de fabriquer des objets de luxe.

Pour les caravaniers, l'oasis est comme le port pour les marins.

Aoudaghost, une ville prospère

Aoudaghost devint une grande ville fréquentée par les caravanes qui descendaient du Maghreb. De nombreux marchands s'y installèrent et y vivaient comme en Afrique du Nord. On y fondait l'or en lingots et on y fabriquait des bijoux en or. Au XIe siècle, le musulman Al-Bakri décrit ainsi Aoudaghost : « C'est une grande ville envahie par le sable et dominée par une grande montagne. Ses habitants y vivent à l'aise et son marché est toujours animé. La foule y est si dense et le vacarme si fort qu'on a du mal à entendre ce que dit son voisin. Les achats sont payés en poudre d'or car il n'existe pas de monnaie en argent. »

Une bonne cachette

Au cours des fouilles d'Aoudaghost, on a découvert dans les latrines d'une maison du XIe siècle un petit trésor composé de quatre lingots d'or, de plusieurs bagues et de fils d'or pour faire des bijoux en filigrane. Ils avaient probablement été cachés dans cet endroit de crainte d'un raid de nomades ou des Almoravides qui incendièrent la ville à cette époque.

Les Almoravides s'emparent des routes de l'or

Mais la richesse d'Aoudaghost suscita des convoitises. Au Xe siècle, l'empereur du Ghana, au plus fort de sa puissance, lui imposa un tribut. Au XIe siècle, les Almoravides, des musulmans rigoristes, prétextant un affaiblissement de la pratique religieuse à cause de la richesse de la cité, déclenchèrent une guerre sainte, incendièrent Aoudaghost (1054) et détruisirent l'empire du Ghana. Leur dynastie domina le Maroc et l'Espagne pendant deux siècles. Au Soudan occidental, le commerce de l'or reprit cependant. Sous l'empire du Mali (XIIIe-XVe siècles), il emprunta une route plus à l'est, avec un nouveau comptoir commercial sur le Niger, Tombouctou.

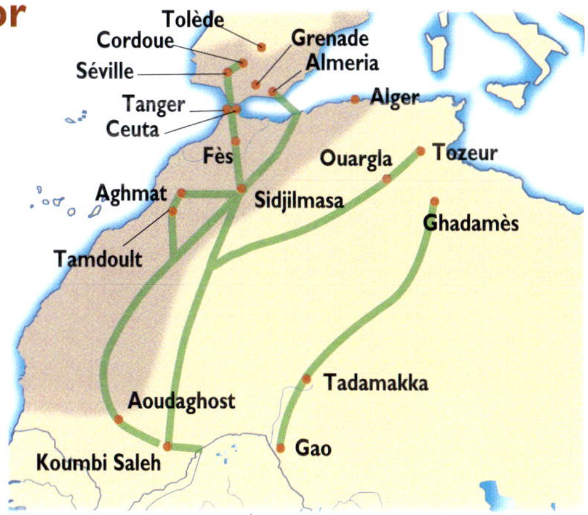

Empire almoravide à la fin du XIe siècle

Principales villes

Principaux axes commerciaux

Le grand commerce transsaharien

C'est grâce à l'importance du commerce traditionnel du sel contre le mil que les marchands musulmans purent emprunter des routes commerciales longues de plusieurs milliers de kilomètres. Ils transportaient surtout des produits rares car le voyage revenait très cher. Ils se joignaient aux caravanes de sel et profitaient des caravansérails où elles s'arrêtaient. Ces commerçants avaient des correspondants un peu partout pour les informer du coût des marchandises. Ils pouvaient ainsi décider des prix et réaliser des bénéfices substantiels en fonction des besoins locaux, de la sécheresse ou, au contraire, d'une bonne saison des pluies.

MOINES DU DÉSERT

Au retour d'un voyage à La Mecque, Abdallah Ibn Yacine, un pieux musulman, fonda en 1042 un monastère fortifié dans une île de la vallée du Sénégal. Il y accueillait ceux qui mettaient sur le compte de la richesse le manque de rigueur religieuse des habitants d'Aoudaghost. Ces hommes portaient le voile comme tous les nomades et luttaient contre les animistes.

Au Xe siècle, de grands bâtiments s'élevaient dans la cité caravanière d'Aoudaghost.

Les caravanes

L'Afrique n'est jamais restée complètement isolée. Traverser des contrées hostiles nécessitait une grande organisation, avec des relais, des animaux pour porter les marchandises et une bonne connaissance des clients.

Les puits appartiennent aux nomades qui les utilisent et doivent les entretenir, ce qui justifie les redevances qu'ils demandent aux caravaniers.

La route des puits

En 734, le nouveau gouverneur arabe de la ville de Sidjilmasa, au sud du Maroc, lance un raid à travers le Sahara en direction de l'empire du Ghana, dans la vallée du Sénégal. Il en rapporte une grande quantité d'or et décide d'aménager une route pour les caravanes en faisant creuser des puits à intervalles réguliers. Des caravansérails où les marchands échangent leurs produits naissent dans les oasis où se croisent plusieurs pistes.

Une découverte inattendue

En 1962, le spécialiste du Sahara Théodore Monod découvrit les restes d'une caravane du Moyen Âge, chargée de barres de cuivre, qui s'était perdue à l'écart de l'itinéraire habituel des marchands.

Deux mois de voyage

Traverser le Sahara n'était pas chose facile. La seule période possible était l'hiver, quand la chaleur ne fatiguait pas les bêtes. Chaque marchand ne faisait qu'un aller-retour par an. Il fallait plus de deux mois à une caravane pour traverser le Sahara du Maroc au Mali. Un tel périple se préparait tout le reste de l'année.

Le caravanier doit toujours surveiller l'arrimage des charges à cause du balancement continuel des animaux.

Un animal fragile

Un dromadaire lourdement chargé peut difficilement couvrir plus de 50 km par jour et doit se reposer régulièrement. À l'époque des grandes caravanes, beaucoup de dromadaires ne faisaient qu'une seule traversée du Sahara.

Le péage ou la razzia

Chaque tribu de nomades exigeait un droit de passage pour traverser son territoire, payable sous la forme de sucre, d'armes ou de tissus. C'était le seul moyen pour eux de se procurer ces marchandises indispensables en dehors des « razzias » lors desquelles ils attaquaient les caravanes de marchands. En échange de ces produits, les tribus offraient un guide pour une traversée en toute sécurité. Il fallait acquitter autant de droits de passage que de territoires traversés.

DES ÉCHANGES INÉGAUX

Dès le début du commerce avec l'Afrique, à travers le Sahara ou le long des côtes de l'océan Indien, les échanges ont été inégaux. Les pays au nord du désert exportaient des perles en verre, des objets en fer ou des tissus. En échange, l'Afrique, qui avait besoin d'objets en fer de bonne qualité, exportait la poudre d'or, l'ivoire et les esclaves.

Autrefois, les lettres confiées à une caravane étaient roulées dans un bambou, pour les protéger des cahots.

Au Sahara, l'arrivée d'une caravane était toujours une fête, car la vie y était monotone. Les oasis installées au croisement de pistes étaient suffisamment prospères pour accueillir de belles maisons, comme ici à Tichit en Mauritanie.

De vraies expéditions

La préparation d'une caravane était d'abord une affaire financière. Plusieurs marchands groupaient leurs fonds pour acheter des dromadaires, louer des chameliers, acquérir des marchandises. Certains marchands s'arrangeaient pour avoir un membre de leur famille de part et d'autre du désert. À l'approche de chaque oasis, on envoyait un émissaire pour prévenir de l'arrivée de la caravane, préparer l'hébergement et pour rassurer les habitants qui craignaient les razzias des pillards.

À Djenné, au Niger, les commerçants riches montraient leur prospérité en habitant dans des maisons à étage au porche spectaculaire.

Une terre de commerçants

Bien avant l'arrivée des Européens, l'Afrique était sillonnée par des marchands. Ils se déplaçaient sur des centaines de kilomètres et leur langue était connue de tous.

De grandes villes marchandes

On peut encore voir des villes marchandes telles qu'elles existaient avant la colonisation. Chacune a son grand marché proche de sa grande mosquée mais on fait aussi des affaires dans les demeures plus discrètes des marchands. Au Mali, sur le Bani, affluent du Niger, Djenné était la plus spectaculaire, véritable poumon économique de Tombouctou, plus au nord, à la porte du Sahara, et à laquelle un canal d'une dizaine de kilomètres permettait aux bateaux du Niger d'accéder.

Djenné la belle

Avec sa grande mosquée et ses rues bordées de belles maisons à étages, qui sont encore entretenues avec soin, Djenné était un grand centre où l'on échangeait les produits du désert, de la savane et de la forêt.

De nombreux peuples marchands

En Afrique occidentale, les Maures à l'ouest et les Haoussas autour du lac Tchad font du commerce jusqu'aux ports d'Afrique du Nord. Dans le Sahel, les Dyulas vendent les produits de la région dans toute la savane entre l'océan Atlantique et le lac Tchad. Sur le Niger, les Bozos transportent du poisson séché dans leurs grandes pirogues recouvertes, jusqu'au Nigeria. Sur le Congo, les Tékés font du commerce entre Kinshasa et Brazzaville, qui se font face, et Kisangani, en aval des chutes de Stanley.

Des fleuves vitaux

Dans les régions forestières où la mouche tsé-tsé était mortelle pour les animaux, seuls les fleuves permettaient le transport des marchandises lourdes, volumineuses et fragiles. L'autre solution était le portage sur la tête.

Des commerçants très particuliers

En Afrique orientale, les Swahilis sont des marchands issus de la rencontre des commerçants arabes et indiens avec les Africains depuis 2 000 ans. Leur nom vient de « Sahel », qui signifie « rivage » et qui est employé aussi bien pour désigner le bord de la mer que celui du désert. Leur langue rassemble des termes commerciaux arabes, africains, indiens, portugais, anglais et français. C'est une langue bantoue facile à apprendre, qui leur permet d'être compris dans plus de la moitié de l'Afrique.

En fouillant une maison du XIe siècle, à Koumbi Saleh, dans l'ancien Ghana, on a trouvé une poterie qui contenait des petites tiges en cuivre utilisées comme monnaie.

Drôles de monnaies !

Quand le troc n'est pas possible parce que le vendeur et l'acheteur n'ont pas besoin des marchandises proposées, il faut utiliser un objet intermédiaire auquel tout le monde donne la même valeur. Dans le golfe de Guinée, c'était une pièce de tissu qui portait le nom de « guinée ». Au Sahara, un morceau de sel pouvait servir de monnaie. En Afrique occidentale, on utilisait des petites tiges de cuivre de quelques centimètres de longueur attachées en paquets. En Afrique centrale, il s'agissait de plaques de cuivre ou de fer de différentes grandeurs.

LES COLPORTEURS

Des colporteurs à bicyclette visitent souvent les petits villages de brousse pour vendre les objets essentiels, des cuvettes aux allumettes. Pendant longtemps, des tisserands se sont déplacés avec leur métier à tisser. Ils s'arrêtaient quelques jours dans un village et proposaient de tisser le coton de la récolte locale.

ORIGINE ÉTRANGÈRE

Au XVIe siècle, les Portugais ont introduit, comme monnaie d'échange, les cauris, de petits coquillages provenant des îles Maldives, au large de l'Inde. Ils ont été utilisés dans toute l'Afrique mais leur valeur variait d'une région à l'autre.

La grande mosquée de Djenné, détruite au début du XIXe siècle par un souverain qui la trouvait trop prétentieuse, fut reconstruite, dans les mêmes dimensions, un siècle plus tard.

Au sud du Sahara, les rues sont envahies par la couleur, comme ici sur le marché de Nouakchott, en Mauritanie.

Un marché en Afrique

Le marché est le cœur des villes africaines, il témoigne de la richesse ou de la pauvreté d'un pays. C'est un lieu de vie intense où les paysans rencontrent les citadins.

Le grand marché

Chaque quartier d'une ville a son marché mais chaque ville a son « grand » marché. Souvent au centre de la cité, il comporte des bâtiments en dur dont les pièces cubiques sont fermées par de solides portes en fer. Les marchandises sont souvent regroupées par secteurs : d'un côté, on trouve les importations de valeur (postes de radio, sacs, quincaillerie) provenant d'Inde ou de Chine ; ailleurs, le coin des cuvettes émaillées, très coloré, tout comme celui des voiles destinés aux femmes musulmanes. À côté des tissus aux couleurs moins vives, les pagnes teints, de façon artisanale, à l'indigo ou à la cola débordent parfois sur la rue.

Divers et variés

Au nord de Niamey, sur la rive gauche du Niger, le marché d'Ayorou est un gros marché aux bestiaux du Sahel. Les acheteurs laissent les bêtes quelque temps sur les pâturages verts du Sud avant d'aller les vendre dans les grands centres de la côte.

À l'écart

Dans le grand marché, le marché de la viande ou du poisson séché se trouve à l'écart et se repère par la prolifération des mouches et une odeur caractéristique !

Aujourd'hui, les cuvettes colorées en plastique, plus pratiques, remplacent de plus en plus les cuvettes métalliques émaillées.

UN COMMERCE PARALLÈLE

Les produits vivriers apportés de la campagne ne sont pas comptés dans les statistiques. Ils font partie du « commerce informel » qui est surtout tenu par les femmes venant vendre leur production personnelle. Dans la plupart des pays d'Afrique, cette activité permet à la population de manger à sa faim, malgré les hauts et les bas de l'économie.

Dans la rue

Un grand marché africain, c'est un peu comme un marché aux puces où le neuf côtoie la récupération, car en Afrique, on ne jette rien, on récupère tout. Dans les rues adjacentes, sur de nombreux étals en bois couverts de planches agencées de façon précaire, les marchands, qui n'ont pas pignon sur rue, vendent des objets de récupération pour la cuisine, les vélos ou tout ce qui est mécanique. Ils voisinent avec des vendeuses de légumes installées à même le sol, qui proposent des produits en petite quantité cultivées en banlieue.

Les « Mamas Benz »

Lomé, au Togo, est le plus grand marché aux pagnes du golfe de Guinée. Les femmes s'associent pour acheter en gros des pagnes à la mode, fabriqués en Hollande. Très prisés, ils peuvent être vendus assez cher. Elles les revendent donc avec un petit bénéfice à d'autres femmes venues des villes du Sahel. Elles sont assises sur de grandes caisses en fer qui leur servent de coffres-forts, car elles n'ont qu'une confiance limitée dans les banques. On les surnomme les « Mamas Benz » car le commerce des pagnes, le plus florissant de tous, permet aux plus prospères de rouler en Mercedes Benz.

À côté des tissus locaux teints avec des couleurs naturelles, on trouve des tissus d'importation plus chers aux couleurs chimiques.

À LA SAUVETTE

Les guérisseurs étalent à même le sol des fioles de récupération contenant des préparations de plantes censées guérir toutes les maladies. Les médecins mettent en garde leurs patients contre ces « pharmacies par terre », car ces produits peuvent faire plus de mal que de bien.

Toutes les routes mènent à la mer

La saison des pluies rend les déplacements difficiles car peu de routes sont goudronnées.

Héritage de la colonisation, les grandes routes et les chemins de fer mènent vers les ports, mais, aujourd'hui encore, les communications entre les États restent un vrai casse-tête.

Retrouver les routes d'autrefois

Dans l'Afrique ancienne, les circuits commerciaux favorisaient les rapports entre les régions. Empruntant fleuves et rivières, ils rendaient possibles les échanges entre les villes et les villages. Mais au Moyen Âge, les commerçants arabes, puis les Européens ont détourné ce commerce traditionnel à leur seul profit. Aujourd'hui, les États tentent de se regrouper pour remettre en activité ces routes du passé mais les frontières issues de la colonisation et les monnaies trop différentes sont des obstacles aussi importants que l'absence d'entretien, de modernisation ou de création de routes.

Plus tragique que le *Titanic*

Des accidents tragiques rappellent la vétusté du matériel de transport. En 2002, le naufrage du *Joola*, qui faisait la liaison entre Dakar et la Casamance, a causé la mort de 1 800 passagers, un bilan supérieur à celui du *Titanic* en 1912. En 2003, au Congo-Kinshasa, le bilan du naufrage du *Dieu-Merci*, un bac de récupération, s'est élevé à une centaine de morts.

Les routes de l'espoir

Faute d'argent pour construire des routes destinées à la circulation intérieure, les États doivent faire appel à l'aide internationale. Une route en Afrique coûte plus cher à construire qu'en Europe et s'abîme très vite. En Mauritanie, la « route de l'Espoir » qui traverse le pays et doit favoriser l'accès du Mali à la mer est constamment envahie par le sable et dégradée à chaque saison des pluies ; de même en Afrique centrale, où la circulation est souvent bloquée plusieurs jours en raison des pluies qui emportent tout.

Les moyens de transport, comme ce bateau, sont souvent surchargés de passagers, de bagages et de resquilleurs qui n'ont pas d'argent pour voyager.

Incroyable recyclage !

L'Afrique est la reine du recyclage ; l'on y voit rarement des décharges publiques comme en Europe.
La récupération des objets détériorés ou trop vieux révèle la pauvreté du continent. Dans les villes, les taxis collectifs sont d'anciennes voitures « cannibalisées », c'est-à-dire reconstituées à partir d'autres véhicules. De même, beaucoup de vieux bus européens poursuivent leur vie en Afrique. À Kinshasa, ce sont des camions qui font office de transports en commun.

Les moyens de transport collectifs sont décorés de dessins très colorés et, quand le conducteur est croyant, une formule religieuse remet le véhicule et ses occupants « aux mains de Dieu ».

Toujours en retard !

Les transports aériens eux-mêmes ne facilitent pas les échanges entre pays africains. Les avions qui assurent les liaisons intérieures sont de vieux appareils toujours en retard. Bien souvent, les hommes d'affaires pressés préfèrent passer par Paris s'ils veulent aller de Lomé à N'Djamena ou d'Abidjan à Brazzaville.

À la grâce de Dieu !

Au Sénégal, les petits bus qui desservent les villages de brousse sont d'anciens cars de la police parisienne, repeints de couleurs vives et portant en wolof, la langue locale, l'invocation de circonstance : « À la grâce de Dieu ! »

Matières premières avant tout

Comme à l'époque coloniale, les seules voies de chemin de fer construites depuis un demi-siècle servent à exporter les matières premières. Ainsi, le plus long train du monde (2 km) transporte le minerai de fer du centre de la Mauritanie vers le port de Nouadhibou et le plus moderne évacue les minerais de manganèse et d'uranium du Gabon vers le golfe de Guinée. Mais sur la plupart des voies difficiles à entretenir, la vitesse moyenne des trains commerciaux ne dépasse pas 40 km/h, et dans une dizaine de pays, dont le Niger, le Tchad ou la Somalie, il n'y a pas de voie de chemin de fer.

Construits à l'époque du travail forcé, les chemins de fer ont laissé de très mauvais souvenirs. On dit que la ligne Pointe-Noire-Brazzaville au Congo a coûté une vie humaine par traverse posée.

La mère de l’humanité

Nos ancêtres sont apparus en Afrique, il y a près de quatre millions d’années, avant de partir peupler la terre. Des premiers villages préhistoriques aux grands empires guerriers, l’histoire du continent a été façonnée par les barrières géographiques, les bouleversements climatiques et les conquérants venus d’ailleurs.

Qui sont les premiers hommes ?

Depuis le milieu des années 1990, les découvertes concernant l'origine de nos ancêtres se multiplient. Mais il est de plus en plus difficile de les classer et de leur donner un nom. Car souvent, on ne trouve qu'un morceau de crâne et quelques dents.

Sur les 6 restes (1 crâne, 3 dents et 2 morceaux de mâchoire) du nouvel hominidé mis au jour entre juillet 2001 et février 2002, Ahounta, « le chasseur des fossiles » en a trouvé, à lui tout seul, la moitié !

La chasse à l'homme

Pendant longtemps, on a cru que l'homme descendait du singe, et l'on espérait trouver ce qu'on appelait alors le chaînon manquant, c'est-à-dire un être intermédiaire entre lui et nous. Mais depuis un demi-siècle, grâce aux découvertes faites en Afrique, on sait que les singes sont nos cousins et que nous avons un ancêtre en commun. Ce qui élargit la famille ! Une famille qui regroupe, sous le nom d'« hominidés », l'homme, le chimpanzé et le gorille.

Curieux, ce type-là !

En juillet 2001, dans le désert du Tchad, Ahounta Djimdoumalbaye, qui travaille avec une équipe de recherche franco-tchadienne, met la main sur un crâne d'hominidé présentant à la fois des caractéristiques d'homme, de gorille et de chimpanzé. Les Tchadiens le baptisent Toumaï, ce qui veut dire « espoir de vie » en langue locale. On parvient à le dater de 6 à 7 millions d'années, un âge qui dépasse celui d'Orrorin (6 millions d'années) découvert au Kenya, en 2000. Comme lui, Toumaï se tenait debout, grimpait aux arbres et vivait dans une savane parsemée de bouquets d'arbres, d'où son nom scientifique de *Sahelanthropus*.

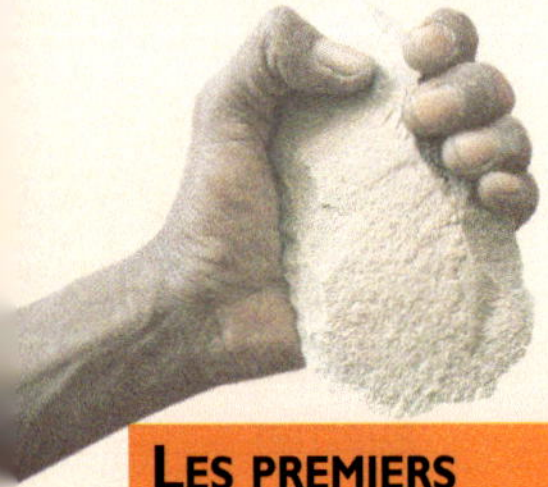

LES PREMIERS COUTEAUX

Homo habilis est l'auteur des premiers galets aménagés. Ces premiers outils sont de simples galets dont il utilisait les parties tranchantes pour couper, et celles plus rondes pour écraser. Ils sont devenus encore plus redoutables quand ils ont été taillés sur les deux faces par la suite.

Les singes du Sud

La découverte de Lucy (3,1 millions d'années), en Éthiopie, en 1974, reste très importante car, pour la première fois, on disposait de presque la moitié d'un squelette. Mais on ne peut pas la classer parmi les humains car chez elle, comme chez ses contemporains trouvés en Afrique orientale, les caractères simiesques sont encore trop prononcés. Lucy reste donc classée parmi les fossiles que les chercheurs occidentaux appellent des « australopithèques » ou « singes du Sud ».

Lucy mesurait tout juste 1 mètre et pesait environ 30 kilos.

L'évolution de l'homme en trois étapes : l'australopithèque, *Homo erectus* et *Homo sapiens*.

Tiens-toi droit !

Il faut encore attendre un demi-million d'années pour voir apparaître en Afrique orientale un ancêtre que les paléoanthropologues peuvent inclure dans le genre *Homo* (2,5 millions d'années). Non seulement son cerveau est plus développé mais il fabrique ses outils en cassant des pierres dont il utilise le tranchant ; d'où le nom d'*Homo habilis* (« homme habile »). Dès lors, *Homo* n'arrêtera plus de se servir de son cerveau qui grossit en même temps que ses outils de pierre se perfectionnent. Il se tient de plus en plus droit, ce qui permettra aux scientifiques de lui donner le nom d'*Homo erectus* (« homme debout »).

Au Sahara, les pointes de flèches et autres objets en pierre se trouvent à la surface du sol, car l'érosion a emporté la terre plus légère.

Encore des questions

Grattoirs, polissoirs, pendeloques, les objets en pierre du Sahara sont très nombreux mais leurs fonctions ne sont pas toutes connues.

Erectus à la conquête du monde

On pense que l'Afrique est la mère de l'humanité car on ne trouve nulle part ailleurs des espèces du genre *Homo* antérieures à 1,8 million d'années. C'est sans doute *Homo erectus* qui est sorti d'Afrique pour peupler le monde.

L'homme moderne

C'est en Afrique que serait apparu l'homme moderne ou *Homo Sapiens*, (possédant les mêmes caractéristiques que nous). Les plus anciens (160 000 ans) ont été découverts en Éthiopie.

Le chimpanzé et nous

Nous sommes très proches du chimpanzé : malgré les apparences, nous avons en commun 99 % de gènes. Les australopithèques étaient plus évolués que Toumaï car leur cerveau était plus gros. Ils ne se contentaient pas de grimper aux arbres et de se tenir debout mais marchaient déjà sur leurs deux jambes. On pense d'ailleurs de plus en plus que la bipédie est le signe caractéristique des hominidés.

Sur les parois des rochers abrités de la pluie, les pasteurs ont dessiné, avec la terre colorée des environs, l'image pacifique de leurs troupeaux ainsi que celle des animaux qui vivaient dans la savane comme les girafes.

Les prairies du Sahara

Dix mille ans avant notre ère, un réchauffement climatique marqua la fin de l'âge glaciaire et l'entrée dans la période néolithique avec l'émergence de la civilisation dans plusieurs régions du monde. On se mit à domestiquer les animaux, à sélectionner les céréales et à les faire cuire. En Afrique, c'est au Sahara que cette évolution se produisit.

LE RÉCHAUFFEMENT CLIMATIQUE, DÉJÀ ?

En provoquant la fin de l'âge glaciaire, le réchauffement climatique a fait remonter le niveau de la mer (plus de 100 mètres au large du Sénégal) et augmenté le volume des précipitations, en particulier au Sahara où souffle la mousson venue du golfe de Guinée.

Les éléphants dans le désert

Ce que nous appelons aujourd'hui le plus grand désert du monde était alors une immense savane humide, couverte de lacs et de bosquets et traversée par de grandes rivières qui alimentaient le Nil, le Niger et le Sénégal. Le lac Tchad était une vaste mer intérieure. Dans cette savane saharienne vivaient des troupeaux d'éléphants, de rhinocéros et de gazelles dont on retrouve parfois les crânes sous les dunes. Il y avait aussi des hommes dont nous ne connaissons l'existence que par les gravures qu'ils ont laissées montrant les animaux qu'ils chassaient.

Comme pour les graffitis, plusieurs dessinateurs ont pu se succéder à des dizaines d'années d'intervalle.

Les bergers du Hoggar

Puis le climat a changé. Il s'est asséché : 5 000 ans avant J.-C., les lacs et les rivières se sont réduits et la savane arborée s'est peu à peu transformée en steppe. À cette époque, les habitants du Sahara sont devenus pasteurs. Dans l'Ennedi et le Tibesti (Tchad), dans l'Adrar des Ifhoras (Mali), ils peignent les bovins qu'ils ont domestiqués sur les parois des rochers où ils s'abritent de la pluie et du soleil. Ce sont encore des nomades, qui vivent de leur bétail et de la cueillette des plantes sauvages. Ils pratiquent aussi la chasse comme en attestent les nombreuses pointes de flèches en pierre délicatement travaillées trouvées dans leurs campements provisoires.

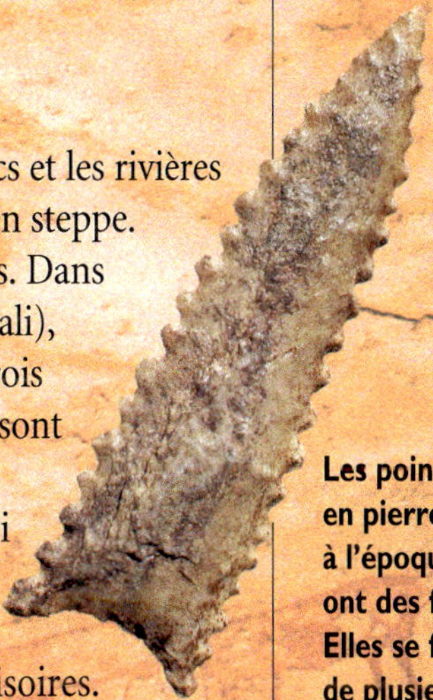

Les pointes de flèches en pierre du Sahara, à l'époque néolithique, ont des formes variées. Elles se fixaient de plusieurs façons au manche en bois de la flèche. On s'en servait pour chasser les petits animaux.

Les pêcheurs du Sahara

Les pasteurs ne sont pas les seuls à habiter une région où la recherche de nourriture ne paraît pas poser de problèmes. Sur la plupart des côtes, en particulier celles du Sénégal et de la Mauritanie, et un peu partout au bord des lacs et des rivières aujourd'hui asséchés, les hommes sont nombreux à tirer parti des produits de la pêche. Des hameçons en os, des tas de coquillages et quelques poids à lester les filets, comme dans le désert de Djibouti, témoignent de cette activité.

Les Peuls viennent-ils du Sahara ?

Des chercheurs africains ont cru reconnaître, dans les peintures des anciens pasteurs sahariens, des scènes représentant les cérémonies d'initiation de certains pasteurs peuls d'Afrique occidentale. Leurs modes de vie semblent assez proches.

Les premiers villages

Avant de devenir un désert, le Sahara a donné naissance aux premières formes de vie organisée ainsi qu'à l'agriculture et aux premiers villages. Mais son assèchement a provoqué leur disparition, contribuant à l'éclosion des civilisations du Nil et du Niger. Les populations se sont dispersées dans le reste du continent.

Les rues des anciens villages du Dhar Tichit étaient assez larges pour faire passer le petit bétail. Des trous étaient aménagés en bas des murs pour laisser l'eau s'écouler à la saison des pluies.

Les agriculteurs de Tichit

Tout le long de la falaise désertique du Dhar Tichit qui s'étend au centre de la Mauritanie, on peut observer des séries de traces circulaires : ce sont les restes de villages vieux de 3 000 ans. Certains de ces villages pouvaient abriter jusqu'à 3 000 personnes. Ici vivaient des agriculteurs qui cultivaient du mil dans la plaine, pratiquaient un peu de chasse, élevaient du bétail et pêchaient dans les mares à la fin de la saison des pluies. Ils habitaient dans des cases en branchages recouverts de paille et abritaient leur récolte dans des greniers montés sur de solides poteaux en pierre pour les préserver des rongeurs et de l'humidité.

Une technique brûlante

Les hommes d'autrefois n'avaient pas besoin de poterie pour faire chauffer de l'eau. Comme le font les Touaregs aujourd'hui, il suffit de jeter une pierre brûlante dans une outre en peau de chèvre remplie d'eau ou de lait.

À l'intérieur des enclos, on faisait la cuisine dans un endroit dégagé en utilisant des poteries décorées fabriquées sur place.

La domestication des céréales

C'est en observant les habitants du Tchad sélectionner les céréales sauvages en période de disette qu'on a pu se faire une idée de la méthode employée par les premiers agriculteurs pour domestiquer les céréales. En agitant les épis de céréales sauvages dans le vent, on récolte les grains les plus lourds, donc les plus beaux, dans un tissu ou un van (sorte de panier plat), tandis que les plus légers s'envolent. En plantant ces grains recueillis et en répétant l'opération à plusieurs reprises, on finit par sélectionner les meilleures graines.

À quoi sert la poterie ?

Cette poterie néolithique du Sénégal servait peut-être à supporter une autre poterie ou un récipient en roseaux.

On pensait que l'invention de la céramique allait de pair avec la sélection des céréales, car les poteries ainsi fabriquées permettaient de les faire cuire. Mais en fait, ce n'est pas aussi simple : nos ancêtres utilisaient parfois des poteries sans pour autant être des agriculteurs, simplement pour faire cuire des céréales sauvages. En analysant les pâtes des poteries de Tichit fabriquées au pied des greniers, on s'est rendu compte que les tessons les plus anciens comportent peu de graines de céréales domestiquées et que la proportion de grains de mil sélectionnés augmente avec le temps.

DÉCORS ÂGÉS !

On a trouvé au Hoggar, en plein Sahara, à près de 2 000 m d'altitude, des tessons de poteries décorés datant de 7 500 ans avant notre ère. La finesse des décors permet de penser que l'invention de la terre cuite dans cette partie du monde est encore plus ancienne.

GRILLÉ OU BOUILLI ?

La fabrication de la céramique a entraîné une nouvelle façon de se nourrir car les poteries ont permis de cuire des aliments, comme les racines, igname ou patate douce, alors qu'auparavant, tout se consommait grillé.

Statuette funéraire datant du Ier millénaire trouvée dans la vallée du Niger.

Premières cités, premiers royaumes

Dorénavant installés au bord des fleuves, les agriculteurs du Sahara ont pu multiplier les échanges et créer les premières cités. À l'est, la désertification a fini par couper l'Égypte de la Nubie. Au sud, elle a poussé les populations du Nigeria actuel à émigrer vers la forêt.

Statuette funéraire sao datant du Ier millénaire trouvée au Tchad.

De bonnes conditions

Les grandes dépressions du Tchad et du delta intérieur du Niger ont vu se développer des civilisations importantes. Les crues annuelles, qui pouvaient atteindre 6 mètres de haut, offraient aux pêcheurs des poissons en abondance. De leur côté, les agriculteurs cultivaient en fonction de la baisse des eaux, tandis que les pasteurs faisaient paître leur bétail sur les espaces bonifiés par le limon. En période de crue, les troupeaux étaient déplacés dans les régions plus escarpées et les agriculteurs se réfugiaient dans les villages établis sur les hauteurs.

Jouet du xe siècle trouvé à Aoudaghost en Mauritanie.

Jenné-Jeno, une cité prospère

La nécessaire cohabitation entre pêcheurs, agriculteurs et éleveurs favorisa l'essor du commerce. Au IIIe siècle avant notre ère, une cité importante apparut sur une île du Bani, affluent du Niger, non loin de la ville actuelle de Djenné. Les habitants appellent cet endroit *Jenné-Jeno*, l'« ancienne Jenné ». Entourée d'un mur de 2 km de long et d'une épaisseur de 3,60 m, elle accueillait plusieurs milliers d'habitants. À l'époque de son apogée, en l'an 600 de notre ère, elle faisait le commerce de l'or.

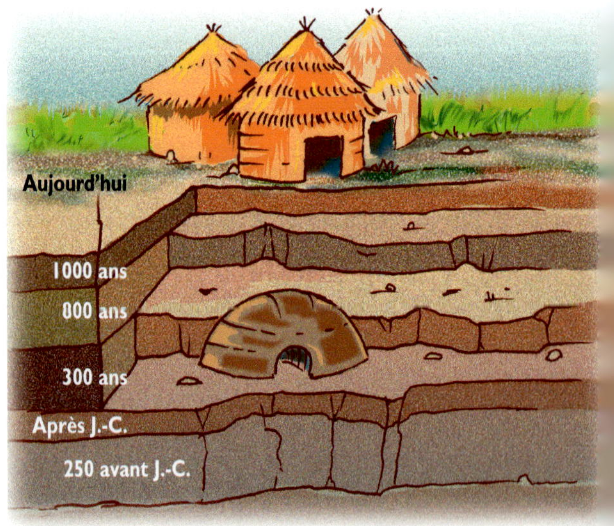

Schéma de l'évolution du site par strates.

LE CULTE DU SERPENT

Le serpent est un animal symbolique dans la vallée du Niger et ses représentations sont nombreuses sur les poteries anciennes. Par ses mues successives, il représente la renaissance de la vie.

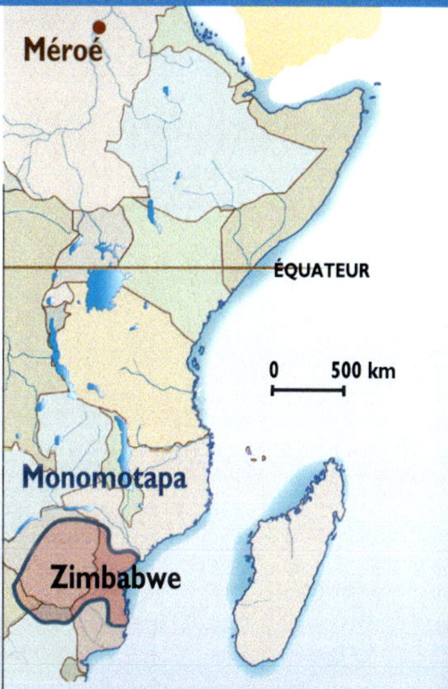

Zimbabwe, un royaume mystérieux

Au sud de l'Afrique, un royaume témoignant d'une opulente civilisation est apparu, dès le IIIe siècle après J.-C., sur les hauts plateaux du Zimbabwe actuel. Son origine reste en partie mystérieuse. Vers le XIe siècle, d'énormes enceintes en pierres furent construites. À cette époque, les minerais de cuivre et d'or des environs permettaient de faire des échanges avec la Syrie, la Perse, et même la Chine, comme l'attestent les morceaux de porcelaine trouvés au cours des fouilles archéologiques. Puis au XVe siècle, c'est l'empire du Monomotapa qui se développe plus au nord.

Au début du XXe siècle, on ne voulait pas croire que la civilisation du Zimbabwe était africaine. On la disait créée par les Phéniciens, mais rien ne l'a jamais démontré !

Du fil à retordre pour les pharaons

À l'est du Sahara, un grand royaume apparaît 1 600 ans avant notre ère, à Kerma, en Nubie, au sud de la première cataracte du Nil. Les Égyptiens ne parviendront jamais à soumettre complètement ses habitants, qu'ils appellent les « Koushites ». Vers le VIIIe siècle avant J.-C., une principauté apparaît à Napata, plus au sud, au pied d'une montagne sacrée appelée Djebel Barkal. Ses souverains conquièrent l'Égypte dont ils constituent la XXVe dynastie.

Méroé, un royaume prestigieux

Cinq siècles plus tard, les rois de Napata se réfugient plus au sud, à Méroé, à la lisière de la savane, pour échapper à la pression des Égyptiens. Ils y développent une civilisation prestigieuse avec des temples et des dizaines de petites pyramides avant de faire face à un nouvel adversaire, le royaume d'Axoum, en Abyssinie. La grande richesse de Méroé était sa production de fer, comme en atteste le grand nombre d'anciens fourneaux trouvés dans les environs.

Les souverains de Méroé se faisaient enterrer dans des pyramides sur le modèle de celles des premières dynasties égyptiennes.

Les grands empires de la savane

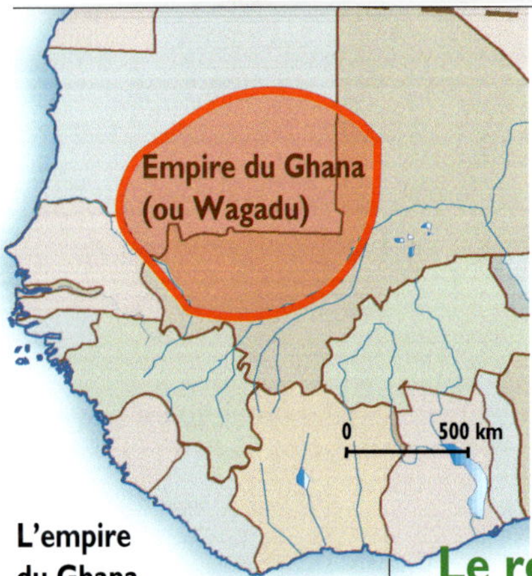

L'empire du Ghana s'étendait à la lisière du Sahara jusqu'au bord du massif du Fouta-Djalon, en Guinée.

Au IXe siècle, les populations africaines, au-delà du Sahara, deviennent des intermédiaires entre les marchands musulmans et les régions riches en minerai d'or. Deux royaumes, le Ghana et le Kanem étendent leur influence sur la savane, gardant le secret de leur or.

Bague en or du IXe siècle trouvée à Aoudaghost.

Le roi de l'or

Dans les premiers siècles de notre ère, le Wagadu, un petit royaume situé entre le Sénégal et le Niger, aux sources de l'or, et gouverné par le clan des Cissé finit par dominer l'ensemble des Soninkés, peuple d'agriculteurs. Le roi fondait son pouvoir sur le culte du Wagadu-Bida, le dieu-serpent. Il portait le titre de « kaya-magan » ou « roi de l'or ». Les problèmes de succession étaient inconnus car la tradition plaçait automatiquement sur le trône le fils aîné de la sœur aînée du roi.

L'empire du Ghana

Le souverain de Wagadu fit bon accueil aux marchands musulmans arrivés au IXe siècle dans cette région qu'ils avaient appelée Ghana (« la brousse »). Il leur permit de s'installer à côté de sa capitale, Kumbi, pour échanger leurs produits contre de l'or, mais sous bonne surveillance, car il se réservait le secret des origines de cette matière précieuse. Le Wagadu finit par dominer la vallée du Sénégal et la plus grande partie du delta intérieur du Niger. C'est au sein de cet empire très décentralisé que seraient apparues les premières castes de marchands et d'artisans.

Il y a 1 500 ans, au Sénégal, les rois étaient enterrés avec leurs bijoux.

TOUT-PUISSANT !

Le kaya-magan, tirait sa richesse des échanges qu'il faisait avec les commerçants musulmans car il avait le monopole sur toutes les pépites d'or trouvées par ses sujets. Souverain tout-puissant, il recevait, à chaque éléphant abattu, la défense qui avait touché le sol la première.

L'empire du Kanem

Situé au croisement des routes de la vallée du Niger, des régions forestières du Sud, de la vallée du Nil et de la Méditerranée, le bassin du Tchad est le plus grand carrefour de civilisations au sud du Sahara. Ici s'est développé le royaume du Kanem au VIIe siècle. Son souverain, le « maï », tenait son pouvoir de la possession de chevaux et de la présence d'artisans métallurgistes. Grâce à la cavalerie dotée de couteaux de jet meurtriers, les Zaghawas, peuple de pasteurs dont il était issu, assurèrent leur domination sur les agriculteurs. Le Kanem dura plus de 1 000 ans.

Il y a 1 000 ans, le Tchad était moins aride qu'aujourd'hui, ce qui donnait une grande supériorité à la cavalerie des rois du Kanem.

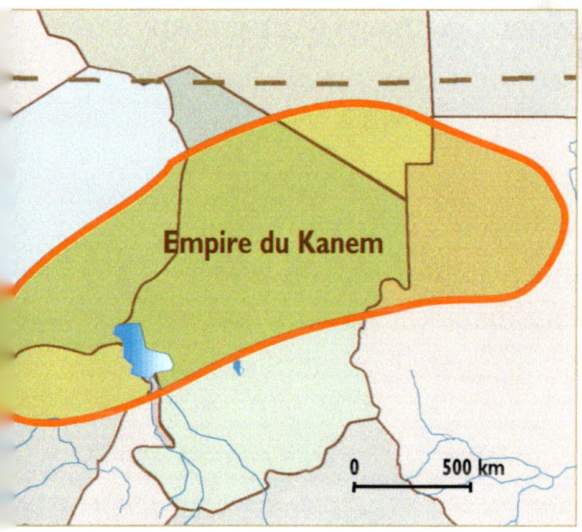

Un empereur esclavagiste

La richesse du « maï » du Kanem n'était pas fondée sur l'or, mais sur l'esclavage. « Son emprise sur ses sujets, écrit un chroniqueur musulman de l'époque, est absolue. Il réduit en esclavage qui il veut. » Au cours des siècles, la région ne cessa d'être le terrain privilégié des chasseurs d'esclaves au profit du monde arabe, puis de l'Empire ottoman. Aujourd'hui, l'esclavage n'a pas complètement disparu dans la région et se perpétue à l'occasion des conflits locaux avec le Soudan voisin.

LA FIN DU KANEM

Au XIVe siècle, le Kanem faillit succomber sous les coups d'autres nomades. Sa caste dirigeante se réfugia dans un petit royaume vassal, le Bornou, et perpétua son pouvoir sous ce nom jusqu'à la veille de l'arrivée des Européens, à la fin du XIXe siècle.

QUEL SOUDAN ?

Le mot « Soudan » vient de l'expression *Bilal es-Sudan* (« le pays des Noirs »), utilisée dans le monde arabe pour nommer les pays au sud du Sahara. On parle de « Soudan occidental » pour évoquer les pays d'Afrique occidentale (Sénégal, Mali, Niger, Mauritanie). Le Soudan actuel est l'État moderne établi au sud de l'Égypte.

Le couteau de jet était une arme redoutable qui ne pardonnait pas.

On a retrouvé des hameçons de différentes formes selon l'os dans lequel on les sculptait.

Partout en Afrique, la pêche était plus répandue que la chasse.

Le rayonnement du Mali

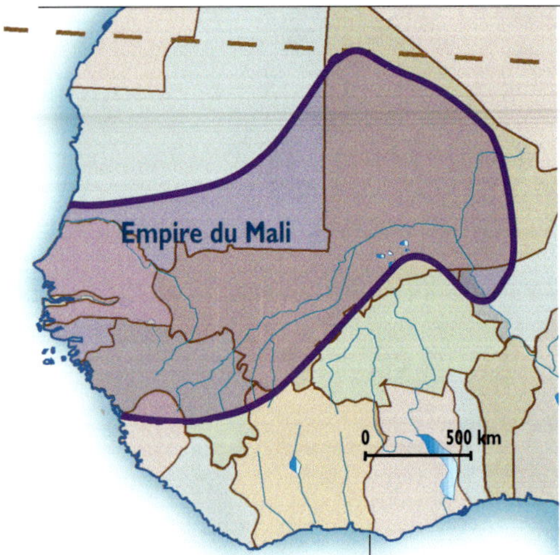

Successeur du Ghana tombé sous les coups des Almoravides en 1076, l'empire du Mali fut le premier État structuré d'Afrique occidentale. Ses coutumes et sa structure sociale marquent encore les habitants de la région et leur mode de vie.

Un seul épargné

Selon une tradition orale, Soundiata Keita était le seul rescapé des 12 fils du roi du petit royaume manding du Mali, tués par Soumaoro Kanté, le roi du Sosso. Soumaoro laissa la vie sauve au petit Soundiata car celui-ci était paralytique. Mais le jour de ses 7 ans, n'en pouvant plus d'être la risée de la Cour, Soundiata plia une barre de fer pour en faire un arc et acquit une force étonnante. Craignant pour sa vie, il dut s'exiler et décida, avec des alliés, de combattre Soumaoro, qui avait enlevé sa sœur.

Au contraire du Ghana, l'empire du Mali était très centralisé et capable d'imposer ses décisions du Niger à l'Atlantique.

Le point faible

Une nuit, la sœur de Soundiata réussit à percer le secret de l'invincibilité de Soumaoro. Aussi, quand un jour de 1235, les armées des deux adversaires se trouvèrent face à face, Soundiata tendit son arc et frappa l'endroit précis de l'épaule de Soumaoro indiqué par sa sœur. Soundiata Keita assura, ensuite, sa victoire en s'emparant des régions riches en or du Ghana dont il fit son vassal.

En 1350, des cartographes catalans réalisèrent un atlas pour le roi de France, Charles V. Ils y firent figurer l'empereur du Mali tel qu'ils l'imaginaient : avec un sceptre et un globe terrestre.

L'empire mandingue

Les successeurs de Soundiata Keita étendirent son royaume et constituèrent un véritable empire dont l'influence allait de l'Atlantique au lac Tchad. En 1285, un esclave affranchi s'empara du pouvoir pendant 15 ans, mais le clan des Keita parvint à remonter sur le trône. Les empereurs se convertirent à l'islam et divisèrent la société en castes, dominée par les guerriers, créant ainsi une structure sociale encore très présente aujourd'hui. L'empire du Mali se disloqua à partir du XVe siècle sous la pression du royaume de Gao et la révolte des provinces.

Mansa Moussa distribuant de l'or avec générosité.

Un empereur généreux

Plusieurs souverains du Mali firent des pèlerinages fastueux à La Mecque et favorisèrent le commerce musulman. En 1324, l'empereur Mansa Moussa (Moussa le Grand) prit la tête d'un immense cortège pour se rendre à La Mecque. Il emportait des présents ainsi que la plus grande partie de l'or conservé depuis des générations. Durant leur passage au Caire, les Maliens distribuèrent des aumônes comme tout bon pèlerin et dépensèrent sans compter au point que le cours de l'or chuta dans la région pour une dizaine d'années.

LES CASTES

La première caste était celle des guerriers ; elle était composée des 16 clans mandingues dont la haute noblesse qui regroupait les 4 familles alliées à Soundiata, aux noms encore répandus dans la région : Alpha, Condé, Camara, Traoré. Puis venaient 5 clans de religieux, ainsi que les marabouts « gardiens de la foi », les artisans, les griots et enfin les esclaves de guerre.

Une Cour étincelante

En 1353, le voyageur musulman Ibn Battuta fut ébloui par la cour de l'empereur du Mali : « Les écuyers ont des armes magnifiques, avec des carquois d'or et d'argent, des sabres ornés d'or et dont les fourreaux sont en or, ainsi que les lances. Les femmes portent de beaux habits et sont coiffées de bandeaux d'or et d'argent garnis de pommes d'or et d'argent. »

LA TRAVERSÉE DE L'ATLANTIQUE

La tradition orale mandingue évoque la tentative du souverain Aboubakari II, vers 1310, d'envoyer 200 pirogues, vers l'ouest, au-delà de la côte sénégalaise. Il n'y eut qu'un survivant qui regagna la côte. Aboubakari II monta alors une seconde expédition de 2 000 pirogues et on ne le revit plus jamais.

La chute du Songhaï

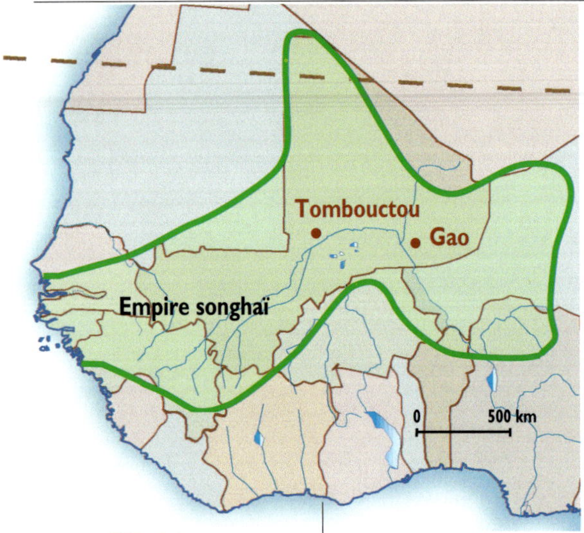

L'extension de l'Empire songhaï ne fut arrêtée au sud que par la forêt où la mouche tsé-tsé s'attaquait aux chevaux.

Les royaumes vassaux de l'empire du Mali n'attendaient qu'une occasion de prendre leur revanche. Ce que fit le petit royaume de Gao, qui donna naissance au plus grand empire que la région eut connu jusqu'à provoquer la convoitise du lointain roi du Maroc.

Petit royaume deviendra grand

En 1464, Sonni Ali monta sur le trône du petit royaume de Gao, chez les Songhaïs, établi sur le Niger en aval de Tombouctou. Ce souverain constitua une cavalerie et une flotte de 400 bateaux, puis se lança à l'assaut de Tombouctou, qui fut vaincu en 1468. Cinq ans plus tard, la flotte de Jenné assura la domination de Sonni Ali sur tout le delta intérieur du fleuve. Surnommé « Ali le Grand », il favorisa le commerce, créa une administration centralisée et prit l'habitude de rédiger des actes officiels.

Coup d'État religieux

Son fils fut un piètre successeur et n'opposa aucune résistance à la prise du pouvoir par Mohamed Sylla, le chef de l'armée appelé ensuite « Askia Mohamed ». Ce coup d'État, fomenté par les lettrés de Tombouctou, devait relancer l'islamisation de la région, trop lente à leurs yeux. Askia Mohamed étendit les limites de son empire et favorisa le développement des cités commerciales. C'est sous son règne que Tombouctou atteignit sa plus grande renommée intellectuelle et commerciale. Il a laissé l'image d'un grand bâtisseur et d'un homme profondément religieux.

« Non, pas lui ! »

« *A si kyi ya !* » (« Non, pas lui ! »), s'écrièrent les filles de Sonni Ali en apprenant la prise du pouvoir par Mohamed Sylla qu'elles n'aimaient guère. C'est ainsi que leur clameur de défi servit à nommer la dynastie qui porta l'Empire songhaï à son apogée.

Deux empereurs très différents

Contrairement à Sonni Ali, le fondateur de l'empire, qui prenait ses aises avec la religion, son successeur Askia Mohamed était très rigoureux sur les principes et faisait suivre les gens dans la rue par sa police pour être sûr que les femmes ne se promenaient pas avec une autre personne que leur père ou leur frère.

Le rayonnement de Tombouctou

Tombouctou tiendrait son nom de Bouctou, une vieille femme chargée de garder un puits où les caravaniers venaient faire boire leurs chameaux. Située sur la route la plus courte pour aller du Soudan au Caire et dans le monde arabe, la cité ne cessa de prospérer tant sous la domination des Maliens que sous celle des Songhaïs. Avec Jenné au sud, elle était la plaque tournante des échanges entre les céréales produites dans l'empire et le sel du désert passé sous le contrôle des Askias. Cette richesse permettait d'entretenir nombre d'écoles musulmanes en relation avec les universités du Maroc et d'Égypte.

À Tombouctou, la mosquée de Djingereber, la plus ancienne du pays, date de l'Empire songhaï. Elle a été construite par une riche commerçante.

Vers la guerre civile

Fasciné par le prestige de Tombouctou et la richesse supposée des Askias, Al-Mansour, le sultan du Maroc, se lança à la conquête de l'Empire songhaï. Askia Daoud résista vainement et la guerre civile dévasta le pays qui s'enfonça dans l'anarchie. Les gouverneurs marocains nommés par le sultan furent appelés « Armas » par la population à cause des armes à feu qui avaient assuré leur victoire. Puis les sultans se désintéressèrent du Soudan, trop éloigné de chez eux.

La bataille de Tondibi

L'expédition contre Tombouctou fut menée par le pacha Djouder, qui commandait des Marocains et des mercenaires anglais équipés d'armes à feu. La rencontre avec l'armée songhaï eut lieu à Tondibi, près de Gao, le 5 mars 1591 sur la rive gauche du Niger.

Suivant la tactique africaine, les Songhaïs lancèrent leurs troupeaux contre les envahisseurs, mais au bruit des armes à feu, les bêtes se retournèrent contre les Songhaïs. qui prirent la fuite.

Au royaume des pasteurs

En Afrique centrale, dans la région équatoriale des hauts plateaux, la grande forêt primaire a été peu à peu défrichée par les agriculteurs. Les royaumes qui ont réussi à s'imposer, au cours des siècles, sont fondés sur la possession du bétail.

Le recul de la forêt

Les conditions climatiques ont longtemps constitué un obstacle à l'évolution des sociétés. Mais les techniques métallurgistes, connues et employées depuis 2 000 ans avant J.-C. dans cette partie du continent, ont permis aux agriculteurs itinérants de défricher des clairières dans la grande forêt primaire qui n'était habitée jusque-là que par des groupes de chasseurs-cueilleurs dont les Pygmées sont les descendants. La culture du sorgho, puis de l'igname, favorisa l'augmentation de la population. Et les espaces défrichés, laissés en jachère, permirent l'introduction de l'élevage en provenance du nord.

En favorisant la reproduction des bovins ayant les plus belles cornes, les pasteurs ont sélectionné des vaches qui font penser au dieu Apis des anciens Égyptiens.

Le plus malin

La légende fait du Kitara, le premier royaume ayant gouverné la région en donnant un rôle dominant aux possesseurs du bétail. D'après la tradition orale, Ruhanga, l'ancêtre fondateur, avait trois enfants appelés *Kana* (« petit enfant »). Afin de leur donner un nom, il les mit à l'épreuve, confiant à chacun un pot de lait à transporter. Le plus jeune en perdit un peu mais en demanda à ses frères, le deuxième en renversa la moitié et l'aîné tomba à terre en perdant tout.

Ruhanga décida que ce dernier ne serait bon qu'à s'occuper des cultures, au deuxième, on confierait les soins du bétail. Quant au premier, le plus malin, il dirigerait les deux autres !

Hospitalité au Buganda

L'origine de ces premiers royaumes est mal connue. Les traditions évoquent l'arrivée des Chwezis, des pasteurs de la vallée du Nil. Au XVIIe siècle, le Buganda, un des vassaux du royaume du Bunyoro dans l'Ouganda actuel, s'émancipa sous la conduite de son souverain qui portait le titre de « kabaka ». Situé dans une région au sol fertile, bordée à l'est par le lac Victoria, le Buganda entra en contact avec les marchands musulmans, échangeant de l'ivoire contre des cotonnades. Dans la seconde partie du XIXe siècle, les premiers explorateurs européens y furent accueillis avec beaucoup d'égards.

Le roi Mutesa du Buganda vu par l'explorateur Speke au milieu du XIXe siècle.

PLUS ACCUEILLANT

Le Burundi, au sud, se constitua plus tard avec une société plus ouverte que celle du Rwanda, car le pays était bordé par le lac Tanganyika où aboutissait la grande route commerciale vers l'océan Indien.

UN FRUIT RÉSISTANT

Une grande révolution eut lieu vers l'an 1000 de notre ère avec l'introduction du bananier, une plante originaire d'Indonésie, qui donne des fruits pratiquement toute l'année et qui a fini par devenir la culture principale.

Tombé du ciel

Certains petits royaumes, entre les lacs Victoria et Kivu, s'épuisèrent en conflits familiaux. Au sud-ouest, celui du Rwanda ne fit pas dans la modestie. Les traditions orales le font descendre directement du ciel par l'intermédiaire de Kigwa (« Celui qui est tombé ») et de son frère Mututsi, qui a donné son nom aux Tutsis. Jusqu'à l'indépendance, la société rwandaise resta divisée en classes sociales sur le modèle imposé par Ruhanga, le roi légendaire du Kitara.

Au Rwanda, les agriculteurs hutus cultivent le sorgho sur la terre volcanique au pied des volcans Birunga dont certains sont encore en activité.

UNE DIFFÉRENCE DE TAILLE

Pendant longtemps, on a pensé que les grands pasteurs tutsis et les petits agriculteurs hutus étaient des populations différentes. En fait, il semble que la tradition chez les aristocrates de boire du lait et du sang de leurs bovins, et surtout, de ne se marier qu'avec des femmes de leur milieu social les plus grandes possibles, soit la raison principale de leur différence de taille.

Chez les rois forgerons

En Afrique centrale où la forêt est épaisse, les chefs de village qui ont cherché à s'imposer ont dû lutter contre une nature hostile. Souverains prestigieux au destin parfois tragique, on les appelle « les rois forgerons », maîtres en matière de fabrication d'outils pour défricher la forêt.

Des relations précoces...

Le royaume du Kongo s'épanouit de part et d'autre de l'embouchure du fleuve Congo grâce à Ntinu Wene, un homme à la poigne de fer. En contact avec le Portugal dès le XVe siècle, le Kongo devient vite le plus grand État de la région, fort de ses échanges commerciaux : plantes comestibles importées d'Amérique, huile de palme locale, ivoire et cauris – monnaie de coquillages ramassés sur la côte. C'est en cherchant un passage pour pénétrer dans l'océan Indien que les Portugais le découvrirent.

... qui tournent mal

Les premières relations donnèrent lieu à des échanges d'ambassadeurs entre Lisbonne et Mbanza-Kongo, la capitale du royaume. Des jeunes Kongolais partirent même faire leurs études en Europe et, en 1513, un des fils du roi de l'époque prononça un discours en latin devant le pape. Mais, en raison de la distance, les communications entre les deux pays restaient rares. Et les représentants du Portugal, les commerçants et les aventuriers, finirent par prendre tous les pouvoirs. Ils surveillaient le royaume à partir de l'île de São Tomé, au large, qui leur servait d'entrepôt d'esclaves.

Des Noirs blancs

Au cours de leur deuxième voyage dans le royaume du Kongo, les Portugais ramenèrent les otages kongolais qu'ils avaient embarqués en 1482, lors de leur premier voyage. Habillés à l'européenne, ceux-ci surprirent les leurs, qui s'exclamèrent : « Venez voir, des Noirs blancs arrivent ! »

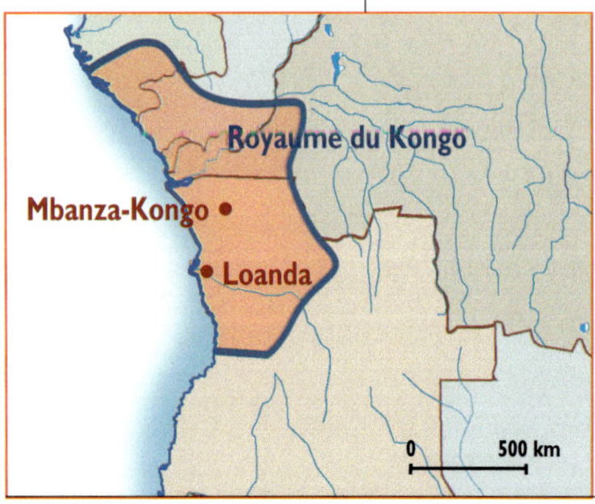

Une fin tragique

Sous la pression des Portugais, le Kongo finit par devenir un vassal du Portugal. Il fut même obligé de livrer des esclaves, capturés dans les pays voisins. Mais en 1665, quand les Portugais lui imposèrent de livrer des esclaves kongolais et de dévoiler l'emplacement de ses mines, le souverain du Kongo, Antonio Ier, refusa. Son armée fut vaincue et sa tête ramenée à Loanda, la future Luanda, devenue elle aussi un comptoir portugais.

Des lingots de cuivre en forme de croix de différentes formes et grosseur servaient de monnaie aux Lundas.

L'empire commercial des Lundas

À leur arrivée au Kongo, les Portugais entendirent parler de puissantes « chefferies » à l'intérieur du bassin du Congo. Les Lundas constituaient la plus dynamique, dominant la région correspondant au Katanga, au sud du Congo-Kinshasa. Ils devaient leur réputation aux gisements de cuivre qui leur avaient fourni la matière pour créer une monnaie. Au XVIIIe siècle, ils étaient les maîtres du commerce entre le Kongo, dominé par les Portugais pourvoyeurs d'armes à feu, et les côtes de l'océan Indien où ils contrôlaient l'utilisation des cauris qui risquaient de concurrencer leur monnaie de cuivre.

Le roi des Kubas, au Congo-Kinshasa, avait toujours à côté de lui un panier de sagesse couvert de cauris.

Les agriculteurs ont mis des siècles à défricher la forêt.

Les statuettes déposées sur la tombe des ancêtres représentent aussi bien les défunts que le couple des premiers êtres humains.

DES ARTISTES À LA COUR

Le petit royaume kuba, qui se développa au nord de l'Empire lunda dans le bassin du Congo, est célèbre pour son art de « cour ». Dans la capitale étaient logés les artisans les plus réputés, notamment ceux qui fabriquaient les masques couverts de cauris et les statuettes royales.

Au royaume des négus

De père en fils

L'Abyssinie était connue en Europe sous le nom du « royaume du prêtre Jean ». C'est Christophe de Gama, le fils du navigateur Vasco de Gama, qui se mit à la tête de l'expédition portugaise qui sauva le pays de l'invasion musulmane.

Cette région de l'est de l'Afrique, comme son nom l'indique, ressemble à une corne.

Le plateau escarpé au centre de l'Éthiopie a permis à une succession de royaumes chrétiens de résister pendant des siècles aux invasions qui bouleversèrent la Corne de l'Afrique. L'histoire de cette région, connue dans l'Égypte antique sous le nom de « pays de Pount », fut ponctuée de coups d'État, d'assassinats et d'intrigues de palais.

Le royaume d'Axoum

Les premiers habitants de l'Éthiopie étaient apparentés aux populations de la Nubie. Au Ier millénaire avant notre ère, des émigrants du Yémen s'installèrent entre les rivages de la mer Rouge et le lac Tana. Une de leurs tribus, les Habashas, donna son nom à l'Abyssinie et le royaume d'Axoum finit par s'imposer. Axoum était la plus grande puissance de la région quand son roi, Ezana (320-342 apr. J.-C.), se convertit au christianisme. Les Axoumites dominèrent la mer Rouge et firent des expéditions en Arabie. Ils eurent des relations fructueuses avec l'Extrême-Orient.

Les Portugais à la rescousse

En 1504, le royaume d'Aloa, avant-dernier des royaumes chrétiens de Nubie, dut céder devant la pression musulmane. Seule résista l'Abyssinie, réfugiée dans son repaire montagneux. Mais les troupes d'invasion commandées par l'imam (chef religieux) Gragne et renforcées par l'arrivée des Turcs en mer Rouge dévastèrent la région. L'empereur Claudius demanda alors l'aide des Portugais dont les caravelles venaient d'entrer dans l'océan Indien. À l'issue des combats, les troupes de l'imam Gragne durent quitter le territoire et les Portugais s'installèrent en Abyssinie.

La magnificence des rois de Gondar

En 1632, le clergé copte souleva la population abyssinienne, contraignant le négus (roi) Sousneyos à abdiquer et à expulser les jésuites portugais. Son fils Fasilidas (1632-1667) se fit construire une capitale, à Gondar, au nord du lac Tana. En diplomate habile, il noua des relations avec les Turcs, devenus les maîtres de la Méditerranée, et avec le grand Mogol dont l'autorité s'étendait sur la plus grande partie de l'Inde. Fasilidas et ses successeurs enrichirent Gondar de palais édifiés et décorés par des artisans indiens et arabes.

Les monastères éthiopiens sont couverts de fresques religieuses et possèdent des manuscrits enluminés de scènes de la Bible.

Les rois de Gondar connurent une ère brillante durant laquelle ils donnèrent de fastueuses réceptions dans leurs palais.

L'empire de Ménélik

C'est Ménélik, roi du Choa, une province au sud du lac Tana, qui édifia l'Éthiopie moderne. Reconnu comme négus en 1889, il bâtit un empire en annexant plusieurs régions de la Corne de l'Afrique et en construisant Addis-Abeba (la « nouvelle fleur »), une nouvelle capitale, loin de l'Abyssinie et de ses intrigues. Il meurt en 1913 en ayant tout tenté pour éviter à son empire d'être colonisé.

On commençait par choisir un emplacement, on creusait autour, puis on sculptait l'église, y compris ses piliers.

UNE CAPITALE ITINÉRANTE

Jusqu'à la création de Gondar au XVIIe siècle, l'Abyssinie n'avait pas de capitale. Les négus étaient continuellement en tournée dans leurs provinces, pour les surveiller, accompagnés de leur Cour et de leur administration.

TAILLÉES DANS LE ROC

Au XIIIe siècle, la dynastie des Zagwés, issue des populations noires d'Abyssinie, accéda au pouvoir. Un de ses souverains, Lalibela, édifia sa capitale dans une région inaccessible (2 500 m d'altitude), où l'on peut voir une dizaine d'églises troglodytes entièrement taillées dans le roc.

Le palais du roi du Bénin était entouré de plaques en bronze figurant des guerriers armés de fusils échangés par les Européens.

Au royaume des marchands

Sur le pourtour du golfe de Guinée, la forêt a empêché la formation de grands empires. Mais à partir du XVIe siècle, l'établissement de comptoirs commerciaux européens sur les côtes a favorisé l'essor de cités marchandes grâce à leur artisanat, et même, pour certaines, grâce à l'esclavage.

Une étonnante continuité

Avec plus de 130 habitants au km², le sud du Nigeria est une des régions les plus peuplées d'Afrique. La culture organisée de l'igname depuis 6 500 ans semble avoir favorisé cette forte densité de population. C'est dans le petit village de Nok, sur le plateau central, qu'on a trouvé de superbes têtes en terre cuite datant de 500 ans avant notre ère ainsi que des vestiges du travail du fer.
Ces connaissances en métallurgie ne cessèrent de s'améliorer pour aboutir à la confection de masques en bronze ou en laiton, véritables œuvres d'art.

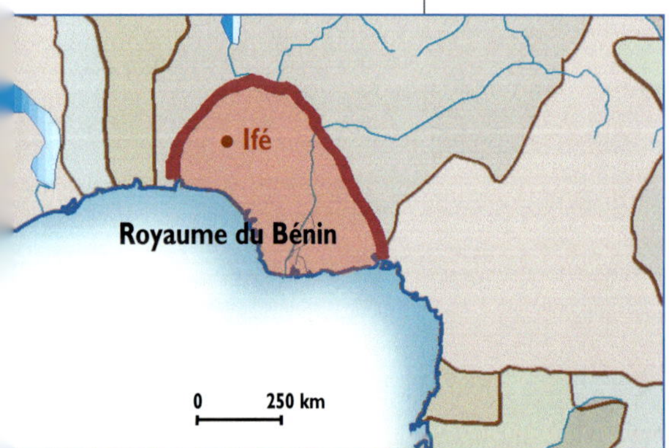

À l'embouchure du Niger, le Bénin était un emplacement commercial stratégique pour les Européens.

Les bustes en laiton des chefs traditionnels d'Ifé, comme celui de cet *oni* du XVIe siècle, portent les attributs de leur souveraineté et de leurs pouvoirs magiques.

La cité sacrée d'Ifé

La ville d'Ifé, au sud-ouest du Nigeria, aurait été fondée il y a plus de 1 000 ans, par les Yoroubas, venus du lac Tchad sous la conduite du roi Odoudoua. Après la fondation d'Ifé, ses fils seraient partis chacun de son côté pour créer les cités de Bénin, Oyo et Owo. Il y eut souvent des conflits entre ces cités, mais toutes reconnaissaient Ifé comme leur centre religieux et culturel. Ifé était placée sous l'autorité de l'« oni », un roi-prêtre qui présidait aux rituels de la fête des ignames.

Les alliages

L'association du cuivre et de l'étain donne du bronze, un métal dur et lourd. Celle du cuivre et du zinc permet d'obtenir du laiton, léger et souple. C'est grâce à leur connaissance de ces alliages que les artisans firent du Bénin une cité-État réputée chez les amateurs d'art.

Tenture illustrant la devise d'un roi du Dahomey.

La splendeur du Bénin

Bénin, au sud-est d'Ifé, entre dans l'histoire au Xe siècle. Ses « obas » (rois) en font un État centralisé qui bénéficie de l'affaiblissement d'Ifé et de l'arrivée des Portugais à la fin du XVe siècle. L'oba s'entoure de nombreux artisans qui exécutent des commandes faites pour l'aristocratie portugaise. En contrepartie, les Portugais aident l'oba à régler ses conflits avec les voisins. Sous l'influence portugaise, le Bénin se lance dans la culture du palmier à huile et dans la traite des esclaves.

Les commerçants portugais faisaient sculpter des défenses d'éléphants en ivoire aux armes du Portugal.

Un roi très surveillé

À Oyo, l'« alafin » (roi) ou « compagnon des dieux » était secondé par son fils aîné dans la conduite des affaires de l'État. Pour éviter que celui-ci ne tente un coup d'État après la mort de son père, 7 « oyomesis », des dignitaires chargés de faire respecter la tradition, veillaient à ce qu'il suive son père dans la tombe. Les oyomesis finirent par prendre goût au pouvoir mais les luttes internes et les incursions du Dahomey voisin sonnèrent le glas d'Oyo qui sombra dans le désordre.

Naissance du Dahomey

Des émigrants d'Oyo seraient à l'origine du royaume du Dahomey, au sud de l'actuel État du Bénin. Sa capitale, Abomey, dont le nom signifie « enceinte fortifiée », a été édifiée au milieu du XVIIe siècle pour servir de place forte. L'État était très structuré et le palais soumis à une étiquette rigoureuse. Le roi ne s'adressait jamais au peuple à voix haute. Il communiquait avec lui par l'intermédiaire du « mêhou », époux de sa seconde fille, qui devait avoir la même apparence physique que lui.

Sages devises

Chaque roi du Dahomey avait une devise personnelle figurant un événement important de son règne, illustré sur des tentures. Ainsi, la devise de Tegbésou, « le buffle habillé est difficile à déshabiller », rappelle que le roi avait vaillamment résisté aux orties que les prétendants au trône avaient mises dans sa tunique.

Redoutables amazones

Pour faire plier la cité voisine, le roi Agadja (1708-1732) renforça son armée en créant le corps des « amazones », des femmes ayant fait vœu de célibat, qui partaient au combat armées d'un petit fusil et d'un sabre court. Plusieurs fois, les amazones permirent aux rois du Dahomey de gagner des batailles. Mais celle contre la ville d'Abéokuta en 1851 fut une défaite, où plus d'un millier de ces femmes perdirent la vie.

La splendeur des Swahilis

Depuis près de 3 000 ans, l'océan Indien est un important centre d'échanges. Des vents réguliers et des eaux calmes ont favorisé les relations entre l'Inde, la Chine, l'Afrique et l'Arabie. Une civilisation originale et pacifique en est le résultat.

Les marchands portugais faisaient faire en Chine des porcelaines, comme celle-ci, pour les vendre dans leur pays. Le commerce d'épices, en particulier de clous de girofle, était aussi très fructueux.

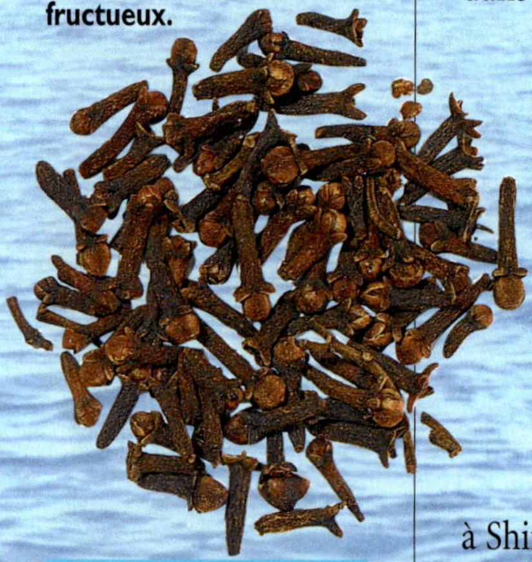

Un commerce antique

Dans le nord de l'océan Indien, la mer d'Oman est parcourue depuis 4 000 ans par des navires marchands ; les premiers allaient chercher, dans la Corne de l'Afrique, l'encens et les épices pour la Mésopotamie et l'Égypte. Puis des marins grecs profitèrent des vents de la mousson pour faire des échanges sur les côtes africaines. À la fin du VIIe siècle, ce sont les marchands arabes qui établirent des comptoirs commerciaux dans les îles et sur les côtes. Le principal était Kilwa, au sud de la Tanzanie actuelle, riche en or et en ivoire.

Des exportateurs étonnants

Vers 950, des troubles religieux à Shiraz, en Perse, poussèrent une partie de la population commerçante à trouver refuge sur la côte africaine. Ces émigrants, appelés « Shirazis », construisirent des palais et nouèrent des relations dans le monde musulman. Une population de métis, les *Swahilis* (« les Gens du rivage »), ne tarda pas à se constituer, usant d'une langue très favorable aux échanges. Le commerce swahili connut son apogée au XVe siècle avec l'arrivée sur les côtes africaines de jonques commerciales chinoises.

Des jonques chinoises, véritables villes flottantes, touchaient parfois les côtes africaines, pour faire du commerce qui n'égala jamais celui des musulmans.

Des jonques en Afrique

Dès le Xe siècle, les Chinois connaissaient l'Afrique sous le nom de *Po Pa Li.* Aux comptoirs musulmans, ils échangeaient des objets en laque, de la porcelaine et de la soie contre de l'ivoire, de la corne de rhinocéros, des carapaces de tortues, de l'ambre gris de cachalot, des esclaves ou encore des animaux inconnus en Extrême-Orient comme la girafe.

Changements de main !

L'arrivée des caravelles de Vasco de Gama en 1498 sonna le glas de la prospérité swahilie qui ne put résister aux armes à feu occidentales. L'océan Indien passe sous la domination portugaise, hollandaise, puis anglaise au XVIIe siècle. En 1840, le sultan d'Oman transféra sa capitale dans l'île de Zanzibar, au large de la Tanzanie. Sous la protection des Anglais, il exploitait le clou de girofle et faisait commerce de l'ivoire exporté en Europe. En 1898, l'interdiction de l'esclavage et la mainmise de l'Allemagne sur les possessions continentales du sultan marquèrent la fin de la prospérité de l'île.

À partir des bateaux de pêche, les architectes navals du Portugal mirent au point progressivement la caravelle, un navire capable de supporter les pires tempêtes, lent, trapu, et surélevé à l'arrière.

Les rues de la ville ancienne de Zanzibar sont sinueuses et étroites avec des maisons construites en pierres volcaniques.

La mousson

« Mousson » vient du mot arabe *mausim*, qui veut dire « la saison » et aussi « le vent des épices et de la fécondité ». Dans l'océan Indien, la mousson souffle de l'Afrique vers l'Inde, du printemps jusqu'en juillet, en effleurant les côtes de l'Arabie du Sud, et, en sens inverse en hiver, ramenant les navires chargés d'épices des marchands arabes.

« L'archipel des sultans batailleurs »

Le nom des Comores vient de l'expression arabe « Djazaïr el-Qamar » (les îles de la Lune). En se mariant avec les filles des chefs des quatre îles de l'archipel, les émigrés shirazis arrivés au XVIe siècle fondèrent les sultanats, encore à la tête de ces îles aujourd'hui. Ces sultans, qui vivaient du commerce des épices et parfois de piraterie, ne cessèrent d'être en conflit les uns avec les autres. Par ailleurs, les habitants devaient se défendre contre les raids des pirates de Madagascar qui débarquaient souvent à l'improviste pour emmener la population en esclavage.

Une île maîtresse

On a donné au fondateur de l'unité malgache Andrianampoinimerina, l'image d'un roi audacieux et volontaire, ici en costume traditionnel.

UNE REINE TRÈS PATRIOTIQUE

Le jour de son accession au trône, en 1883, la reine Ranavalona III, âgée de 22 ans, prononça devant son peuple des paroles prémonitoires : « Dieu m'a donné cette terre et ce royaume et je l'en remercie grandement ; si quelqu'un veut prendre un morceau de cette terre, je me mettrai en avant comme si j'étais un homme pour défendre avec vous notre patrie commune. »

Madagascar s'est peuplée, il y a 2 000 ans, d'Africains et d'immigrants indonésiens. Sur l'île jusqu'alors déserte, de grandes tribus comme les Sakalava et les Betsimisaraka fondèrent des royaumes aux coutumes communes. De grands souverains unifièrent le pays à partir du XVIIIe siècle.

Sacré patchwork !

Poussés sur les côtes d'Afrique orientale par les vents de la mousson, les immigrants indonésiens ont probablement apporté avec eux le bananier et le riz, qui offriront une nourriture de base aux Africains. Ils ont aussi donné leur langue, le malgache, parlée aujourd'hui par tous les habitants de l'île. Par ailleurs, Madagascar doit au continent africain le principe de la royauté sacrée, et le regroupement de la population en clans. Elle tientplus particulièrement des Swahilis son organisation politique, commerciale et culturelle.

L'œuvre d'Andrianampoinimerina

Ramboasalama, autrement dit « le Chien bien portant », l'un des lointains descendants du fondateur d'Antananarivo, prit le pouvoir, dans les années 1790, sous le nom d'Andrianampoinimerina, « le Seigneur au cœur de l'Imerina ». Il fonda une administration forte où les gouverneurs avaient autorité sur les chefs de clans locaux. Des assemblées de villages, les *fokonolona*, étaient responsables devant des inspecteurs royaux. Il s'efforça en vain d'unifier le pays. Son fils Radama Ier continua sa tentative de modernisation en équilibrant la présence des Anglais et des Français, détenteurs des comptoirs sur la côte.

La valse des reines

De 1864 à la conquête française en 1896, Rainilaiarivony fut le véritable chef de Madagascar. Époux de trois reines successives, Rasoherina, Ranavalona II, puis Ranavalona III, il s'efforça de préserver l'indépendance du pays. Ranavalona II se convertit au protestantisme, ouvrant Madagascar à l'influence de l'Angleterre. Au grand regret de la France, et sous le règne de Ranavalona III, l'île ne put résister aux pressions étrangères. En 1890, le sort de Madagascar fut décidé en dehors des Malgaches, car les Anglais et les Français s'étaient partagé la région. La France céda à l'Angleterre son influence commerciale sur Zanzibar en échange de Madagascar, qui fut annexée en 1896.

La forme haute et étroite du palais de la reine de Madagascar est semblable à celle des maison du pays. À Antananarivo, le palais de la reine, entièrement en bois, a malheureusement brûlé en 2002.

Madagascar subissait déjà l'influence occidentale quand fut prise cette photographie de la reine Ranavalona III, habillée comme les femmes des missionnaires protestants.

REINE OU EMPOISONNEUSE ?

Radama Ier fut étranglé par un foulard de soie à l'issue d'un complot organisé par l'amant de la reine. Elle lui succéda, en 1828, sous le nom de Ranavalona Ire et fit le vide autour d'elle. Elle conduisit une politique à l'opposé de celle de son époux, s'efforçant de fermer le royaume aux influences étrangères, en particulier aux missionnaires. Les Européens la comparaient à Messaline, l'impératrice romaine qui fit empoisonner son mari.

Un empire guerrier

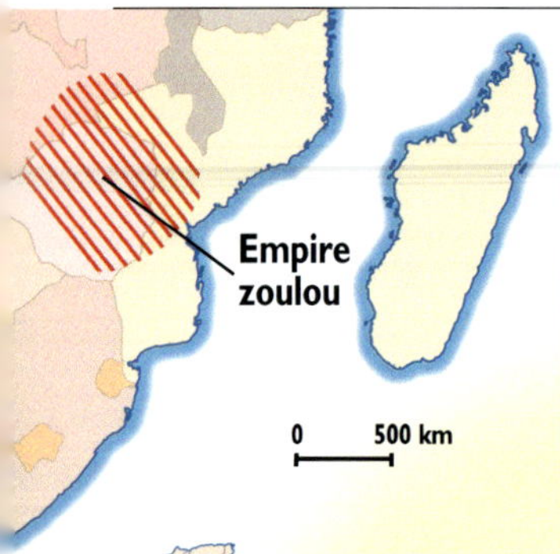

Il y a 200 ans, l'Afrique australe a connu de grands bouleversements : des populations se sont combattues pour prendre possession de la terre. Cette période est restée connue sous le nom de Mfécane, l'« affrontement ». Le Mfécane a d'abord opposé des peuples d'éleveurs bantous, puis les Zoulous aux Boers.

La revanche du bâtard

À la fin du XVIIIe siècle, des pasteurs bantous, les Ngunis, arrivèrent du nord et s'installèrent au bord du Zambèze. Dans un de leurs clans, celui des Abatetwas, naquit un enfant « bâtard », fils d'un des chefs et d'une danseuse rencontrée au marché. Humilié dès l'enfance, Chaka dut aussi faire face à la jalousie, le jour où il tua de ses mains un lion qui avait fait fuir tous les villageois. Mais informé de son exploit, Dinguiswayo, le grand chef des Abatetwas, le convoqua et en fit son homme de confiance. À sa mort, Chaka prit sa place.

Le Peuple du ciel

Être chef des Abatetwas ne suffit pas à Chaka. Exterminant ses ennemis, sauf les plus jeunes à condition qu'ils s'enrôlent dans son armée, il rassembla tous les Ngunis séparés en petits clans souvent en conflit. Il les obligea à abandonner leur nom et leur dialecte maternel pour s'appeler désormais les Zoulous, le « Peuple du ciel ». Il organisa son armée en régiments de 1 000 soldats d'une même classe d'âge, les *impis*.

Chaka forçait ses guerriers à combattre l'ennemi au corps à corps, autant pour les empêcher de reculer que pour effrayer l'adversaire.

SOLDATS AVANT TOUT

Les Zoulous formaient une société militaire. De 16 à 40 ans, chaque homme servait dans l'armée. Le mariage ne leur était possible qu'à partir de 30 ans et seulement s'ils avaient fait preuve de bravoure. Les femmes s'occupaient de l'intendance et pouvaient se marier plus jeunes.

La tactique des cornes du buffle

Ordre de bataille en « cornes de buffle » de Chaka : les guerriers disposés en arcs de cercle rabattent les adversaires vers les groupes de guerriers 1 et 2.

Chaka était implacable envers les peureux. Pour obliger ses soldats au combat corps à corps, il avait fait remplacer les lances par de courtes sagaies à large lame, des haches et un bouclier. Au retour d'une expédition, il fit exécuter ceux qui étaient revenus sans leur sagaie. La tactique favorite de ce chef de pasteurs était celle des « cornes de buffle ». Elle consistait à harceler sans cesse l'ennemi pour le rabattre, à la manière des deux cornes d'un buffle, contre des soldats zoulous aguerris qui le décimaient.

Trop, c'est trop !

Les victoires de Chaka firent aussi sa perte car ses excès et sa tyrannie lui avaient aliéné jusqu'à ses plus fidèles lieutenants qui firent sécession. En 1827, à la mort de sa mère, il décréta un deuil d'un an, interdisant à quiconque de boire du lait et aux personnes mariées de vivre ensemble. Sous la direction de Mzilikazi, un groupe n'acceptant pas le célibat s'enfuit vers le Zimbabwe avec des jeunes filles et fonda le peuple matabélé. Chaka mourut victime d'un complot.

Un peuple plus que jamais

Chaka tenta de construire un empire qui ne dura qu'une dizaine d'années. Il réussit toutefois à fonder un peuple. Aujourd'hui, les Zoulous habitent dans la région du Natal, au sud-est de l'Afrique du Sud. Ils ont gardé vivante la mémoire de leur fondateur et des conflits qui les opposèrent aux autres peuples.

Le massacre de Blood River

Dingaan, le successeur de Chaka, permit aux Boers, des fermiers arrivant de Hollande, de s'installer sur ses terres, estimant que, de ce fait, ils étaient ses sujets. En 1838, quand il apprit que des milliers d'autres Boers comptaient faire de même, il les fit assassiner. Mais au lieu-dit Blood River, la rivière de Sang, les autres Boers attendirent, munis d'armes à feu, l'assaut des Zoulous. Là, 3 000 Zoulous furent massacrés, et pas un seul Boer !

Aujourd'hui encore, à l'occasion de fêtes traditionnelles ou de meetings politiques, les Zoulous commémorent la période héroïque de Chaka en portant leurs habits traditionnels (peau et oreilles de léopards) comme ici le prince Galenia, petit-fils de Biyela, cousin de Chaka et fameux stratège au combat.

L'exploration de l'Afrique

Malgré leurs idées humanistes, les grands explorateurs ramenèrent avant tout des informations sur la richesse du continent. L'exploration de l'Afrique fut d'abord une affaire de marchands, de militaires et de missionnaires. Emportant leurs préjugés et leur intolérance, beaucoup ont contribué à en donner une image négative qui permit longtemps de justifier la colonisation.

René Caillié

0 1 000 km
Tombouctou
Bathurst
Ouagadougou
Freetown
Khartoum
Fachoda
Brazzaville
Boma
Zanzibar
Luanda
Benguela
Quelimane
Caillié (1827-1828)
Bruce (1768-1772)
Park (1795-1806)
Livingstone (1849-1873)
Speke et Grant (1861-1862)
Stanley (1871-1877)
Barth (1850-1855)
Pinto (1877-1879)

Voyages aux Terrasses de l'encens

Dans l'Antiquité, les pharaons lancèrent plusieurs expéditions pour remonter le cours du Nil, malgré les distances immenses et les difficultés innombrables. Face à la demande en ivoire croissante, les Romains, aussi, explorèrent les côtes de l'Afrique orientale.

Une expédition réussie

La reine Hatchepsout d'Égypte envoya, 1 500 ans avant notre ère, cinq grands navires sur la mer Rouge en direction de la Corne de l'Afrique ; ils devaient rapporter de la cannelle, de l'encens et de la myrrhe destinés au nouveau temple consacré au dieu solaire Amon. D'après le récit de l'expédition qu'elle fit graver sur les parois du temple, les Égyptiens furent reçus avec beaucoup de faste par les rois de cette région, appelée « les Terrasses de l'encens » ou « le pays de Pount ». Les navires de la reine d'Égypte en revinrent chargés d'aromates, d'ébène, d'ivoire, de peaux de panthères et d'esclaves.

Un voyage bidon ?

C'est avec l'aide des Phéniciens, les meilleurs marins de l'Antiquité, que le pharaon Néchao II (600 av. J.-C.) organisa une expédition visant à faire le tour de l'Afrique. D'après l'historien grec Hérodote, qui met en doute cet exploit, les navigateurs seraient partis par la mer Rouge, auraient doublé le cap de Bonne-Espérance au sud, puis, en remontant le long des côtes, auraient rejoint l'Égypte en franchissant les colonnes d'Hercule (le détroit de Gibraltar). Toutefois, rien ne permet d'affirmer que ce voyage a bien eu lieu. En effet, leurs bateaux n'étaient pas prévus pour la haute mer et encore moins pour naviguer contre les courants et les vents de l'Atlantique.

Qui sont les Garamantes ?

Les Garamantes dont parlent les auteurs de l'Antiquité étaient sans doute les ancêtres des Touaregs actuels. Quand le proconsul romain Cornelius Balbus envahit leur pays, 20 ans av. J.-C., il donna à la province le nom de Phazania (Fezzan). Sa capitale, Garama, devint un comptoir commercial romain sur la route de l'Afrique centrale.

Le périple d'Hannon

Le voyage du Carthaginois Hannon sur les côtes de l'Afrique occidentale au milieu du Vᵉ siècle av. J.-C. paraît plus vraisemblable. À l'époque, ce périple constituait déjà un projet colonial, car les navires transportaient des colons qui devaient s'établir sur les côtes marocaines. Après le Maroc, plusieurs navires continuèrent leur route. Ils semblent avoir atteint l'embouchure du Sénégal, « fleuve grand et large, rempli de crocodiles et d'hippopotames ». Ils arrivèrent enfin en vue d'une grande montagne surmontée d'un volcan au fond du golfe de Guinée, « le Char des dieux », probablement le mont Cameroun (4 070 m) où ils firent la chasse aux gorilles.

Les navigateurs phéniciens auraient mis 3 ans pour accomplir leur exploit, plantant du blé sur la côte au printemps et repartant après la récolte.

Cette tête d'Africain en bois datant de 125 apr. J.-C., trouvée à Méroé, a été conservée grâce à la sécheresse.

Des Romains au lac Tchad

Dès leur conquête de l'Afrique du Nord, au IIᵉ siècle av. J.-C., les Romains tentèrent d'entrer en contact avec les populations vivant au-delà du désert, mais ils furent bloqués dans leurs tentatives par les Garamantes. Ce n'est qu'en 68 apr. J.-C. que le gouverneur romain de la province du Fezzan put envoyer deux expéditions vers le sud. La première revint bredouille, la seconde prétendit avoir atteint le pays des Agysimbas, un peuple qui devait habiter au bord du lac Tchad puisque les explorateurs affirmèrent y avoir vu des hippopotames.

Un danseur pour le pharaon

Vers 2 300 ans av. J.-C., une expédition envoyée en Nubie par un fonctionnaire du pharaon Pépi II ramena 300 ânes chargés de peaux de léopards, d'encens, d'ébène et d'ivoire. Elle rapportait aussi un Pygmée dont les danses ravirent le pharaon et sa cour.

Une grande découverte

Pour les Occidentaux d'il y a 2 000 ans, la découverte du régime de la mousson par le marin grec Hippale, vers l'an 50 de notre ère, a permis aux navigateurs de faire voile vers l'Inde en été, puis, profitant des vents, de revenir en hiver directement sur les côtes de l'Afrique orientale, pour remonter ensuite vers l'Égypte.

Premiers visiteurs

Au Moyen Âge, l'exploration de l'Afrique a surtout été l'œuvre des Arabes, qui contrôlaient la Méditerranée et l'océan Indien. Sur les côtes orientales du continent, s'aventurèrent aussi des Indiens et des Chinois, tous poussés par le même but : trouver de l'ivoire, de la corne de rhinocéros et des peaux de bêtes.

Des Chinois sur les côtes d'Afrique

Au Ier siècle de notre ère, les Chinois avaient déjà entendu parler de l'océan Indien. Par la suite, leurs commerçants n'hésitèrent pas à emprunter des navires arabes et indiens pour atteindre l'Afrique. Au VIIIe siècle, le voyageur Tuan Cheng Shih prétend que les Africains ne connaissent pas les céréales, chassent avec des épieux faits en défense d'éléphant et n'échangent pas de marchandises avant d'avoir mélangé un peu de leur sang avec celui de leur interlocuteur.

DES BATEAUX SANS CLOUS

Dans l'océan Indien, les navires des marchands, les boutres, ne comportent pas de clous. Leurs planches sont assemblées au moyen de cordes en jute et les jointures sont enduites de goudron pour en assurer l'étanchéité. Ils ont la proue plus effilée que celles des caravelles et filent plus vite.

Drôles de touristes

Au VIIe siècle, le conquérant de l'Égypte, Amr, confia à son lieutenant Oqba ben Nafi la mission de lancer des raids au sud du Sahara et de prendre les villes qu'il trouverait. En 666, ayant atteint les limites du Fezzan, Oqba poursuivit sa route vers le Kawar (futur Niger). Mais les cités fermèrent leurs portes, obligeant le lieutenant à revenir sur ses pas car sa troupe manquait d'eau. « C'est à ce moment, dit la légende, que le cheval d'Oqba frappa le sol de ses sabots, y faisant jaillir une source d'eau. » Ayant repris des forces, les cavaliers repartirent à l'assaut et purent vaincre les habitants des cités qui avaient rouvert leurs portes, croyant le danger passé.

Difficile d'imaginer des centurions romains au sud du Sahara ! Pourtant, les Romains qui avaient fondé Phazania, en Libye, faisaient du commerce avec le Tchad.

Un historien curieux et précis

Au Xe siècle, l'intérieur du continent était encore inconnu des Arabes dont l'empire s'étendait de Gibraltar à l'Indonésie. Le grand voyageur de cette époque fut l'historien arabe Al-Masudi. Dans son récit de voyage *Les Prairies d'or*, il décrit ce qu'il a vu sur les côtes d'Afrique orientale. Il a visité Zanzibar et continué sa route jusqu'au comptoir arabe de Sofala à l'embouchure du Zambèze au Mozambique, où les Indiens venaient chercher du minerai de fer provenant du Zimbabwe. Selon lui, les Africains se nourrissent de banane, d'igname, de miel, de viande et de lait. Al-Masudi observe aussi que le commerce entre l'Afrique orientale, l'Inde et la Chine est prospère.

LE KARITÉ VU PAR IBN BATTUTA

Selon Ibn Battuta, le karité est un fruit pareil à la poire avec un gros noyau dont on extrait une huile aux multiples usages. On l'emploie dans la cuisine pour frire les beignets, dans des lampes à huile pour s'éclairer, pour les soins de la peau et en la mélangeant avec de la terre de différentes couleurs pour décorer les murs des maisons.

VOYAGEUR SANS BAGAGE

À l'époque d'Ibn Battuta, au Mali, le voyageur n'emporte ni provisions de route, ni argent : il se contente de marchandises à échanger, morceaux de sel, perles en verre coloré, clous de girofle ou parfum. Quand il arrive dans un village, les femmes lui offrent du petit lait et troquent avec lui des poulets, du riz, des céréales cuites ou des haricots.

Un grand voyageur arabe

Ibn Battuta (1304-1377) est pour les Arabes ce que Marco Polo est pour les Européens, un voyageur ayant laissé un récit vivant des pays qu'il a visités, et notamment ceux au sud du Sahara. Parti de Tanger, au Maroc, il met quatre mois pour traverser le désert en se joignant à des caravanes. Il décrit avec admiration la magnificence de la cour du Mali, où l'or est utilisé pour parer les chevaux. Musulman très pieux, il est étonné de voir la liberté dont jouissent les femmes dans ce pays. Ibn Battuta est aussi un fin gastronome qui parle souvent de nourriture.

Le commerce à travers le monde musulman ne concernait pas seulement les tissus, les produits de luxe et les épices. On transportait aussi des manuscrits scientifiques (sur l'astronomie entre autres) et des livres de droit.

Hardis Portugais !

Prise de possession !

Chaque fois qu'ils abordaient une nouvelle terre, les navigateurs portugais érigeaient un *padrão* (pilier) avec une croix et un écusson aux armes du Portugal.

Au début du XIVe siècle, le Portugal ne pouvait prospérer qu'en développant son commerce maritime. À cette époque, les épices, utilisées pour combattre les maladies, étaient des produits recherchés, et les Arabes en avaient le monopole. Les Portugais essayèrent donc de trouver une autre route pour atteindre l'océan Indien.

Des perles contre de l'or

L'artisan de ces grands voyages fut Henri le Navigateur, le troisième fils du roi Jean Ier du Portugal. À partir de 1417, il organisa plusieurs expéditions dans l'océan Atlantique. En abordant les côtes du Sahara occidental, les Portugais découvrirent l'existence du commerce transsaharien et purent facilement échanger du tissu et des perles de verre contre de la poudre d'or et des esclaves. Les souverains portugais accordèrent alors à des armateurs privés l'autorisation de naviguer dans la région à condition de parcourir plus de 100 km de côtes chaque année et de leur réserver l'ivoire récolté. C'est ainsi que furent découverts la Guinée et le Ghana.

Au bout du bout…

Pendant des années, les Portugais continuèrent à explorer les côtes africaines mais des courants contraires rendaient leur progression difficile. En 1488, alors que des expéditions avaient déjà atteint le sud de l'Angola, le roi Jean II demanda au navigateur Bartholomeu Dias d'aller plus loin. Déportés par les vents, les navires de Dias se retrouvèrent en plein Atlantique et se crurent perdus. Dias fit mettre le cap à l'est pour retrouver la terre ferme. Mais quand les marins la virent réapparaître, elle était au nord-ouest. Sans le savoir, ils venaient de passer au large du sud de l'Afrique. Ils abordèrent sur la côte du Natal et les Hottentots, qui gardaient des vaches, leur donnèrent de la viande.

À la proue du monument des Découvertes, à Lisbonne au Portugal, figure Henri le Navigateur suivi des nombreux personnages qui ont pris part aux grandes découvertes du XVIe siècle.

Jaloux !

Au retour de Bartholomeu Dias à Lisbonne, le roi du Portugal baptisa « cap de Bonne-Espérance » la terre découverte par le navigateur et appelée « cap des Tempêtes » par ses hommes. Dias ne fut pas récompensé comme il aurait dû l'être car le roi eut peur que sa gloire ne lui fasse ombrage. Jean II ne lui donna jamais de nouvelle mission.

Vasco de Gama était motivé par l'esprit de conquête et l'ambition qui l'amena à devenir vice-roi des Indes.

Courageux mais pas téméraire

C'est à Vasco de Gama que le roi du Portugal confia le soin d'aller conquérir les îles où poussaient les épices. Le 27 novembre 1497, les navires abordèrent le point extrême découvert par Dias et achetèrent de la viande et des fruits aux habitants, plutôt impressionnés par les manières rudes des Portugais. Les navires de Vasco de Gama remontèrent ensuite le canal de Mozambique et les Portugais découvrirent alors la richesse du commerce dans l'océan Indien. Par prudence, avant de prendre contact avec les autorités d'un port, Vasco de Gama envoyait toujours à terre en premier des repris de justice qui constituaient une partie de l'équipage.

Ce portulan a été réalisé en 1563. Il montre comment les Européens se représentaient l'Afrique au XVIe siècle.

Des expéditions meurtrières

Au nord de Zanzibar, Vasco de Gama trouva un pilote indien qui le conduisit en Inde en trois semaines. L'expédition ne revit le Portugal que l'automne suivant. Sur les 200 hommes d'équipage, près de 150 étaient morts du scorbut ou de la malaria. Le second voyage de Gama fut une véritable expédition militaire, composée d'une vingtaine de navires fortement armés. En 10 ans, les Portugais s'emparèrent de toutes les villes importantes de l'océan Indien, souvent au prix de massacres et de destructions.

L'exploration des côtes africaines fut difficile, car les Portugais ne connaissaient ni les courants ni le régime des vents. L'abordage des côtes, à cause de la barre, était toujours un problème.

Motus et bouche cousue

Les Portugais ne furent pas les premiers à découvrir les côtes du golfe de Guinée. Bien avant eux, des marins de Dieppe fréquentaient la région pour rapporter de l'ivoire de la côte, qui a donné son nom au pays actuel. Mais comme ils étaient avant tout des commerçants, ils se gardaient bien d'en parler !

La découverte du paradis

Les Robinson de l'île Rodrigue

En 1691, 10 protestants français, exilés en Hollande furent débarqués sur l'île déserte de Rodrigue (Mascareignes) pour étudier la possibilité d'y fonder une colonie. Le navire qui devait venir les chercher paraissant les avoir oubliés, ils décidèrent, deux ans après, de construire une barque pour rejoindre l'île Maurice. Leur récit, publié en 1707, semble avoir inspiré Daniel Defoe, l'auteur de *Robinson Crusoé*.

En pénétrant dans l'océan Indien au début du XVIe siècle, les Portugais s'arrêtèrent d'abord sur les îles habitées : les Comores et Madagascar. Ils explorèrent aussi les Seychelles et les Mascareignes, où une nature abondante s'était développée sans intervention humaine.

Le dodo était un peu plus grand qu'un dindon.

Une île paradisiaque

Inhabitées, ces îles n'intéressaient personne, elles restèrent longtemps en dehors des circuits commerciaux arabes ou portugais. La situation évolua à la fin du XVIe siècle quand les Hollandais, grâce à des bateaux plus modernes, changèrent de cap pour atteindre les îles à épices d'Indonésie. En 1598, ils débarquèrent aux Mascareignes, dans une île à la végétation paradisiaque qu'ils appelèrent « Maurice », du nom de leur prince. Ils furent étonnés par l'absence d'animaux à quatre pattes et par l'inertie des oiseaux qui ne bougeaient pas quand on voulait les prendre. Leur grande découverte fut un gros oiseau qui semblait ne pas avoir d'ailes ni de queue mais seulement un grand bec et des pieds massifs : le dodo.

Une colonisation ratée

En 1638, les Hollandais installèrent à l'île Maurice des forçats et des esclaves pour empêcher qu'elle ne tombe entre les mains des Anglais ou des Français. À la fin du siècle, l'île Maurice ne comptait pas plus de 300 habitants, mais elle était ravagée par les cerfs introduits auparavant. Elle fut abandonnée en 1710 au profit de la France qui la baptisa « Isle de France ». On y acclimata toutes sortes d'épices. Et pour la culture de la canne à sucre, on utilisa beaucoup d'esclaves. En 1814, l'île fut annexée par la Grande-Bretagne, qui y fit venir des Indiens.

Le climat et la végétation luxuriante des Mascareignes étaient le lieu idéal pour acclimater les épices et les pamplemousses.

Pitié pour les pirates !

En 1685, des pirates chassés de la mer des Caraïbes, aux Antilles, avaient trouvé refuge dans le nord de Madagascar où ils avaient fondé une république indépendante. De là, ils lançaient des raids sur les navires européens chargés d'épices. Ils évitaient cependant de s'attaquer aux navires français, en échange de fréquents séjours à l'île Maurice et à l'île Bourbon (la Réunion) où ils pouvaient trouver du bois pour réparer leurs navires. En 1721, devant l'hostilité des Malgaches, ils demandèrent asile au gouverneur de l'île Bourbon mais durent promettre de renoncer à la piraterie. Un seul, La Buse, refusa de se soumettre et fut pendu quelques années plus tard.

Un refuge bienvenu

La France avait pris possession de l'île Bourbon (la Réunion) en 1642. Elle était déserte, mais ne possédait pas une rade aussi vaste que celle de l'île Maurice pour accueillir les navires. Plus intéressés par Madagascar et l'Afrique du Sud, où ils pouvaient faire des échanges avec les populations locales, les Français mirent longtemps à l'habiter. Ils n'y trouvèrent refuge qu'une vingtaine d'années plus tard lorsqu'ils furent chassés de Madagascar. Pendant 50 ans, il n'y eut pas plus d'un millier d'habitants, dont un tiers d'esclaves employés à la culture du café.

Les récits des explorateurs de l'île Maurice incitèrent les illustrateurs à exagérer leurs visions, mais cela montre néanmoins qu'une faune unique au monde fut massacrée, faute d'avoir su se méfier des hommes.

Le jardin des Pamplemousses

En 1753 et en 1770, le botaniste français Pierre Poivre alla voler des plans de girofliers et de muscadiers en Extrême-Orient à la barbe des Hollandais qui en avaient le monopole.
Il les acclimata sur l'île Maurice dans un superbe jardin botanique, le jardin des Pamplemousses.

On a acclimaté dans les Mascareignes des plantes tropicales de tous les continents, comme la vanille ou le poivrier.

Faire des affaires

Les Européens s'établirent peu à peu sur les côtes africaines pour faire du troc et les comptoirs servirent de bases pour l'exploration et la colonisation du continent. Ces marchands furent les premiers à pénétrer dans les royaumes africains.

À CHACUN SES INTÉRÊTS

Les négociations commerciales duraient des journées entières. Personne ne se sentait lésé car chacun désirait quelque chose qu'il n'avait pas. Ces échanges se faisaient toutefois au détriment des populations locales Et ils devinrent vraiment inégaux lorsque les Européens s'appuyèrent sur la force militaire.

L'Afrique, quelle mine !

En 1481, peu après leur arrivée sur les côtes de l'actuel Ghana, les Portugais bâtirent un fort qu'ils baptisèrent « El Mina », car l'or s'y trouvait en telle abondance qu'ils considéraient l'endroit comme une véritable mine d'or. Le matériau précieux provenait du trésor que chaque souverain devait accroître durant son règne pour symboliser la richesse de son peuple. Il était extrait à des centaines de kilomètres au nord. Mais les Africains qui faisaient du commerce avec les Européens leur interdisaient de quitter la côte pour s'approcher des mines. Les explorations vers les terres intérieures furent donc difficiles, sinon impossibles tant que dura le commerce de l'or.

Affrontement entre Européens

Attirées par l'or, d'autres nations européennes, comme l'Angleterre, la France, la Hollande et le Danemark, firent ensuite leur apparition. Et pour se protéger de leurs concurrents, les Européens se fortifiaient dans leurs comptoirs.
Les contacts des Européens avec les souverains locaux étaient commerciaux et diplomatiques. Chaque comptoir avait ses alliés dans les populations locales et quand ils entraient en conflit, ils entraînaient celles-ci avec eux.
Les Européens se faisaient la guerre en Afrique pour agrandir leurs zones d'influence commerciale, et plus encore s'ils étaient déjà adversaires en Europe.

Des rois qui n'ont jamais faim

Les grands royaumes, comme le Bénin, ne se trouvaient pas sur la côte, mais loin à l'intérieur des terres. Si les étrangers n'avaient pas le droit de s'établir dans la capitale, ils étaient toutefois reçus à la cour. Ambassadeurs ou marchands, ils étaient parfois accompagnés de navigateurs ou de religieux plus curieux que les autres. Ce sont ces voyageurs qui ont laissé les seuls témoignages sur ces royaumes anciens. En 1540, un navigateur portugais écrit que les rois du Bénin sont adorés par leurs sujets comme s'ils descendaient du paradis. Ils n'ont pas besoin de nourriture car ils sont d'origine divine ; c'est du moins ce que doivent croire leurs sujets qui n'ont pas le droit de les voir manger !

QUEL PRESTIGE !

Les marchands européens flattaient les chefs locaux en leur offrant des cadeaux et en faisant semblant de les considérer comme des rois. Certains portaient des couronnes d'or comme en Europe, d'autres se présentaient avec des attributs traditionnels du pouvoir. Aujourd'hui, les enfants de ces rois font des études supérieures en Europe mais conservent du prestige auprès de leurs sujets.

Un Écossais chez le négus

En 1699, un médecin français, Poncet, fut envoyé par Louis XIV en Abyssinie pour entrer en contact avec le négus Iyassou. Mais comme il arrivait sans cadeau, il fut plutôt fraîchement reçu et retourna chez le Roi-Soleil en emportant quelques étoffes, un éléphant qui mourut à Versailles et des esclaves. Le voyage de l'Écossais James Bruce en 1769 fut plus enrichissant. Se faisant passer pour un astronome, afin de traverser sans problèmes les pays musulmans, il resta plusieurs mois en Abyssinie, y commanda l'armée royale et fit une description de la cour du négus, qu'il compara à celle du roi d'Angleterre.

Au XVIIIe siècle, les compagnies de commerce s'enfermaient dans des châteaux forts comme on n'en construisait plus en Europe depuis longtemps.

UNE, DEUX, TROIS GUINÉES...

En 1662, les Anglais, qui avaient pris le contrôle de la Côte-de-l'Or, futur Ghana, trouvèrent suffisamment d'or pour en frapper une petite pièce de monnaie qu'ils appelèrent « guinée ». À cette époque, on appelait aussi « guinée » une pièce de tissu servant de pagne et teinte à l'indigo.

En route pour

Fascinés par l'or, les Européens, cherchèrent par tous les moyens à pénétrer dans le continent. Mais l'Afrique occidentale, en proie à des conflits religieux, était une région dangereuse où tout voyageur risquait sa vie.

Toujours en guerre !

Au XVIIIe siècle, l'Europe transpose en Afrique ses conflits. Français, Anglais, Hollandais et Portugais se battent pour la possession des comptoirs aux embouchures de la Gambie, du Sénégal ou pour l'île de Gorée au large de Dakar. Tous font le commerce d'esclaves, d'or, d'ivoire et de gomme, une résine issue d'un arbre du Sahel qui sert dans la fabrication des tissus. En 1658, les Français fondent Saint-Louis du Sénégal, à l'embouchure du fleuve, puis établissent des fortins en amont dans l'espoir d'atteindre les sources de l'or.

Tout pour voir le Niger

En 1795, Mungo Park, un jeune médecin écossais, partit de Saint-James (actuelle Bathurst) pour atteindre le Niger, un grand fleuve dont on ne connaissait que le nom. Escorté de quelques domestiques, Park remonta la Gambie en voyageant à cheval avec un parapluie pour se protéger du soleil. Il finit par atteindre Ségou, ville du Mali sur le Niger, mais ne put traverser le fleuve pour voir le roi, et par prudence, revint sur ses pas. Sur la route du retour, il fut dépouillé : on lui prit tout jusqu'à son parapluie, un objet qui en avait étonné plus d'un. Mais qu'importe, il avait vu le Niger !

Les sociétés de géographie

À la fin du XVIIIe siècle, des sociétés d'exploration géographique furent fondées en Angleterre et en France. Elles espéraient obtenir le maximum d'informations géographiques et économiques sur l'Afrique. Mais l'ambition première de bien des explorateurs, comme l'avoue Mungo Park, était avant tout de trouver de « nouvelles sources de richesse ».

Un rescapé de *La Méduse*

Le Français Gaspard Théodore Mollien était un des rescapés de *La Méduse*, ce navire qui fit naufrage en 1816 sur les côtes désertiques de Mauritanie et dont les survivants se mangèrent entre eux. Parti de Saint-Louis, en 1818, il atteignit le Fouta-Djalon où le Sénégal et le Niger prennent leurs sources et revint par la Gambie.

Sur les gravures du XIXe siècle, le parapluie, qui sert aussi de parasol, est souvent l'accessoire indispensable de l'explorateur anglais, comme ici pour Richard Burton.

Un Français à Tombouctou

Célèbre explorateur français, René Caillié était issu d'une famille pauvre et c'est à 19 ans qu'il s'embarqua, en 1818, pour le Sénégal avec la volonté d'aller jusqu'à Tombouctou. Il séjourna en Mauritanie de 1824 à 1826, le temps d'apprendre des rudiments d'arabe et de s'initier à l'islam, car il était dangereux de vouloir atteindre Tombouctou pour des non-musulmans. Mais ce n'est qu'en mars 1828 qu'il arriva à Djenné, sur le Niger, avant de poursuivre sa route jusqu'à Tombouctou. Là, sa déception fut grande car, depuis longtemps, la ville avait perdu de sa splendeur. Quelques mois plus tard, il réussit à regagner le Maroc presque par miracle.

René Caillié est le premier Européen à être revenu de Tombouctou. Deux ans avant son arrivée en 1828, un Anglais, le major Laing, y avait été assassiné durant son séjour.

Chacun son tour !

C'est à une expédition difficile que participa l'Allemand Heinrich Barth lorsqu'il partit de Tripoli, en Libye, en 1850, pour traverser le Sahara en compagnie de son compatriote, le géologue Osterweg, et d'un Anglais, James Richardson. Sur les bords du lac Tchad, ses deux compagnons moururent d'épuisement tandis que Barth continuait sa route vers l'ouest. Il traversa le Niger à Say, puis atteignit enfin Tombouctou. Il resta deux ans en Afrique occidentale, traduisit des manuscrits en arabe et glana de nombreuses informations géographiques.

L'attaque des petites bêtes

Plus peut-être que les bandits, les lions, les panthères ou les crocodiles, les explorateurs avaient à craindre des maladies qu'on ne savait pas soigner, comme le choléra, la fièvre jaune ou le paludisme qu'on appelait « les fièvres ». C'est seulement au début du XXe que l'on commença à utiliser la quinine et plus tard encore les vaccinations.

À pied, à cheval, ou en palanquin, les explorateurs ont utilisé tous les modes de locomotion.

L'exploration de l'Afrique australe

Au XVIe siècle, les côtes de l'Afrique australe étaient encore peu peuplées. L'exploration de cette partie du continent commença par celle du Zambèze, tandis que la pénétration des fermiers hollandais dans le sud allait provoquer de profonds bouleversements.

Grondements

« Nous apercevons des colonnes de vapeur qui feraient croire à l'un de ces incendies de pâturages, que l'on voit souvent en Afrique. De l'endroit où nous nous trouvons, le sommet de ces colonnes va se perdre au milieu des nuages. Tout le paysage est d'une beauté indicible. », écrivit Livingstone, en 1855, en contemplant les chutes du Zambèze.

Marché conclu !

Dès le deuxième voyage de Vasco de Gama dans l'océan Indien, en 1502, les Portugais s'établirent à Sofala, près de l'embouchure du Zambèze où, en échange de cotonnades et de verroterie contre de l'or, les Arabes faisaient de gros bénéfices. Certains commerçants portugais audacieux remontèrent le Zambèze et installèrent des comptoirs à la limite du royaume du Monomotapa qui avait succédé à l'ancien Zimbabwe. Le souverain du Monomotapa accepta que les Portugais s'installent là à condition de le protéger contre ses vassaux et d'interdire à tout Blanc de pénétrer au cœur de son royaume.

Cap sur Le Cap

Jusqu'au XVIIIe siècle, on ne connaissait les côtes méridionales de l'Afrique que par les récits des marins qui y avaient fait naufrage. Ils décrivaient une région habitée par des petits groupes d'éleveurs vivant de façon autonome. C'est en 1652 que les Hollandais décidèrent de créer, au cap de Bonne-Espérance, un relais pour leurs navires. En 1688, des protestants français arrivèrent de Hollande, bientôt suivis par des *boers*, qui s'enfoncèrent peu à peu à l'intérieur, avec des troupeaux, pour s'y établir.

Les Boers étaient si individualistes qu'ils construisaient leur ferme de façon à ne pas voir la fumée de la cheminée de la ferme voisine.

Un docteur célèbre

C'est la lutte contre l'esclavage qui poussa le célèbre docteur David Livingstone à explorer l'Afrique australe, en particulier la vallée du Zambèze. Écossais d'origine, il débarqua comme missionnaire à Kuruman en 1841. Il y rencontra la fille d'un autre missionnaire qu'il épousa. C'est avec elle et leurs enfants qu'il fit une première exploration en 1849, au Zimbabwe.

Livingstone rédigeant son journal, dessiné par Émile Bayard.

Que de découvertes !

Livingstone fit un deuxième voyage entre 1852 et 1854, qui le conduisit d'Afrique du Sud en Angola. C'est au cours d'un troisième voyage qu'il découvrit les sources du Zambèze à la frontière de la Zambie et du Congo-Kinshasa. On lui doit aussi la découverte du lac Malawi en 1859. Comme tous les explorateurs de cette époque, la fascination pour les sources du Nil l'entraîna jusqu'au lac Tanganyika. À bout de forces, mais refusant d'être rapatrié, il mourut en 1873 au sud du lac.

LA DÉPOUILLE DE LIVINGSTONE

Comme tous les explorateurs, Livingstone fut victime des maladies tropicales qui décimaient la population locale. Il fut emporté par une crise de paludisme le 1er mai 1873. Ses porteurs embaumèrent son corps pour le transporter à Zanzibar où un navire britannique le ramena en Angleterre.

Avant de s'élancer à la découverte du Zambèze et du Congo, Livingstone a été attaqué par un lion et sauvé *in extremis*.

Aux sources du Nil

Jusqu'au milieu du XIXe siècle, les sources du Nil constituèrent un des grands mystères de l'histoire. La longueur du fleuve, les difficultés pour le remonter empêchèrent pendant longtemps de comprendre le régime de ses eaux et l'origine du limon. Avant l'ouverture du canal de Suez, en 1869, les Européens essayèrent une fois pour toutes de répondre à la question.

Le cours inférieur du Nil est régulier, ponctué par une série de rapides tandis que le cours supérieur présente un enchevêtrement de canaux et de rivières.

Les montagnes de la Lune

Bien avant le début de notre ère, les Égyptiens essayèrent de percer le mystère des sources du Nil. Ils pensaient que leur fleuve bienfaiteur prenait ses sources dans un endroit très lointain appelé « les montagnes de la Lune ». C'était peut-être une façon de dire que ces sources étaient aussi difficiles à atteindre que la lune elle-même mais cela prouve aussi, qu'il y a plus de 2 000 ans, les Anciens avaient déjà localisé les sources du Nil et peut-être même envoyé des expéditions vers ces contrées inconnues.

Aux sources du Nil bleu

Premier Européen à s'intéresser aux sources du Nil, l'Écossais James Bruce commença par longer le cours du fleuve jusqu'à Assouan, en Haute-Égypte, mais, en 1770, l'insécurité le força à se réfugier en Éthiopie. Après avoir séjourné à Gondar en Abyssinie, il remonta l'Abbay, une rivière tumultueuse, jusqu'au lac Tana, à 2 000 mètres d'altitude. Ébloui par le spectacle de ce lac étincelant qui recevait plusieurs rivières des montagnes voisines, il pensa avoir découvert les sources du Nil. Il n'avait qu'en partie raison : il s'agissait des sources du Nil bleu, moins long que le Nil blanc, mais donnant à l'Égypte la plus grande partie du limon qui la fertilise.

John Speke retourna en Afrique avec James Grant pour explorer le lac Victoria et mettre le point final au problème des sources.

QUELLE FAMILLE !

Les explorateurs anglais du Nil donnèrent à leurs découvertes les noms des membres de la famille royale ou des personnages qui avaient favorisé leurs expéditions. Ainsi, après le lac Victoria, nommèrent-ils le lac Albert du nom du mari de la reine, le lac Edouard, en amont, de celui du prince de Galles, et les chutes de Ripon à la sortie du lac Victoria, de celui du président de l'Institut de géographie.

« Victoria » en l'honneur de la reine

En 1857, deux Anglais, John Speke et Richard Burton, partent de Zanzibar avec 32 porteurs. Ils font route vers une région où, selon les marchands swahilis, se trouvent plusieurs grands lacs. Neuf mois plus tard, ayant enfin atteint un de ces grands lacs, Burton croit avoir trouvé la source du Nil : il s'agit en fait du lac Tanganyika dans le bassin du Congo. Pour Speke, les sources du Nil se trouvent plus au nord, car l'altitude du lac est trop faible (772 m) pour être à l'origine du grand fleuve. Laissant Burton malade, il poursuit l'exploration et, quelques jours plus tard, découvre un lac encore plus grand qu'il baptise « Victoria ». Mais s'agit-il bien des sources du Nil ?

Le Nil, une affaire classée !

De retour en Angleterre, Burton, chef de l'expédition, accusa Speke de mensonge, affirmant que le lac Victoria n'était pas la source du Nil. La presse l'approuva et la polémique fit rage. Speke retourna en Afrique centrale en 1860 avec un autre Anglais, James Grant. Ils contournèrent le lac Victoria par le nord et furent reçus avec bienveillance par le roi Mutesa du Buganda qui favorisa la poursuite de leur voyage. Peu de temps après, découvrant le déversoir du lac qui coule vers le nord, Speke y vit la confirmation de sa découverte.

À chacun son Nil

Plusieurs explorateurs tiennent à la paternité des sources du Nil. Ils ont plus ou moins raison : Speke, qui fait du lac Victoria, où se jettent de nombreuses rivières, la source indiscutable du Nil ; l'Allemand Oscar Bauman qui remonta, en 1892, jusqu'au Burundi la rivière Ruvubu, déclarant que c'était sa source la plus longue et la plus méridionale, ou son compatriote, le docteur Kand, qui observa la Kagera, née au Rwanda, et la décrivit comme sa source la plus abondante.

Chutes de Tississat, en Éthiopie, aux sources du Nil bleu.

Les éclaireurs de la colonisation

À la fin du XIXe siècle, les explorateurs ne cachaient pas leur but : ouvrir l'Afrique à l'influence européenne et à l'exploitation de ses richesses et obtenir des monopoles pour leur pays. Dans cette course aux influences commerciales, les hommes de bonne foi côtoyèrent les aventuriers et les diplomates.

Bras de fer anglo-portugais

En 1877, les Portugais organisèrent une expédition dirigée par Serpa Pinto pour tenter de réunir leurs deux possessions d'Angola et du Mozambique. Serpa Pinto parcourut 4 000 km et refit une partie de l'itinéraire de Livingstone avant d'aboutir à Durban, en Afrique du Sud. Mais les Portugais ne purent prendre possession de ces territoires car les Anglais voulaient unir sous leur drapeau toutes les régions situées entre Le Caire et Le Cap. En 1890, devant les côtes du Mozambique, leur flotte de guerre fit une démonstration de force pour forcer le Portugal à abandonner son projet.

Accroché à l'Afrique

À la fin des années 1860, un journaliste anglais, Henry Stanley, décida de partir à la recherche de Livingstone dont on était sans nouvelles depuis longtemps. À la tête d'une petite troupe de volontaires armés jusqu'aux dents, il quitta Zanzibar en mars 1871. Malgré les mutineries de ses porteurs, la malaria et la saison des pluies qui ralentirent sa progression, Stanley parvint avant la fin de l'année au bord du lac Tanganyika où il retrouva Livingstone, assez affaibli. Il ne parvint malheureusement pas à lui faire accepter de rentrer avec lui.

Jusqu'à l'embouchure du Congo

Fasciné par l'Afrique, Stanley repartit en 1874 pour le lac Tanganyika. Il parvint de nouveau jusqu'au lac malgré le harcèlement incessant des trafiquants. À l'ouest du lac, le petit bateau en pièces détachées qu'il avait emporté, lui permit de descendre une petite rivière qui débouchait sur un cours d'eau important. Stanley pensa qu'il s'agissait du Congo et décida de le descendre jusqu'à son embouchure. Il atteignit l'Atlantique le 9 août 1877, soit 999 jours après avoir quitté les rives de l'océan Indien.

Une mission très spéciale

En 1887, le capitaine Binger est envoyé par la France en Afrique occidentale pour essayer de s'allier avec Samory, un chef malinké important, afin de relier les territoires français du Soudan à ceux du golfe de Guinée. Binger partit en territoire inconnu, chargé de pacotille. Pour bien montrer ses intentions pacifiques, il voyagea, sans escorte armée, sur un bœuf porteur. Il ne parvint pas à convaincre Samory, mais rapporta informations et documents sur la vie au nord de la Côte-d'Ivoire et au sud du Mali à la veille de la colonisation.

Les femmes aussi

Au milieu du XIXe siècle, une riche Hollandaise de 27 ans, Alexandrine Tiné, décida en 1862 de partir à la recherche des sources du Nil. Remontant le fleuve, elle arriva aux confins de l'Éthiopie. L'impossibilité de franchir les marécages la poussa à se diriger vers le Sahara pour rejoindre Tripoli. Il semble que l'importance de ses bagages ait suscité la convoitise de ses chameliers qui l'assassinèrent ainsi que ses deux compagnons hollandais à quelques jours de Mourzouk, une oasis du Fezzan.

COMMENT ÉVITER LA CONVOITISE...

Voyager au Sahara parmi des populations dépourvues de tout obligeait les caravanes comme les simples voyageurs à prendre des précautions ou à ne rien emporter du tout ! comme l'explorateur français René Caillié...

L'esclavage

Développé par les Romains pour fournir de la main-d'œuvre agricole et pilier essentiel de l'économie arabe, l'esclavage a connu un apogée avec les trafiquants européens entre la fin du XVIe siècle et le milieu du XVIIIe siècle. Il a provoqué la déstabilisation de l'Afrique en empêchant le continent de s'opposer aux entreprises coloniales de la fin du XIXe siècle et en dépeuplant des régions entières.

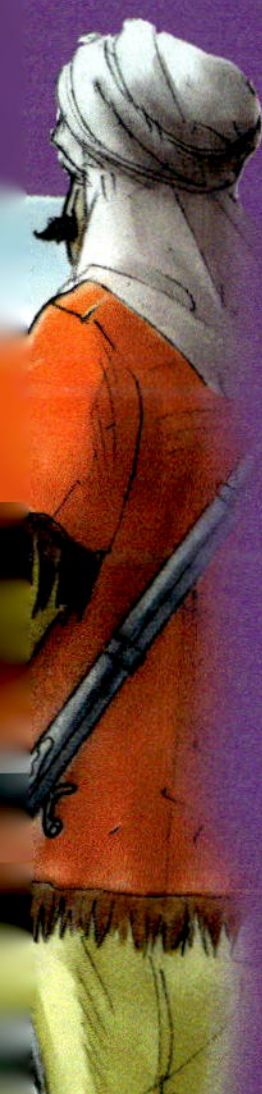

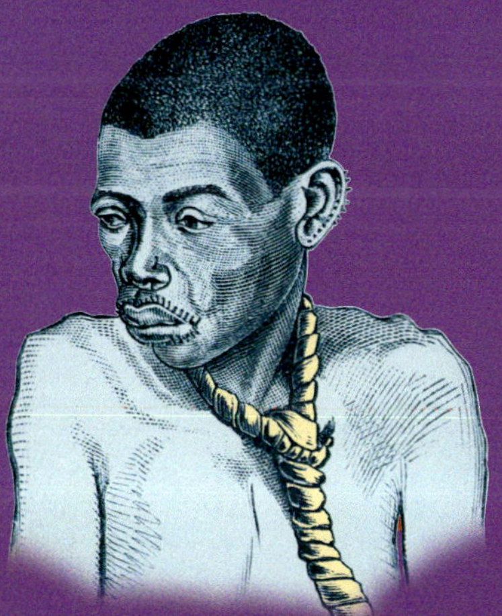

Tributaires et captifs

En Afrique, l'esclavage était pratiqué depuis longtemps. Les prisonniers de guerre n'avaient aucun droit, les vainqueurs en disposaient à leur guise. Un débiteur pouvait devenir l'esclave d'une personne à qui il devait de l'argent, et le paiement de sa dette concernait aussi ses enfants.

Dans les oasis du Sahara, les hommes employés au *chadouf* étaient souvent des « tributaires ».

Des esclaves intégrés

Au Maghreb et au Sahara, les esclaves le restaient toute leur vie contrairement aux « tributaires », dont le statut s'apparentait plus au servage. L'esclavage était inscrit dans les mentalités à travers le nom attribué à l'esclave. Chez les animistes de la savane ou de la forêt, ceux qui avaient été capturés au cours d'un conflit étaient plutôt des « captifs », ils bénéficiaient d'un certain statut, celui d'une caste à part, et leur descendance finissait par être intégrée à la société. Il importait en effet que l'équilibre social ne soit pas rompu par la présence d'un groupe étranger.

Vieux comme l'Histoire

L'esclavage en Afrique est aussi vieux que l'Histoire. Hérodote évoque, en 450 av. J.-C., des caravanes d'esclaves noirs venus du Sud. Les hommes étaient affectés aux travaux manuels – porteurs, soldats, artisans –, les femmes étaient employées aux tâches domestiques ou devenaient concubines.

La terre et le pouvoir

Chez beaucoup de peuples animistes, la conquête d'un territoire ne donnait pas le droit de disposer de ses habitants. Les vainqueurs croyant, comme les vaincus, en la toute-puissance des génies de la nature, il leur importait de chercher à mettre ces génies de leur côté. C'est pourquoi à leur arrivée au Burkina Faso, au XIIIe siècle, les Mossis passèrent des accords avec les populations locales, les Nyonyosés. Ils leur laissaient les droits sur le sol et les cérémonies traditionnelles, conservant pour eux le pouvoir politique. Ainsi, les villages avaient un chef mossi et un chef nyonyoga.

Une protection payante

Les tributaires sont, le plus souvent, les anciens agriculteurs noirs des oasis tombés sous la dépendance des nomades. Ils sont libres, mais ils leur doivent un tribut en échange de leur protection.

Cette peinture, réalisée au milieu du XIXe siècle, illustre une halte d'esclaves abyssins, à Korti, en Nubie.

Des esclaves parfois puissants

En Afrique occidentale, les sociétés étaient composées de castes dont les membres se mariaient entre eux et accomplissaient des tâches bien définies : guerriers, commerçants, religieux, artisans, esclaves. Il arrivait que des esclaves acquièrent un rôle politique important. Dans le royaume sénégalais du Cayor, le roi était élu par des dignitaires, des gouverneurs, ainsi que par un représentant des esclaves. Le souverain n'avait d'ailleurs confiance que dans les esclaves nés esclaves car ceux-ci ne dépendaient pas de clans jaloux du pouvoir. Ils composaient sa garde personnelle et pouvaient se rétribuer sur la bourse des paysans.

Les pharaons faisaient régulièrement des expéditions en Nubie pour se procurer des recrues destinées à leur armée.

Faire oublier le passé

Dans l'Afrique ancienne, les esclaves avaient leur place dans la société. On leur donnait un nom nouveau, souvent celui de leur maître, et ils étaient censés oublier leur origine. Leurs enfants faisaient partie de la famille et, si une esclave avait un bébé avec le maître de la maison, l'enfant pouvait prétendre être son héritier. Comme dans l'Europe antique, il était parfois de tradition au Sahel qu'une famille offre à un jeune enfant un esclave du même âge. Il était son compagnon de jeux et nouait avec lui des liens qui duraient toute la vie.

Au Sahara, malgré les lois, l'esclavage domestique existe encore dans les mentalités, et les anciens esclaves restent attachés à la famille dont ils font partie.

L'esclavage arabe

Au marché de Zanzibar, les esclaves étaient partagés entre ceux qui restaient dans l'île et ceux qui étaient envoyés en Arabie.

Depuis l'Antiquité, les relations entre l'Égypte, la péninsule arabique et la côte orientale de l'Afrique n'ont fait que se développer, et l'esclavage, couramment pratiqué dans le monde antique, a suivi la même évolution.

L'héritage du passé

Avant la naissance de l'islam, au VIIe siècle, les Arabes alimentaient en esclaves les marchés de La Mecque, qui était déjà une grande ville de pèlerinage. Les captifs arrivaient d'Afrique en même temps que les aromates destinés à être brûlés sur les autels où les populations locales venaient honorer leurs dieux. Ils étaient entassés dans des boutres pour traverser le détroit entre le golfe d'Aden et la mer Rouge. Ce détroit a d'ailleurs gardé son nom arabe de *Bab-el-Mandeb*, qui signifie la « porte des larmes », car ceux qui quittaient ainsi l'Afrique le faisaient sans espoir de retour.

Cette maison de Zanzibar appartenait à un riche commerçant dont le commerce des épices et de l'ivoire était lié à celui des esclaves.

La conversion ou l'esclavage

Le sort des esclaves s'améliora quand le prophète Mahomet, au VIIe siècle, prêcha pour une réforme de leur condition et demanda qu'on les traite humainement. Ils furent dotés d'un statut obligeant leurs maîtres à les nourrir et à les habiller. Mais cela n'empêcha pas l'esclavage de continuer comme par le passé, car il était le pilier principal de l'économie. En principe, il était possible aux esclaves d'échapper à leur condition en se convertissant à l'islam, mais quand leurs maîtres voulaient les garder, il suffisait de mettre en doute la sincérité de leur nouvelle croyance.

Une révolte historique

Les Arabes avaient installé un comptoir sur l'île de Zanzibar, d'où partaient un grand nombre d'esclaves vers l'Arabie, mais aussi vers l'Inde et, plus rarement, vers la Chine. En 880 av. J.-C., une révolte d'esclaves plus importante que celle de Spartacus, qui mit pourtant en péril l'Empire romain en 73 av. J.-C., se produisit dans les palmeraies de Mésopotamie qui employaient des dizaines de milliers d'esclaves. Les troupes de l'armée du calife, constituées de Noirs, se joignirent aux insurgés, et ce n'est qu'en 894, après 14 années de lutte, que le calife de Bagdad put restaurer son autorité.

Le prix d'un morceau de sel

Au Moyen Âge, on disait que, pour acheter un esclave à Tombouctou, il suffisait de poser son pied sur une plaque de sel et d'en découper la surface correspondante. Dès le début du grand commerce à travers le Sahara, à partir du VIIIe siècle, les esclaves razziés au Sahel et dans la savane traversaient le désert dans des conditions épouvantables. La plus grande partie du commerce avait lieu du Tchad vers la Libye et du Soudan vers l'Égypte, où les esclaves étaient employés dans l'agriculture, les travaux domestiques ou l'armée du calife.

La capture des esclaves occasionnait beaucoup de morts lors des razzias et pendant le transport des survivants car beaucoup essayaient de s'échapper.

Un roi devenu esclave

Les négriers ne s'embarrassaient pas de principes pour se procurer des esclaves. En 950, un chroniqueur arabe raconte que le capitaine d'un navire du golfe Persique, convié à se restaurer par un roi zanj, invita celui-ci à lui faire ses adieux à bord de son navire. Il en profita pour l'enlever et le jeta dans la cale avec les autres esclaves.

Au gré des humeurs du maître

Quand les esclaves avaient été achetés pour servir comme domestiques, pour travailler dans les plantations ou garder les troupeaux, leur maître avait intérêt à ce qu'ils soient bien traités. Il les considérait comme son bien. Mais les esclaves n'avaient pas de droits et devaient supporter sans rien dire la mauvaise humeur et les caprices des membres de la famille.

L'île des esclaves

Recherché depuis l'Antiquité, l'ivoire a pris les mêmes routes que des milliers d'esclaves. En Afrique orientale, l'île de Zanzibar était au centre de ces transactions qui alimentaient l'Arabie, mais aussi l'Inde et la Chine.

L'ivoire et son porteur

En échange de l'ivoire vendu aux marchands arabes au cœur de l'Afrique, les trafiquants africains recevaient des marchandises sans grande utilité, comme des perles ou des coquillages. Il en résultait que le porteur d'une défense d'une cinquantaine de kilos n'avait pratiquement pas de charge à transporter lors du retour. Aussi la tentation était-elle grande pour certains marchands de vendre le porteur avec la défense. Ainsi se mit en place un commerce qui amplifia la vente des êtres humains en même temps que celle des marchandises.

Au cœur du trafic

Au Xe siècle, l'île de Zanzibar fut très vite le principal des comptoirs créés sur la côte orientale par les commerçants arabes. Il offrait aux marchands un endroit idéal pour entreposer des marchandises et des esclaves en toute sécurité. Les esclaves amenés d'Afrique centrale, enchaînés en longues caravanes, arrivaient sur la côte à *Bagamoyo*, mot qui signifie : « Ici, mon cœur défaille ». De là, en effet, ils voyaient l'île de Zanzibar à une vingtaine de kilomètres, prochaine étape vers un monde inconnu et sans retour.

Des esclaves pour l'Inde et la Chine

Au XVIIe siècle, les commerçants arabes de Zanzibar s'allièrent avec des marchands indiens, les Banians, pour exporter les produits africains à travers l'océan Indien. Toutefois, le commerce des esclaves en direction de l'Inde ou de la Chine ne fut jamais important car ces pays étaient déjà très peuplés.

Directement à la source

Au XVIIIe siècle, les commerçants de Zanzibar décidèrent de s'approvisionner en ivoire et en esclaves en lançant des expéditions en direction de Unyamwezi, le centre de l'Afrique. Ils s'associèrent aux Swahilis, les gens du rivage qui étaient depuis longtemps des intermédiaires avec les royaumes de l'intérieur. Ils fondèrent Tabora entre la côte et les grands lacs d'Afrique centrale, puis s'installèrent, au siècle suivant, à Oudjidji, au bord du lac Tanganyika. Jusqu'au début de la colonisation européenne, en 1885, cette route vit passer des dizaines de milliers d'esclaves et des centaines de tonnes de défenses d'éléphants.

Esclaves du clou de girofle

En 1818, le sultan d'Oman, qui dominait Zanzibar, introduisit la culture du giroflier dans l'île pour satisfaire la demande européenne en clous de girofle. Cette culture nécessitait une main-d'œuvre abondante, ce qui accentua la demande en esclaves. En 1858, l'explorateur Speke décrivit les caravanes d'esclaves. Elles comportaient deux catégories : les nouveaux esclaves qu'on venait de capturer et qui portaient des chaînes ou des gangues pour qu'ils ne puissent pas s'échapper, et les autres, qui étaient devenus les serviteurs des chefs de la caravane, et parfois même les bras droits des négociants.

Enrichi par le clou de girofle

Au début du XIXe siècle, pour mieux contrôler le marché du clou de girofle, le sultan d'Oman décida de transférer à Zanzibar le siège du sultanat qui se trouvait jusqu'alors dans le golfe Persique.

Arrivés à Bagamoyo, les esclaves étaient transférés à Zanzibar, où les mères étaient séparées de leurs enfants. Les marchands d'esclaves s'efforçaient aussi de séparer les gens d'un même village ou parlant la même langue pour éviter toute révolte possible.

L'esclavage européen

Pendant près de quatre siècles, le commerce entre le Nouveau Monde et l'Europe fut en grande partie fondé sur l'esclavage. Les revenus tirés du travail des esclaves ont permis à l'Europe d'accumuler des sommes d'argent considérables et de favoriser, au XIXe siècle, l'essor de la grande industrie.

Les marchands locaux attendaient que les esclaves capturés, souvent malades ou blessés, soient plus présentables pour en obtenir un meilleur prix.

Les débuts de la traite

En 1441, l'équipage d'un navire portugais captura 10 Africains sur les côtes, mais ces derniers promirent à leurs ravisseurs une forte récompense s'ils les libéraient. Les Portugais les ramenèrent donc chez eux et reçurent en échange 10 autres prisonniers noirs, de la poudre d'or et diverses marchandises. Dès lors, les Européens prirent l'habitude d'associer le commerce des esclaves à celui d'autres produits. À la fin du XVe siècle, cette activité arrachait déjà chaque année, à la seule région comprise entre le Sénégal et la Sierra Leone, plus de 3 500 Africains.

Des relations qui tournent mal

Les premiers contacts entre les navigateurs européens et les Africains donnèrent lieu à des échanges d'ambassadeurs. Mais faute de main-d'œuvre locale, les colons installés dans les plantations du Brésil et du reste de l'Amérique se tournèrent très vite, au XVe siècle, vers l'Afrique, en achetant aux rois locaux leurs prisonniers de guerre.

Gravure publiée le 7 juin 1884 dans le journal *The Graphic*, représentant un groupe d'esclaves capturés et transportés par le navire négrier *H.M.S. Undine*.

Des travailleurs à bas prix

Au milieu du XVIe siècle, l'Angleterre et la France aussi avaient pris pied en Amérique du Nord, aux Antilles et sur les côtes de l'Afrique, où elles avaient installé des comptoirs commerciaux. À cette époque, les populations locales amérindiennes n'étaient déjà plus assez nombreuses pour satisfaire les besoins en main-d'œuvre. Une première solution consista donc à exiler dans les plantations d'Amérique les Européens, prisonniers politiques ou criminels qui devaient alors travailler leur vie durant au service des colons. Mais à la fin du XVIe siècle, leur nombre devint insuffisant. C'est ainsi que la traite d'esclaves africains s'est développée sur une grande échelle.

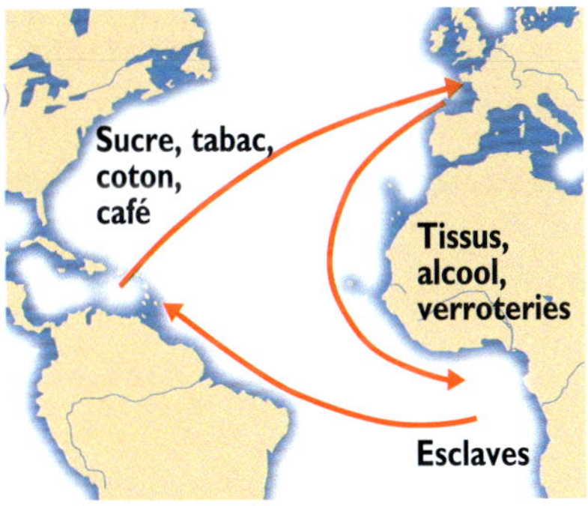

Un commerce triangulaire

Grâce au travail des esclaves, les plantations d'Amérique devinrent une bonne affaire, et un système très rentable se mit en place. Les commerçants européens partaient pour les comptoirs de Guinée avec des tissus, des perles de verre ou des objets en fer. Ils les échangeaient contre de l'ivoire, de la gomme et des esclaves, que les chefs de village de la côte, encouragés par ces mêmes Européens, se procuraient à l'intérieur du pays. Les navires repartaient pour l'Amérique, où les captifs étaient vendus aux planteurs. Puis ils revenaient en Europe, chargés de sucre, de rhum, de tabac et, plus tard, de coton.

COMBIEN ?

Il est très difficile de savoir combien d'Africains ont été arrachés de chez eux. Les historiens qui ont épluché les livres de bord des navires négriers arrivent à 11 millions au minimum entre 1441 et 1870. Pour le monde arabe, on atteint à peu près le même nombre, entre 850 et 1910. Ces estimations sont loin de refléter la réalité : pour un seul esclave arrivé à destination, il faut en compter plus de 10, victimes des conditions de la capture, du voyage et des maladies.

LA TRAITE

Ce mot vient du verbe « traire », qui signifie « faire venir » ou « transporter ». En Afrique, un « traitant » était un commerçant européen qui avait signé des accords (ou traités) avec les autorités de son pays et de celui où il s'était installé, pour lui permettre de faire du commerce ou de lever des impôts.

Cette maison d'un riche commerçant de Gorée au large de Dakar (Sénégal) est devenue le musée de l'esclavage. Les pièces au rez-de-chaussée servaient d'entrepôts à marchandises et parfois à esclaves.

Les routes de l'exil

Les commerçants et les négriers européens n'hésitaient pas à se faire la guerre pour se voler leurs marchandises et leurs esclaves.

La transplantation d'un esclave hors de son pays lui retirait toute possibilité de fuite et d'organisation. Le traumatisme de la capture, les conditions terribles du voyage et l'arrivée parmi d'autres esclaves qui ne parlaient pas la même langue achevaient de lui enlever tout point de repère.

La chasse à l'homme

Les Noirs étaient capturés dans une embuscade ou à l'occasion de véritables chasses à l'homme. Les chasseurs, payés par des négriers européens ou arabes, profitaient du moment où les femmes allaient chercher de l'eau ou bien envahissaient un village par surprise en mettant le feu aux cases. En général, les hommes ne se laissaient pas faire et réagissaient violemment, ce qui entraînait souvent de nombreux morts. Il y avait aussi des victimes pendant le trajet jusqu'au port d'embarquement, car les captifs tentaient de se dégager des fourches qui leur enserraient le cou ou des chaînes qui les attachaient à leurs compagnons.

La traversée du désert

Dans certaines régions du bassin du Tchad, des trafiquants d'esclaves opéraient encore librement au milieu du XIXe siècle pour le compte de l'Empire ottoman. Des groupes armés arrivaient par surprise dans les villages des Noirs sédentaires du Sud, séparaient les femmes et les enfants des hommes, puis les vendaient à des marchands qui leur faisaient traverser le Sahara en direction de la Libye. Les prisonniers n'avaient droit à de l'eau qu'une fois par jour. Si un captif trop faible n'arrivait pas à se relever, il était égorgé. Une fois en Libye, les survivants étaient mis en vente sur une estrade.

PAS DE QUARTIER !

C'est parce qu'ils refusèrent de livrer leurs propres sujets que les rois du Kongo, au XVe siècle, furent renversés par les colons portugais installés dans l'île de São Tomé.

TERRIBLES FUSILS

Les fusils fournis aux chasseurs étaient souvent de mauvaise qualité, mais suffisaient à effrayer les paysans africains qui n'en avaient jamais vu.

De la marchandise humaine

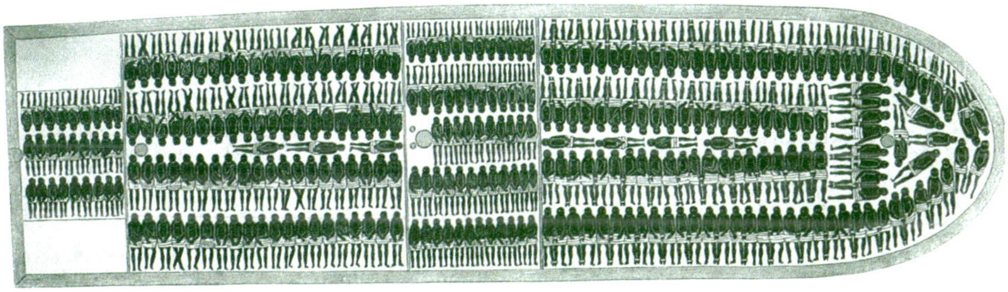

Sur les côtes du golfe de Guinée, les esclaves capturés à l'intérieur des terres étaient mis au repos un certain temps ; ils devaient être présentables pour être vendus au prochain navire de passage. Dans les bateaux, ils étaient enchaînés, allongés l'un contre l'autre, avec à peine 1,50 m de plafond au-dessus d'eux. De temps en temps, on les faisait monter séparément sur le pont en les forçant à danser pour éviter la paralysie des membres. On appelait cela « la danse macabre ». Un tiers d'entre eux mouraient durant le voyage, en raison du manque de nourriture, des mauvais traitements et des épidémies promptes à se propager.

Un nouveau monde

L'arrivée d'un navire négrier au Brésil, aux Antilles ou sur les côtes de Virginie attirait toujours une foule de colons en quête de bonnes affaires. Les capitaines hésitaient souvent à mettre en vente leur cargaison aussitôt, car les esclaves étaient dans un état déplorable. La vente se faisait aux enchères et au plus offrant, par lots de plusieurs personnes. Les hommes dans la force de l'âge, utiles aux plantations, se vendaient cher. Les femmes, destinées aux travaux domestiques, se négociaient selon leur âge et leur beauté. Si elles avaient réussi à garder leurs enfants, ils pouvaient leur être enlevés à ce moment-là.

Un drôle de code

En 1685, il y avait tellement d'abus pratiqués par les planteurs que les autorités instituèrent un ensemble de règles appelées le « Code noir », censées améliorer le sort des esclaves. En fait, le maître avait toujours droit de vie ou de mort sur son esclave. Tout fugitif qui était repris avait les oreilles coupées et était marqué à l'épaule, au fer rouge, d'une fleur de lys. À la troisième tentative, il était puni de mort.

Esclaves et engagés

Aux XVIIe et XVIIIe siècles, les nations européennes se débarrassaient des gens des classes populaires coupables de fautes légères en les envoyant dans les colonies. C'étaient les « engagés ». Dans les colonies, on pouvait lire dans les journaux : « Arrivé de Londres, un assortiment de serviteurs anglais. À vendre. Prix raisonnables. »

Au début du XIXe siècle, dans le sud des États-Unis, on vendait les esclaves comme des animaux ou des meubles, en témoigne cette gravure extraite du *Voyage illustré dans les deux mondes*, édité en 1863.

Le refus de la servitude

Dominer par la terreur

Les révoltes d'esclaves donnaient lieu aux pires actes de sauvagerie car les esclaves savaient que rien ne leur serait épargné s'ils étaient repris. Si le fouet était l'instrument de travail des régisseurs des plantations, la pendaison et la torture devant les autres esclaves étaient les châtiments que les maîtres infligeaient avec la meilleure conscience qui soit.

Le marronnage

On appelait « marron » un esclave qui s'était échappé pour se réfugier dans les bois, où il rejoignait d'autres fuyards comme lui.

Les hommes ne se laissaient pas capturer sans réagir. Et même chargés de chaînes, ils faisaient des tentatives désespérées pour se libérer. De nombreuses révoltes ont eu lieu au cours des traversées. Les esclaves n'ont jamais cessé de chercher à s'enfuir.

Des zones de refuge

Dans la région du Soudan et du lac Tchad, les populations sédentaires se protégeaient de la traite arabe en fortifiant leurs villages. En Afrique de l'Ouest et en Afrique centrale, au XVIIe siècle, face à l'augmentation de la demande d'esclaves dans le Nouveau Monde et devant l'impossibilité de résister aux fusils introduits par les trafiquants européens, les agriculteurs sédentaires se réfugièrent dans les zones montagneuses ou dans des fermes fortifiées, comme chez les Sombas du nord du Bénin.

Nombreuses mutineries

Des révoltes éclataient souvent pendant le voyage, provoquées par les mauvais traitements infligés par les marins aux captifs. Les navires emportaient de 300 à 400 esclaves pour une quinzaine d'hommes d'équipage au plus. Les mutineries se produisaient surtout au moment des repas, quand on apportait à manger aux esclaves, ou quand on les faisait monter sur le pont en petit nombre pour qu'ils soient présentables à l'arrivée. En cas de révolte, l'équipage se barricadait à l'arrière du navire et faisait feu sur les mutins, occasionnant un terrible carnage.

Résistance passive

Arrivés à destination, les survivants étaient victimes d'autres traumatismes. Séparés de leurs compagnons d'infortune, voire de leurs enfants en bas âge, ils étaient isolés au milieu d'autres personnes dont ils ne parlaient pas la langue, obligés d'accomplir des tâches harassantes, de supporter les coups de fouet des contremaîtres et, pour les esclaves domestiques, d'être battus par les enfants de leurs maîtres. Certains devenaient fous. D'autres ne supportaient pas ce régime et se suicidaient. Il arrivait que les femmes tuent leurs enfants quand ils venaient au monde ou empoisonnent leurs maîtres.

Le vent de la Révolution

Des révoltes d'esclaves sont restées célèbres dans l'Histoire. Celle de Toussaint Louverture au début du XIXe siècle à Saint-Domingue aboutit à l'indépendance de Haïti en 1804 et à la défaite de l'Angleterre et de la France. Toussaint Louverture était le fils aîné d'un chef de clan africain réduit en esclavage. Sachant lire et écrire, il avait été nommé responsable des esclaves de la plantation de son maître. En 1793, ayant eu connaissance de la Révolution française, il réussit à pousser ses compagnons à la révolte. Alliés aux Espagnols, puis à la France, qui venait de supprimer l'esclavage, ils obligèrent les Britanniques à évacuer l'île.

Fidèle lieutenant

Le rétablissement de l'esclavage par Napoléon, en 1802, aboutit malheureusement à la capture de Toussaint Louverture, puis à sa mort en France en 1803. C'est son commandant en chef, Dessalines, qui reprit la lutte et obligea les forces françaises à se retirer.

Les révoltes à bord des bateaux étaient sans espoir car les capitaines n'hésitaient pas à faire jeter les mutins par-dessus bord. Et si les révoltés arrivaient à prendre le dessus, ils ne savaient pas manœuvrer le navire.

L'abolition de l'esclavage

Ce célèbre tableau du peintre Auguste Biard (1799-1882) illustre la proclamation de l'abolition de l'esclavage dans les colonies françaises, le 23 avril 1848.

Jusqu'à la fin du XVIIIe siècle, le commerce des esclaves était légal mais désapprouvé par les autorités religieuses. Sous l'influence de la philosophie des Lumières, des campagnes contre la traite aboutirent à son interdiction au cours du siècle suivant.

La dénonciation du commerce honteux

Dès le XVIe siècle, des missionnaires furent parmi les premiers à dénoncer les conditions dans lesquelles les esclaves étaient capturés, transportés et vendus. En 1767, Pierre Poivre, qui fut intendant de Louis XV à l'île de France (île Maurice), recommandait aux colons de traiter les esclaves avec humanité car ils étaient des hommes semblables à eux. Mais il fallut attendre la révolution américaine en 1776, puis la Révolution française en 1789, pour que des nations se donnent des Constitutions condamnant explicitement l'esclavage.

Le combat des abolitionnistes

En 1787, la Société anti-esclavagiste d'Angleterre lança une campagne pour l'application de l'interdiction de l'esclavage. L'année suivante, la Société des Amis des Noirs est fondée en France avec Condorcet, Mirabeau et Lafayette. Ils dénoncent la traite comme étant un acte de barbarie et d'inhumanité, et les vaisseaux négriers comme étant des cercueils flottants. Ces campagnes n'eurent guère d'effet dans les régions où l'esclavage était le pilier de l'économie coloniale. Elles n'eurent aucun écho dans les régions ravagées par la traite arabe.

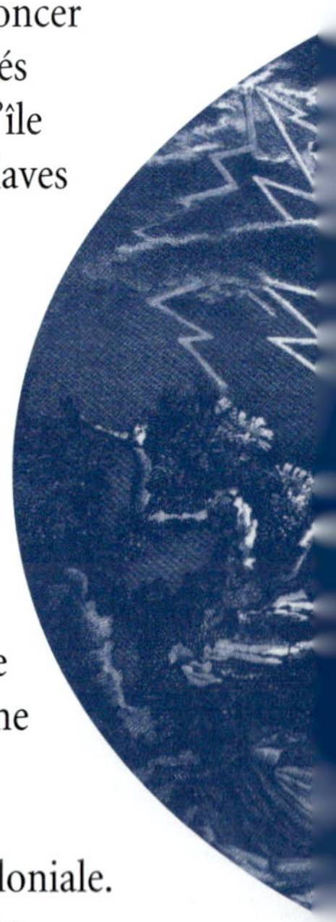

UN DÉPUTÉ HUMANISTE

En France, Victor Schoelcher, membre du gouvernement provisoire après 1848, lutta ardemment pour faire adopter le décret abolissant l'esclavage dans les possessions françaises. Il fut élu député de la Guadeloupe et de la Martinique l'année suivante. Mais la lutte contre l'esclavage aux Antilles françaises lui avait fait beaucoup d'ennemis et il dut s'exiler en Angleterre sous le Second Empire.

Cette plaquette publicitaire, datant de 1885, montre que le racisme est une question qui fait réagir la société du XIXe siècle.

Le racisme au secours des esclavagistes

La seconde partie du XVIIe siècle fut marquée par les grands voyages autour de la Terre, au cours desquels des naturalistes inventoriaient les plantes, les terres nouvelles et leurs populations. Beaucoup en revinrent avec la conviction que les hommes des antipodes n'étaient guère différents d'eux-mêmes. Mais en 1781, un naturaliste hollandais, Petrus Camper, tenta de déterminer l'intelligence des individus en mesurant leurs crânes à partir de critères qui donnaient le beau rôle aux Européens. Les partisans de l'esclavage se servirent de ces résultats pour affirmer que les Noirs étaient inférieurs.

La chasse aux négriers

En 1788, les abolitionnistes britanniques firent voter une loi limitant le nombre d'esclaves sur les navires. La France, qui avait interdit l'esclavage pendant la Révolution, le rétablit malheureusement sous Napoléon Ier avant de le supprimer totalement en 1848. Entre-temps, les navires négriers furent de plus en plus nombreux à être arraisonnés. Mais la chasse aux trafiquants ne supprimait pas l'esclavage, qui se perpétua longtemps. Dans les colonies portugaises, on embauchait des Africains en Angola en leur faisant signer un contrat légal, puis on les transportait à São Tomé pour travailler dans les plantations de cacao dans de terribles conditions.

En disant que les hommes naissent libres et égaux en droits, la Déclaration des droits de l'homme et du citoyen de 1789 abolit l'esclavage, mais sous la pression de la haute société créole dont elle faisait partie, Joséphine de Beauharnais parvint à convaincre Napoléon Ier de ne pas en imposer l'application.

RETOUR EN AFRIQUE

Les abolitionnistes britanniques installèrent en Sierra Leone, en 1787, des esclaves libérés lors de l'Indépendance américaine. Ils furent bientôt rejoints par d'autres esclaves, délivrés de navires négriers arraisonnés au large des côtes africaines. D'abord colonie britannique, le pays devint indépendant en 1961.

MAL INTÉGRÉS

En Sierra Leone et au Liberia, une population parlant un anglais mêlé à des mots africains resta au pouvoir jusque dans les années 1960. Ces esclaves libérés avaient perdu toute notion de leurs origines et ne s'intégrèrent pas à la population africaine locale. Celle-ci finit par prendre le pouvoir, après l'indépendance, au moyen de coups d'État sanglants.

L'esclavage crée l'esclavage

Trafics inséparables

L'esclavage, l'ivoire et le trafic d'armes ont toujours été liés, car le fusil permet en même temps de faire la guerre et donc des captifs, qui peuvent ensuite transporter l'ivoire collecté.

Une meilleure rentabilité

Selon les périodes et les régions, l'ivoire était souvent plus rentable que les esclaves, car il pouvait être stocké en attendant la demande, tandis que les captifs devaient être vendus le plus rapidement possible.

À cause de l'état de guerre qu'elle n'a cessé d'entretenir, la traite des esclaves a contribué à la chute de la démographie et à l'appauvrissement de l'Afrique. Elle a aussi favorisé l'apparition d'aventuriers qui ont balayé les pouvoirs traditionnels et les États en cours de formation.

Diviser pour régner

Pour les marchands, donner des armes aux habitants d'un village pour se protéger était un moyen d'empêcher leurs adversaires européens de faire du profit en capturant des Africains. Cela permettait aussi aux villageois avec lesquels ils s'étaient ainsi alliés d'aller se battre contre leurs voisins pour faire des captifs et de leur revendre ces derniers avec la marchandise volée. C'est à de telles guerres par villages interposés que se livrèrent au XVIIIe siècle les Danois et les Anglais sur la côte de l'actuel Ghana.

La savane déstabilisée

Dans les États déjà constitués comme le Bénin ou le Kongo, la demande en esclaves toujours plus grande de la part des Européens força les souverains à entreprendre des expéditions hasardeuses. S'ils refusaient de livrer leurs propres sujets, ils risquaient d'être victimes des Blancs, mieux armés, ou même d'être renversés comme le roi du Kongo, dont le palais et la capitale furent mis à sac sans pitié.

Les trafiquants ne vendaient jamais d'armes dernier cri, mais de vieux fusils qui ne risquaient pas de concurrencer leurs propres armes ! Et les munitions étaient fournies au compte-gouttes.

Samory Touré mourut, prisonnier au Gabon, en 1900.

L'ascension d'un colporteur

À la fin du XIXe siècle, Samory Touré tenta de se constituer un État en Afrique occidentale. Il se fit d'abord colporteur, échangeant de la noix de cola, des armes, des bœufs et des esclaves. Nouant des alliances avec les clans de la région, il se constitua une cavalerie et une armée. Il se heurta alors aux Français, qui cherchaient à s'implanter dans la savane, et chercha ensuite à se procurer des armes auprès des Anglais. Il lança de nombreuses razzias sur les villages de ses ennemis, mais finit par être capturé et déporté au Gabon, où il mourut en 1900.

Soldat et marchand d'esclaves

Rabah Fadlallah était un Soudanais passé au service du khédive d'Égypte et qui participa à la conquête du Darfour. Pour étendre son domaine vers le Tchad et acheter des armes, il se lança dans le commerce des esclaves et de l'ivoire. Il entreprit d'organiser ses conquêtes en créant un trésor public et une armée permanente. Mais il avait compté sans les Français, qui tentaient, eux aussi, d'étendre leur territoire. Il fut tué en 1900 à la bataille de Kousséri.

C'est ainsi que l'on représentait les guerriers jagas en 1780.

L'ami des Européens

Originaire de Zanzibar, Tippo Tip s'enfonça au cœur de l'Afrique pour organiser le commerce de l'ivoire : après avoir collecté les défenses auprès des chasseurs d'éléphants, il les stockait pour faire monter les prix et les vendre au bon moment. Il organisa de la même façon la traite des esclaves pour les planteurs de clous de girofle de Zanzibar. Il se fit un allié de Stanley quand celui-ci travaillait à constituer un État pour le roi Léopold II de Belgique. Mais il fut forcé de se retirer car il refusait la mainmise de Léopold II sur son territoire commercial.

Tippo Tip pensait traiter d'égal à égal avec les Européens, qui, eux, le considéraient comme un de leurs pions dans la conquête de l'Afrique centrale.

SANS DESCENDANTS

En Angola, les Jagas étaient des mercenaires constitués d'esclaves fugitifs, de condamnés à mort et d'aventuriers. Ils ne toléraient la naissance d'aucun enfant parmi les femmes qui étaient avec eux. Leur seule habitude commune était de manger leurs ennemis, ce qui suscitait la terreur dans les populations. Les Portugais les employèrent comme soldats pour mettre en place leur empire colonial.

FIN TRAGIQUE

La mort d'un souverain donnait parfois lieu à de grandes cérémonies, au cours desquelles ses serviteurs et ses femmes étaient sacrifiés. Dans certains royaumes des côtes de Guinée, c'étaient des esclaves qui accompagnaient le corps du roi chez ses ancêtres.

Esclaves d'aujourd'hui

Femme *trokosi*, au Ghana, portant autour du cou la corde rituelle des esclaves.

Au XXe siècle, les puissances coloniales décrétèrent des lois contre l'esclavage, mais le travail forcé en restait très proche. L'abolition totale de ces pratiques fut longue à mettre en place. Et à l'occasion des conflits qui, de nos jours, ensanglantent le continent, on voit renaître des pratiques esclavagistes qu'on croyait disparues.

Une convention si attendue

Sur la mer, les marines occidentales faisaient une chasse sans merci aux trafiquants d'esclaves, et ceux-ci n'hésitaient pas à jeter leur cargaison par-dessus bord pour ne pas être pris en défaut. De leur côté, des abolitionnistes rachetaient des esclaves pour les libérer, mais cela ne faisait qu'accentuer la demande. En 1890, les Occidentaux signèrent la Convention de Bruxelles pour éliminer l'esclavage du monde entier ainsi que la traite encore pratiquée au Soudan, en Égypte et en Turquie.

Des enfants dans les plantations

En Afrique, il est de tradition d'envoyer ses enfants chez des parents habitant un endroit plus favorable afin qu'ils y soient mieux nourris et éduqués. Dans les plantations forestières de la côte, en général sous-peuplées, les trafiquants en profitent. Ils promettent aux paysans des villages pauvres du Sahel de s'occuper de leurs enfants moyennant une faible rétribution équivalant à une dizaine d'euros. Ceux qui sont malades pendant le voyage sont abandonnés sur le bord de la route ou jetés par-dessus bord s'ils voyagent en bateau.
Et arrivés sur place, les enfants, dont certains ont tout juste 10 ans, sont soumis au travail forcé.

Femmes des dieux

Selon une vieille coutume ghanéenne, lorsqu'une personne commet une grave infraction, sa famille est obligée d'envoyer une de ses filles travailler dans un lieu de culte en guise de réparation. Elle devient *trokosi* ou « femme des dieux ». Elle doit y passer de 3 à 5 ans, contrainte à travailler dans les champs sans aucune rémunération ni nourriture. Le prêtre est son maître, il a tous les droits sur elle.

Les esclaves de Malabo

En 1975, 45 000 Nigérians travaillant dans les plantations de l'île de Malabo, en Guinée-Équatoriale, se plaignirent de brutalités ; une centaine d'entre eux qui avaient demandé à être payés furent tués. Le gouvernement du Nigeria réussit à faire rapatrier les autres.

Dans le tiers-monde, beaucoup d'enfants participent aux travaux des champs, et lorsque la récolte ne peut pas attendre, c'est l'école qui est sacrifiée.

La guerre ramène l'esclavage

Les conflits qui ont éclaté dans les pays africains après l'indépendance ont fait renaître les pratiques esclavagistes dans les régions où elles étaient pratiquées autrefois.
Au Soudan, la guerre qui oppose, depuis 1956, le Nord au Sud, s'accompagne de raids de milices arabes sur les villages des noirs sédentaires. Pendant que le bétail est abattu et les cases brûlées, on emmène les habitants dans les plantations ou les campements où ils sont soumis au travail forcé. De même dans l'est du Congo : les pays voisins ont envahi la région et obligent les habitants à travailler dans les mines de diamants.

Les enfants soldats

Les guerres en Afrique ont presque toujours eu pour but l'exploitation des richesses du pays au détriment des populations. La plupart du temps, ces conflits sont le fait de chefs de guerre venus au pouvoir par les armes, comme dans la région des Grands Lacs, au Liberia et en Sierra Leone. Pour se constituer des armées qui leur sont dévouées corps et âme, ils enlèvent des enfants dans les villages de leurs ennemis. N'ayant pas conscience du danger comme les adultes, ceux-ci deviennent d'audacieux combattants obligés de commettre des crimes qui font d'eux des parias. Leur seule famille est l'armée qui les a enlevés.

Kidnappés

En 2002, en Ouganda, pour gonfler leurs rangs contre les offensives du gouvernement, les rebelles ont kidnappé plus de 4 500 enfants, garçons et filles, les forçant à participer à des meurtres avant d'en faire des soldats. On ne sait pas ce qu'ils sont devenus.

Des esclaves à la maison

En Arabie Saoudite, et même en France ou dans d'autres pays européens, il arrive que des gens fassent venir de jeunes Africaines ou Asiatiques qui doivent s'occuper de leurs enfants ou des travaux domestiques. On leur dérobe leur passeport et on les oblige à travailler sans être payées, sous la menace d'être battues si elles refusent ou d'être mises à la porte, sans leurs papiers.

L’époque coloniale

En 1885, les pays européens se réunirent à Berlin pour se partager le continent. Mais ce qui ne devait être qu’un partage en zones commerciales devint rapidement un partage colonial. Après 1945, la prise de conscience des pays européens et l’évolution politique et économique du monde forcèrent les grandes puissances à accorder l’indépendance à leurs colonies.

Des comptoirs envahissants

À la fin du XIXe siècle, la plus grande partie de l'ivoire vendu aux Allemands arrivait d'Afrique centrale sur la côte de Tanzanie.

Au XIXe siècle, la France et l'Angleterre trouvèrent dans les comptoirs commerciaux un terrain pour assouvir leurs rivalités. L'époque était à la recherche de sources de matières premières pour alimenter les usines de la révolution industrielle.

Toujours plus

Au milieu du XIXe siècle, l'essor de l'industrie amena les Européens à rechercher toujours plus de matières premières. Équipés des armes à feu vendues par les Européens, beaucoup de chefs africains lançaient des expéditions contre leurs voisins pour faire main basse sur leurs stocks d'ivoire ou même, comme en Côte-de-l'Or, ramener des esclaves pour travailler dans les plantations de palmiers à huile, la grande production du golfe de Guinée à cette époque.

Très nombreux !

Les caravanes d'ivoire comptaient parfois plusieurs centaines de porteurs, car plus ils étaient nombreux, plus ils étaient en sécurité pour traverser les territoires mal contrôlés.

Une agriculture à la commande

Pour satisfaire les demandes des « traitants », des rois se lancèrent dans la plantation de nouveaux produits. Au Dahomey, le roi Ghézo (1818-1858) encouragea la culture du cocotier, du manioc, du maïs, de la tomate et du piment, plantes introduites par les Portugais. Les plantations royales de Ghézo étaient cultivées par des esclaves capturés au cours d'expéditions, aux résultats parfois désastreux, dans les pays voisins. En 1851, il signa avec la France un accord pour accueillir les bateaux français et fournir de l'huile de palme.

Un bond impressionnant

Au Nigeria, où les Anglais avaient institué un monopole sur l'huile de palme, la production fit un bond fantastique en moins de 50 ans, au point que cette région du delta du Niger sillonnée de rivières fut appelée « les Rivières de l'huile ».

Au Dahomey, la réception des marchandises européennes par le roi Glélé, à la fin du XIXe siècle, donnait souvent lieu à une cérémonie en présence des membres de la Cour, seuls bénéficiaires de ce commerce.

Du comptoir au protectorat

Les « traitants » considéraient les accords signés avec les chefs locaux – en échange de bouteilles de rhum ou d'autres marchandises – comme des traités de protectorat. Les chefs gouvernaient à leur guise en matière d'administration intérieure : ils pouvaient nommer des représentants, exercer la justice ou employer des esclaves. En revanche, les Européens se réservaient les relations commerciales et diplomatiques. Les Africains qui s'insurgeaient contre ces traités étaient déposés ou exilés. C'est ainsi qu'en 1851 le roi Kosoko de Lagos, la future capitale du Nigeria britannique, fut banni au profit d'un chef plus conciliant.

Du protectorat à la colonie

Pour les gouvernements européens, les comptoirs avaient aussi un intérêt militaire. Il fallait posséder tout au long des côtes de l'Afrique des ports sûrs pour accueillir les navires en route vers l'océan Indien. En 1815, les Britanniques expulsaient les Hollandais du Cap tandis que les Français s'appropriaient définitivement Gorée. Par la suite, même après l'ouverture du canal de Suez, en 1869, ces comptoirs et leur région environnante avaient pris une telle importance qu'ils étaient considérés comme des colonies, propriétés de la métropole européenne qui les annexait, et entièrement soumis à sa volonté.

Au milieu du XIXe siècle, les traités passés entre les Européens et les petits chefs côtiers étaient déjà fondés sur la corruption.

DES DROITS EN OR

Les Européens des comptoirs africains, les « traitants », avaient obtenu de leur gouvernement le droit de faire du commerce avec les chefs locaux. Plus tard, au début de la colonisation, les compagnies concessionnaires, elles, obtinrent le droit d'exploiter des parties de territoire.

EN EXIL

Le développement des colonies anglaises a pu se faire grâce à l'installation des condamnés politiques ou de droit commun. Beaucoup de membres des classes pauvres, des chômeurs et des orphelins furent aussi envoyés en Afrique du Sud et surtout en Australie.

Le partage du gâteau

Léopold II de Belgique

Bismarck

À la fin du XIXe siècle, alors que les compagnies commerciales rivales avaient commencé à se partager des régions entières de l'Afrique, les États européens décidèrent de régler la question de ce lointain continent en se réunissant à Berlin autour d'une grande table.

Un rêve intéressé

Monté sur le trône en 1865, le roi des Belges Léopold II avait des rêves de grandeur. Il réunit à Bruxelles une Conférence de géographie sur le thème de l'exploration du bassin du Congo et de la lutte contre l'esclavage. Il souhaitait en fait procurer à la Belgique « une part du magnifique gâteau africain » sous la forme d'une compagnie de commerce qui dominerait toute l'Afrique centrale, de l'Atlantique à l'océan Indien. Pour mener à bien son projet, il s'allia en 1878 avec l'explorateur Stanley, qu'il chargea d'explorer les terres convoitées.

Ruée sur le Congo

Pendant que Stanley descendait le Congo en signant des traités avec les chefs de la rive gauche, Savorgnan de Brazza, parti de l'océan Atlantique, explorait la rive droite du grand fleuve. En 1880, celui-ci signa au nom de la France un traité de protectorat avec Makoko, le roi de la région. En peu de temps, l'Europe fut en effervescence, car le Portugal, établi depuis 400 ans, à l'embouchure du fleuve, en Angola, dans l'ancien royaume du Kongo, estimait que les terres intérieures lui revenaient de droit. Mais n'étant pas assez puissant pour supporter un conflit, il proposa de régler le différend dans le cadre d'une conférence internationale.

Les représentants de la France, de la Grande-Bretagne et de l'Allemagne, poussés par Léopold II, se mettent d'accord pour se partager l'Afrique.

LES AFRICAINS AUX OUBLIETTES

Aucun Africain n'a été invité à la conférence de Berlin. Plus de 350 chefs africains avaient pourtant signé des traités avec des explorateurs ou des commerçants européens !

Un moyen de faire diversion

Le chancelier allemand Bismarck, dont le pays était alors le plus puissant d'Europe, sauta sur l'occasion : lancer la France dans une aventure coloniale évitait qu'elle ne cherche à récupérer l'Alsace et la Moselle, allemandes depuis 1870. Le congrès se réunit à Berlin, de la fin 1884 jusqu'en février 1885, en présence des chefs de gouvernement des grandes puissances ayant des intérêts en Afrique, c'est-à-dire de la Grande-Bretagne, de la France, du Portugal, de la Belgique, de l'Italie, de l'Espagne et de la Turquie, qui dominait alors une partie de l'Afrique du Nord et l'Égypte, ainsi que la mer Rouge.

Avec une règle et un crayon

À cette époque, on connaissait peu de choses des pays qu'on voulait se partager : les relevés topographiques des explorateurs étaient loin d'être précis. C'est pourquoi les participants à la conférence se contentèrent de tracer des traits sur de grandes cartes aux trois quarts vides sans se soucier des populations qui y vivaient. En trois mois, le sort du continent africain fut réglé dans l'indifférence totale de l'opinion publique européenne.

Jules Grévy

La reine Victoria

Ces 4 caricatures, dessinées par Moloch, sont parues au XIXe siècle dans le journal *Le Trombinoscope*.

POUR MON CHER COUSIN !

À la conférence de Berlin, le représentant de la Grande-Bretagne proposa que la ligne délimitant le futur Kenya britannique fasse un crochet pour laisser le prestigieux Kilimandjaro, plus haut sommet d'Afrique découvert par des Allemands, dans le territoire du Tanganyika allemand ; c'était un cadeau de la reine Victoria à son petit-cousin, l'empereur d'Allemagne !

Le partage de l'Afrique fut réglé en trois mois, lors de discussions autour d'une table, sans qu'aucun des participants y ait jamais mis les pieds !

La course au clocher

Lors de la conférence de Berlin, le partage de l'Afrique mit à l'épreuve l'Entente cordiale encore récente entre la France et l'Angleterre. Sur le continent africain, cette confrontation faillit mal tourner.

Que le plus rapide gagne

À Berlin, il avait été établi que toute puissance installée sur la côte disposait des droits sur l'arrière-pays jusqu'à ce qu'elle rencontre la zone d'influence d'une puissance voisine. Mais cette annexion n'était valable que si la puissance occupante disposait d'une autorité suffisante. Il n'en fallut pas plus pour que chaque pays européen envoie en Afrique des groupes d'explorateurs, de géomètres et de topographes pour délimiter le maximum de superficie possible. On a appelé cela la « course au clocher », chacun s'efforçant de délimiter, pour son pays, le maximum de territoire.

Tous au lac Tchad

À la fin du XIXe siècle, on ne connaissait pas très bien le cours des fleuves souvent coupés de rapides, et on pensait encore que les fleuves africains, comme ceux d'Europe, permettraient aux navires de pénétrer dans l'intérieur du continent pour y charger des marchandises. C'est pourquoi, juste après la conférence de Berlin, la France, l'Angleterre et l'Allemagne se ruèrent en direction du lac Tchad et en annexèrent chacune une partie à leur territoire : le Niger et le Tchad (France), le Nigeria (Grande-Bretagne), le Cameroun (Allemagne).

La bande de Caprivi

En 1890, les Allemands, qui occupaient la Namibie, désiraient accéder au fleuve, le Zambèze, alors aux Britanniques. Après de longues négociations, Leo Caprivi, le successeur de Bismarck, parvint à se faire accorder un couloir de 400 km de long qui porte encore son nom.

À l'issue de la conférence, chaque grande puissance avait annexé un territoire dont on ne connaissait même pas les frontières naturelles.

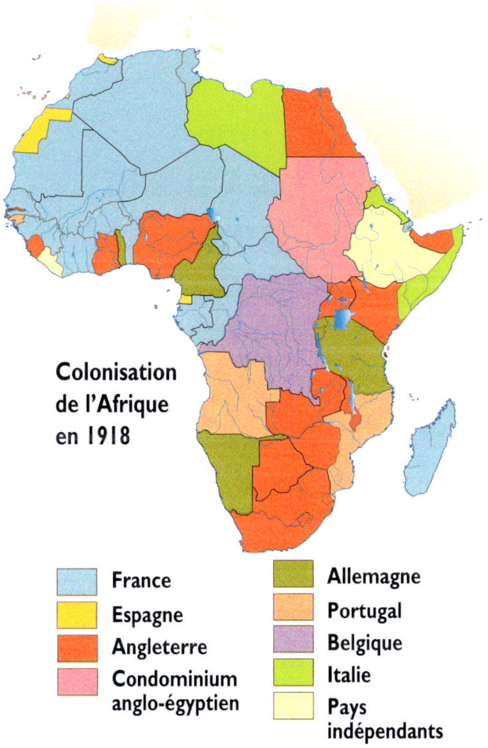

Il faut sauver Emin Pacha

En 1884, l'Allemand Karl Peters avait débarqué discrètement à Bagamoyo, sur la côte en face de Zanzibar, et signé plusieurs traités avec les chefs locaux. L'empereur Guillaume II avait aussitôt annoncé qu'il accordait sa protection aux territoires en question, ce qui avait fâché les Anglais, installés à Zanzibar. Aussi, quand, en 1889, Emin Pacha, explorateur d'origine allemande, au service du khédive d'Égypte, se trouva isolé au sud du Soudan, les Anglais envoyèrent Stanley à sa recherche. Ils voulaient le retrouver les premiers pour annexer avant les Allemands les territoires convoités. Stanley réussit à le sauver et le ramena avec lui au Congo belge.

Le Sahara contre le Nil

En 1898, une expédition militaire française dirigée par le commandant Marchand, atteignit le Nil à Fachoda ; la France voulait relier ses possessions en Afrique occidentale à Djibouti, sur la mer Rouge. De leur côté, les Anglais avaient envoyé vers Fachoda une colonne commandée par le major Kitchener. Quand elle y arriva, Marchand était déjà sur place et refusait de se retirer. Les deux détachements se firent face en attendant qu'en Europe on trouve une solution. Mais c'était l'Entente cordiale avec l'Angleterre et, pour la France, le Nil ne valait pas une guerre. Marchand se retira donc. En échange, l'Angleterre abandonna à la France ses droits au Sahara, sur les territoires à l'ouest du Nil.

Jean-Baptiste Marchand, explorateur de la Côte-d'Ivoire, partit de Brazzaville en janvier 1897 avec un petit détachement d'Africains en direction de Fachoda, sur le Nil.

Du Cap au Caire

Les Anglais, installés en Inde, avaient ouvert le canal de Suez en 1869. Ils voulaient faire de toute l'Afrique orientale (du Cap en Afrique du Sud jusqu'au Caire en Égypte) un territoire britannique ; l'océan Indien serait alors devenu un océan britannique !

Pas moi, mais eux !

« Je vous félicite pour votre exploit », dit Kitchener à Marchand quand il le rencontra à Fachoda. « Ce n'est pas moi qu'il faut féliciter, mais eux », répondit Marchand en désignant le petit détachement d'Africains qui l'avait accompagné.

Gagnante !

La France n'a pas été perdante en se retirant de Fachoda, car les Anglais étaient déjà installés en Égypte et au Soudan, et elle n'aurait pas pu résister à la révolte des Soudanais, qui était en cours, tandis qu'en échange elle avait les mains libres au Sahara pour relier l'Algérie à l'Afrique occidentale. Si elle occupa la Mauritanie, c'était pour empêcher les Anglais de s'y installer.

La résistance à la colonisation

Devant la mainmise de plus en plus forte des Européens sur leurs territoires, les Africains réagirent en essayant de créer des États ou en organisant des révoltes sans grand résultat.

Une guerre ratée

En 1856, El Hadj Omar, un chef musulman toucouleur originaire de la vallée du Sénégal, tenta de prendre la France de vitesse en créant un État à l'est du fleuve. Mais en 1857, il se heurta aux Français qui s'étaient réfugiés dans le fort de Médine, et celui-ci fut dégagé par des canonnières. Il se retourna alors contre le royaume de Ségou, sur le Niger, où il fit exécuter le roi, ami de la France. Il porta ensuite ses efforts contre le roi peul du Macina dont il détruisit la capitale. Mais ses nombreux ennemis finirent par se liguer contre lui. Mis en fuite, il mourut dans l'explosion d'une poudrière en 1864.

Le dernier conquérant

À la fin du XIXe siècle, un chef malinké tenta de se constituer un empire en Afrique occidentale, sans savoir que le partage de l'Afrique avait déjà été décidé à Berlin, en 1885. Originaire du sud de la Guinée, Samory Touré était allié du grand clan des Camara par sa mère animiste. Il en profita pour soumettre successivement les chefs de la région qui contrôlaient les mines d'or. Mais sa politique de la terre brûlée lui aliéna les autres cités qui refusèrent de s'allier avec lui. En 1897, il détruisit Kong, la plus riche d'entre elles dans le nord de la Côte-d'Ivoire.

Un seul coup !

Les fusils de traite étaient peu efficaces. De fabrication artisanale, il fallait les recharger après chaque coup avec de la poudre qu'on transportait dans une sorte de corne. La petite extrémité de la corne s'enfonçait dans le canon du fusil pour y laisser glisser un peu de poudre.

Attaque de Dahoméens repoussée par une canonnière française.

Des bateaux invulnérables

Les canonnières étaient de petits bateaux armés de canons, qui pouvaient remonter les fleuves navigables, et contre lesquels les fusils de traite et les flèches des Africains ne pouvaient rien.

Une victoire exemplaire

Au XIXe siècle, l'Égypte, vassale de l'Empire ottoman, dominait le Soudan oriental avec l'aide de l'Angleterre. Les Soudanais musulmans, dont certaines tribus étaient d'origine arabe, s'appuyèrent sur la religion pour essayer de chasser ceux qu'ils appelaient les Turco-Égyptiens. À la tête de ses derviches, Muhammad Ahmad, leur chef spirituel surnommé le Madhi, battit les Égyptiens commandés par les Britanniques et s'empara en 1885 de la capitale Khartoum, alors défendue par le major anglais Gordon qui y perdit la vie.

Le dernier pays indépendant

En 1889, les Italiens qui s'étaient installés dans le port de Massawa, au bord de la mer Rouge, signèrent, à Ucciali, un traité avec Ménélik II, le négus d'Éthiopie. Pour les Italiens, cela signifiait imposer un protectorat à l'Éthiopie, alors que pour Ménélik, il s'agissait seulement d'un traité d'amitié et de coopération. Ce dernier dénonça l'accord en 1893 et souleva les populations. À la surprise de tous, la guerre qui éclata se solda par une défaite cuisante des Italiens à Adoua, en 1896. L'Éthiopie sauva son indépendance et resta le seul pays africain non colonisé.

Arrivée à Djibouti d'un convoi de prisonniers italiens rendus par Ménélik, en septembre 1896.

UN HOMME SUR DIX !

Samory, considéré comme un héros de l'indépendance africaine, avait organisé son armée d'une façon remarquable. Il recrutait dans les villages un homme sur dix, mais en cas de nécessité tout le monde prenait les armes.

UN SOURIRE CHER PAYÉ

Au Tanganyika, un Africain ayant souri en voyant le représentant de l'Allemagne déjeuner, celui-ci le fit fouetter avec une cravache en peau d'hippopotame. Des faits similaires se produisant sans cesse, les populations se soulevèrent et, en 1893, des chefs comme Mkwawa infligèrent des coups très durs aux troupes allemandes.

L'Éthiopie demeure le symbole de l'indépendance africaine et abrite encore le siège de l'Union africaine qui regroupe tous les États du continent.

Main basse sur l'Afrique

Pour remplacer les Africains qui mouraient d'épuisement ou de maladie, on fit venir des travailleurs chinois.

Les débuts de la colonisation furent très durs pour les Africains. N'ayant pas suffisamment d'argent pour développer les infrastructures, les États européens donnèrent aux compagnies privées de vastes superficies où elles géraient tout, provoquant de véritables scandales humanitaires et financiers.

Le royaume de la chicotte

Bien qu'ayant soutenu la campagne contre l'esclavage, le roi belge Léopold II considérait l'État libre du Congo comme sa propriété personnelle. Pour exporter du caoutchouc, les Congolais y furent soumis au travail forcé dans des conditions inhumaines. Ceux qui ne pouvaient pas fournir la quantité de caoutchouc exigée avaient droit à la chicotte (un fouet constitué d'une lanière en cuir). Certains eurent les mains coupées. En 1908, une campagne internationale obligea le roi à libérer le pays en cédant ses droits à l'État belge.

Le scandale des chemins de fer

Quand il fallut exporter l'ivoire, le caoutchouc et le bois précieux, on se rendit compte que les bateaux étaient souvent inutilisables car la plupart des fleuves ne se jetaient dans la mer qu'après avoir franchi de nombreux rapides. Tout devait donc être transporté à dos d'homme, et le travail forcé fut institué dans une forêt vierge où les routes étaient inexistantes. La construction des chemins de fer donna lieu aux mêmes scandales humanitaires que la cueillette du caoutchouc ou le portage. Les morts par épuisement et par maladie se comptaient par centaines.

L'eau qui rend invincible

En 1905, au Tanganyika, la révolte maji-maji contre le travail forcé institué par les Allemands a été menée par un sorcier local. Les rebelles attaquèrent tout ce qui appartenait aux occupants. Leur chef les envoyait au combat en leur faisant boire de l'eau magique (*maji-maji*) qui, leur disait-il, changerait en eau les balles des fusils.

DES COMBATS INÉGAUX
Les Africains ne se laissèrent pas dominer facilement : des révoltes éclatèrent un peu partout, mais elles furent matées car leurs armes ne pouvaient rien contre les fusils et les canons des Européens.

LIBERTÉ AMBIGUË
En Afrique occidentale, l'administration coloniale qui avait libéré les esclaves en créant « les villages de liberté », les réquisitionna ensuite pour le portage des produits en attendant la construction de routes ou de chemins de fer. Pour les anciens esclaves, il n'y avait pas beaucoup de différence entre esclavage et portage.

Combat sanglant dans le Sud-Ouest africain : la garnison allemande de Windhoek assiégée par les Hereros est débloquée.

La fin des Hereros
Dans le Sud-Ouest africain, des colons allemands s'installèrent sur les plateaux où les Hereros, un peuple de pasteurs, faisaient paître leurs bovins. Très vite, les Africains se révoltèrent contre ceux qui les chassaient de leurs terres. En représailles, l'administrateur colonial du kaiser Guillaume II décréta que les Hereros devaient quitter le pays et que chaque Herero trouvé à l'intérieur des frontières allemandes, armé ou non, serait tué. En quelques mois, moins de 15 000 personnes sur 100 000 survécurent dans des conditions dramatiques.

La colonne sanglante
En 1899, la France, qui avait obtenu le Sahara en échange de Fachoda laissé aux Anglais, entreprit d'occuper le Tchad à l'occasion de missions militaires. L'une d'elles, commandée par les officiers Voulet et Chanoine, partit du Mali actuel et sema la désolation sur son passage, brûlant les villages et tuant les Africains récalcitrants. Ils traversèrent ainsi le Mali, le Burkina et le Niger. Pour les reprendre en main, le gouvernement français alerté envoya un détachement dont Voulet tua le colonel. Les deux officiers devenus fous finirent par être exécutés par leurs soldats.

La radio à ondes courtes était un signe de modernité mais elle n'était écoutée, en brousse, que par les administrateurs.

Les deux contingents

Les États réorganisèrent leurs possessions à partir de 1905. Dans les métropoles, on créa des ministères chargés des colonies, tandis que sur place on installait un gouverneur pour servir d'intermédiaire avec les responsables locaux.

Pas assez rentables !

Au début du XXe siècle, les sociétés qui avaient obtenu des concessions en Afrique jugèrent que l'exploitation de ces territoires n'était pas assez rentable. Peu à peu, elles abandonnèrent leurs monopoles, obligeant les États à prendre en charge les frais d'infrastructure (construction des ports, des voies de communication et des bâtiments administratifs). Plusieurs compagnies qui exploitaient des plantations se convertirent même dans l'import/export, elles vendaient en métropole des productions africaines achetées à bas prix et introduisaient dans les colonies des produits plus chers (machines ou tissus imprimés).

Monnaie gênante

Pour forcer les populations à entrer dans le système monétaire du pays colonisateur, on supprima les anciennes monnaies – croisettes, cauris ou lingots de fer.

Des colonies à part entière

Intégrés aux États sans en avoir les droits, les Africains devaient contribuer au fonctionnement de la colonie en mettant des hommes à la disposition de l'administration sous la forme dite des « deux contingents » : le premier versait des impôts en argent ou en travail ; le second participait à la défense en fournissant des soldats. Les populations étaient représentées par des personnalités locales nommées par l'administration. Chaque territoire était divisé en « cercles », dirigés par un administrateur appelé couramment « commandant de cercle ». Il avait tous les pouvoirs, de la police à la justice.

Aux yeux du monde

Calquées sur le modèle des expositions universelles, les expositions coloniales avaient surtout pour but de montrer aux Français que la colonisation était rentable, et au monde que la France menait une mission civilisatrice.

Le pire était possible quand le pouvoir, dans une région, reposait sur un seul homme.

Les champs du commandant

Le commandant de cercle était directement au contact des populations. Il était chargé de faire appliquer les décisions du gouverneur et de collecter les impôts. Les Africains désargentés payaient leurs impôts sous forme de travail : construction des routes ou aménagement de champs destinés à de grandes plantations. S'ils refusaient, femmes et enfants pouvaient être enfermés dans un camp sans nourriture. Parfois, ils devaient travailler gratuitement dans le champ du commandant. Pour parler du travail non payé et obligatoire, les Africains employaient l'expression ironique de « champ du commandant ».

LES TERRES VACANTES

Au début de la colonisation, on déclara comme « terres vacantes » celles qui n'étaient pas cultivées ou qui appartenaient à ceux qui avaient résisté. On ne tenait pas compte de l'agriculture itinérante qui consistait à cultiver un champ pendant deux ou trois ans puis à l'abandonner, le temps que la terre tropicale se régénère.

Les tirailleurs sénégalais

La conquête des territoires coloniaux fut menée par quelques officiers européens commandant à des troupes africaines. Quand la Première Guerre mondiale éclata en 1914, on demanda aux chefs de village de nommer des volontaires. En France, on les appelait les « tirailleurs sénégalais » parce qu'ils embarquaient à Dakar, mais beaucoup venaient du Mali ou du Burkina. Rien que pour les territoires français, plus de 600 000 hommes furent mobilisés et utilisés dans les combats les plus durs de la guerre de tranchées. Et 81 000 d'entre eux restèrent sur le champ de bataille.

UN PRESTIGE CHER PAYÉ

Les soldats rescapés de la Première Guerre mondiale qui rentrèrent en Afrique, dotés d'une maigre pension, acquirent un grand prestige auprès des populations.

Débarquement de tirailleurs sénégalais, au Maroc, en 1913.

L’âge d’or de la colonisation

Les nouvelles productions

Entre les deux guerres, l’utilisation de nouvelles techniques de prospection révéla que le sous-sol de l’Afrique regorgeait de minerais indispensables aux derniers progrès de l’industrie occidentale : manganèse, chrome, cuivre, étain... L’uranium, pendant la Seconde Guerre mondiale, permit de fabriquer les premières bombes atomiques.

Au lendemain de la Première Guerre mondiale, les puissances européennes dominaient la quasi-totalité de l’Afrique, chacune à sa façon.

Le partage des dépouilles

En 1914, dès le début des hostilités en Europe, les Français, les Anglais et les Belges montèrent des opérations militaires communes pour s’emparer des territoires allemands. Anglais et Français mirent ainsi la main sur le Togo et le Cameroun, Anglais et Belges occupèrent le Rwanda et le Burundi, tandis que les Anglais annexèrent le Tanganyika et le Sud-Ouest africain (Namibie). Après la guerre, ces territoires furent répartis entre les vainqueurs par la Société des Nations, l’ancêtre de l’Organisation des Nations unies.

L’importance de l’Afrique

Pendant la guerre, l’Afrique avait montré toute son importance en fournissant à l’Europe à la fois des hommes et des matières premières essentielles (arachide, huile de palme, coton, café, minerais). En 1929, elle permit aux nations coloniales de supporter la crise économique : chaque pays n’avait pas à acheter à l’étranger ce qu’il trouvait dans ses colonies et celles-ci offraient un nouveau débouché aux produits fabriqués dans les métropoles.

La chasse en Afrique constitua un nouveau loisir pour les gens fortunés. Ils pouvaient en rapporter des trophées comme des défenses d’éléphants et des quantités de peaux.

Ce bâtiment qui s’inspire des gares françaises représente la gare de Tambacounda, au Sénégal, construite à l’époque coloniale.

La rue Victoria, à Freetown, en Sierra Leone, en 1910.

Des citoyens à part entière ?

Dans les colonies, les Africains ne bénéficiaient pas des mêmes droits que les habitants de la métropole. Dans leur grande majorité, ils ne pouvaient pas participer à la vie politique du territoire qui pourtant les concernait. Les conditions pour être naturalisé français et électeur étaient si draconiennes que pour l'Afrique occidentale, sur 14 millions de personnes en âge de voter, seules 10 000 en avaient le droit.

Les administrateurs, qui se trouvaient dans des endroits isolés, devaient se débrouiller avec les moyens du bord.

Assimilation ou ségrégation

Les pays européens n'eurent pas tous la même attitude vis-à-vis de leurs colonies. Par l'administration directe, la France rechercha plutôt l'assimilation en enlevant leurs pouvoirs aux chefs traditionnels. De son côté, l'Angleterre, par l'administration indirecte, en conservant le système de castes et de ségrégation, choisit de ne pas toucher aux chefs traditionnels à condition qu'ils acceptent sa politique. La Belgique, comme l'Allemagne au début du siècle, pensait que ses colonies devaient fonctionner sous un régime très disciplinaire.

L'école des otages

Les centres de formation, développés à partir de 1920, qui accueillaient surtout les enfants de notables, étaient aussi surnommés « l'école des otages ». En effet, en forçant les chefs de village à envoyer leurs enfants dans les écoles loin de chez eux, où ils étaient surveillés, l'administration coloniale était sûre que leur famille ne serait pas tentée de s'opposer à sa politique.

L'idéal républicain

Après les sacrifices des Africains morts sur les champs de bataille et les scandales du début du siècle, on tenta de développer une politique éducative et sanitaire. Il y eut aussi en Afrique des Européens idéalistes, désireux d'appliquer des principes humanistes pour favoriser le développement des populations.

Nos ancêtres les Gaulois

Pendant l'époque coloniale, les écoles primaires des colonies françaises utilisaient comme livres d'histoire les mêmes que ceux de la métropole, qui parlaient de « nos ancêtres les Gaulois ». On n'utilisa des livres d'histoire évoquant l'Afrique ancienne que peu de temps avant l'indépendance.

L'Afrique se réveille

Cérémonie célébrant la création du nouvel État indépendant du Ghana à Philadelphie (Pennsylvanie), aux États-Unis, en présence de membres du mouvement des étudiants panafricains, le 6 mars 1957.

Le poids de l'occupation allemande et l'aide apportée par les soldats africains pendant la Seconde Guerre mondiale réveillèrent les consciences en Europe. Le système colonial fut de plus en plus contesté, d'autant plus que s'étendait le panafricanisme, un mouvement d'émancipation créé par des Noirs d'Amérique pour réhabiliter leurs communautés dispersées par l'esclavage.

Les retrouvailles

C'est pendant la Première Guerre mondiale, où ils combattirent ensemble aux côtés des Blancs, que les Noirs d'Afrique et d'Amérique prirent conscience de leur origine commune. En 1919, le professeur noir américain Burghardt du Bois et le député sénégalais Blaise Diagne organisèrent à Paris un Congrès panafricain qui visait à réunir tous les Noirs, faisant de la culture africaine et de son histoire millénaire leur référence commune. Cette conférence qui demandait la réunification des communautés noires, leur retour en Afrique et un contrôle international sur les colonies, fut une des premières revendications politiques à l'indépendance.

Drapeaux représentant les pays africains présents au Sommet africain du 7 octobre 1992.

Un pas vers la modernité

À partir de 1930, des élites occidentalisées apparurent dans la plupart des pays africains. Façonnés par une éducation « à l'européenne », les jeunes Africains se mirent à regarder leur monde différemment. Leur centre d'intérêt n'était plus, comme leurs parents, le village, le clan ou la tribu, mais l'Afrique dans sa totalité et les autres communautés qui la constituaient. Ce saut dans la modernité n'était pourtant pas sans poser de problèmes, comme en témoignent les livres écrits par les premiers auteurs africains, partagés entre la nostalgie de la vie collective au village et l'attrait des villes modernes.

Un discours prometteur

Pendant la Seconde Guerre mondiale, Brazzaville, au Congo français, fut la capitale de la France libre, car c'est de Brazzaville puis du Tchad que partirent les troupes composées en majorité de soldats africains qui menèrent les premiers combats victorieux en Afrique du Nord. À la fin de la guerre, le général de Gaulle prononça en 1946 un discours célèbre au nom de la France pour remercier les Africains de leur participation à la guerre et promettant de « conduire les peuples dont elle a la charge jusqu'à la liberté de gérer démocratiquement leurs propres affaires ». Dans l'esprit des Africains, c'était un premier pas vers l'indépendance.

La négritude

En 1934, à Paris, les poètes Aimé Césaire (martiniquais) et Léopold Sédar Senghor (sénégalais) souhaitaient que les Noirs dispersés par des siècles de traite prennent conscience des valeurs qui leur étaient communes et en soient fiers. Ils donnèrent le nom de « négritude » à leur mouvement. Celui-ci toucha surtout les milieux intellectuels et les futurs dirigeants des pays qui accédèrent ensuite à l'indépendance.

Arc de triomphe, à Accra, au Ghana, commémorant l'indépendance obtenue en 1957.

L'indépendance du Ghana

Le réveil de l'Afrique peut être daté de 1957, année de l'accession à l'indépendance de la Côte-de-l'Or qui souleva en Afrique un immense espoir. Cette ancienne colonie britannique prit alors le nom de Ghana, celui du premier empire noir qui s'était épanoui dans la savane 1 000 ans auparavant. La plupart des autres pays africains devinrent indépendants dans les cinq années qui suivirent, en particulier les colonies françaises. Les colonies portugaises attendirent qu'une révolution au Portugal, en 1974, leur offre enfin l'indépendance.

Présence africaine

En 1947, à Paris, des Africains et des Antillais créèrent une revue, *Présence africaine*, qui permit à des intellectuels noirs des deux côtés de l'Atlantique et de toutes les colonies, d'exprimer leurs revendications.

Le dernier carré

Les *homelands*, auxquels les Noirs étaient forcés d'appartenir, étaient exigus et ne pouvaient pas les nourrir tous, ce qui les obligeait à aller travailler pour les Blancs à n'importe quel prix.

En Afrique du Sud, la forte minorité blanche s'était séparée de sa métropole, prenant le pouvoir pour son propre compte. Il fallut attendre une quarantaine d'années avant que toutes les populations du pays parviennent à l'égalité.

La crainte du métissage

À leur arrivée en Afrique du Sud au XVIIe siècle, les Boers prirent comme domestiques des Hottentots, les Africains de la région, pour les aider aux travaux de la ferme. Au cours d'une cohabitation de plusieurs siècles, de nombreux enfants métis naquirent tandis que leur langue d'origine, le hollandais, s'enrichissait de mots et d'expressions africaines locales pour donner naissance à un nouveau langage, l'afrikaans. À la fin du XIXe siècle, craignant de perdre ses privilèges, une partie des Boers décida de créer une barrière raciale les coupant des Africains en instituant un développement séparé : l'« apartheid ».

SURPRISE DE LA DÉMOGRAPHIE

En raison d'un taux de croissance plus élevé, les métis de langue afrikaans deviennent plus nombreux que les Blancs qui parlent la même langue.

Les lois de l'apartheid

Dès la fin du XIXe siècle, on prohiba les relations sexuelles entre Noirs et Blancs. En 1913, une loi fut instaurée, interdisant aux Noirs de s'installer dans les zones que la minorité blanche s'était attribuées. En 1949, on interdit les mariages mixtes, et même ceux qui avaient été célébrés à l'étranger. En 1950, le Parlement blanc vota la loi la plus contraignante de toutes : elle obligeait les Noirs à se rattacher et à s'établir dans des territoires précis, les *homelands* ou « bantoustans », souvent les plus pauvres, où se trouvaient ceux qui parlaient la même langue africaine.

La guerre du Transvaal (1899-1902) marque la victoire des Britanniques sur les Boers, qui obtiennent en 1910 la création de l'Union sud-africaine (États de l'Orange, du Transvaal, du Cap et du Natal). C'est en 1961 que le pays devient la république d'Afrique du Sud.

La vie sous l'apartheid

Durant les années 1960, les Noirs, qui représentaient alors les trois quarts de la population, ne disposaient que de 13,7 % de la superficie du pays. On comptait une dizaine de bantoustans. Certains étaient constitués de plusieurs parcelles non reliées entre elles, ce qui posait des problèmes considérables pour ceux qui étaient obligés de rentrer chez eux chaque soir. Comme aux États-Unis à l'époque de la ségrégation raciale, les Noirs travaillaient pour les Blancs mais ne pouvaient pas utiliser les mêmes autobus, ni s'asseoir sur les mêmes bancs publics, ni mettre leurs enfants dans les mêmes écoles. L'apartheid existait aussi pour les métis, les Indiens et les Asiatiques, moins nombreux.

Un homme, une voix

En 1905, des Noirs et des Blancs ont fondé le Congrès national africain (ANC). C'était un mouvement multiracial qui rassemblait des Noirs, des Blancs, des métis et des Indiens. Son but était de s'opposer par la non-violence à la ségrégation et à la confiscation des terres. Mais en 1960, des manifestations pour l'égalité par le droit de vote (« un homme, une voix ») et des grèves noyées dans le sang amenèrent des jeunes militants noirs à la révolte armée. À partir de 1980, le système d'apartheid commença à s'écrouler car la grande prison qu'était devenue l'Afrique du Sud empêchait toute évolution économique. En 1989, sous la pression internationale, le gouvernement blanc finit par accorder les mêmes droits politiques à toutes les communautés.

À la fin de l'apartheid, la notoriété de Mandela permit à l'Afrique du Sud de ne pas être la proie de rivalités entre communautés.

Dans son autobiographie, Mandela écrit : « Personne ne naît au monde en haïssant une autre personne à cause de la couleur de sa peau, ou de son passé, ou de sa religion, [...] car l'amour naît plus naturellement dans le cœur de l'homme que la haine. »

NELSON MANDELA

Fils d'un petit chef de la région du Transkei, Nelson Mandela était avocat et dirigeait l'ANC dans la clandestinité. En 1962, il fut emprisonné, puis condamné à la prison à vie pour son activité. Il ne fut libéré qu'en 1990. En 1993, il obtint le prix Nobel de la paix en compagnie de Frederik De Klerk, le chef du gouvernement blanc qui avait négocié avec lui la fin de l'apartheid. En 1994, il fut élu président de la nouvelle république d'Afrique du Sud.

Aujourd'hui l'Afrique

L'Afrique n'en a pas terminé avec la pauvreté, à la fois cause et résultat des conflits qui la déchirent et freinent son développement. Mais, grâce aux nouvelles technologies, elle n'est plus un continent isolé et ses habitants sont à l'écoute de la planète. Aujourd'hui, l'Afrique nous regarde. Les Africains voyagent partout dans le monde et habitent parmi nous, forts de leurs cultures et de leurs savoirs.

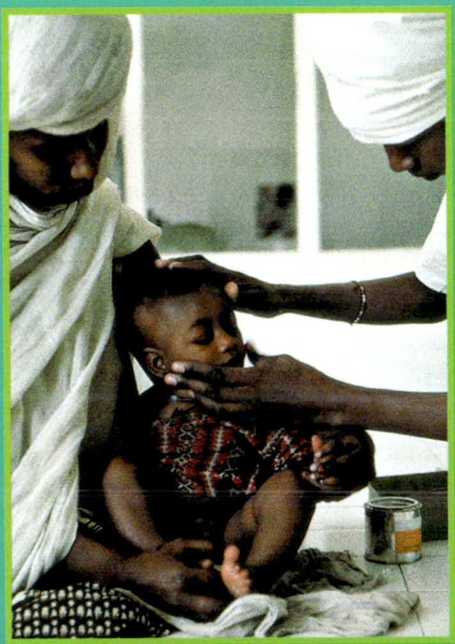

Vers l'indépendance

Après la Seconde Guerre mondiale, les Africains prirent au mot leurs colonisateurs. À la France, ils réclamèrent l'égalité et la liberté, et à l'Angleterre, qui avait conservé les chefs traditionnels, le droit pour ces derniers d'assurer leur rôle politique et économique.

Pour les Africains, l'indépendance signifiait avant tout la possibilité de se gouverner eux-mêmes à travers des représentants élus.

Des opposants de tous les côtés

Les syndicats qui regroupaient les travailleurs des plantations, des centres miniers ou des ports furent les premiers à revendiquer. Leurs membres, venus de régions et d'ethnies différentes, se battaient, pour la première fois, au nom d'intérêts communs. Et ils étaient soutenus par les syndicats des pays colonisateurs qui avaient exigé, dans les années 1930, que la liberté syndicale soit respectée dans les colonies. Par ailleurs, les étudiants venus poursuivre leurs études supérieures en France et en Angleterre mirent rapidement en cause, eux aussi, la colonisation elle-même.

Des appuis contestés

Face à la contestation, l'administration coloniale tenta de s'appuyer sur les chefs traditionnels qui cherchaient surtout à conserver leur pouvoir, mais c'était sans compter avec l'évolution de la société. Des villes avaient surgi et des Africains venant de tous les horizons se retrouvaient pour échanger leur point de vue sur le développement de leur continent. Les chefs qui voulurent faire appliquer les décisions de l'administration coloniale se trouvèrent vite déconsidérés. Ceux qui épousèrent la cause des opposants, comme le roi du Bouganda, devinrent des héros nationaux.

Julius Nyerere (1922-1999), président de la Tanzanie, de 1961 à 1985, était surnommé aussi le *mwalimu*, l'instituteur, (son premier métier).

Hailé Sélassié (1892-1975), empereur d'Éthiopie en 1930, supprima l'esclavage et lutta contre la colonisation italienne. Rentré victorieux dans son pays en 1941, il fut déposé par un coup d'État militaire en 1974.

Léopold Sédar Senghor (1906-2001) conduisit le Sénégal à l'indépendance en 1960, prépara sa succession en 1980, puis entra à l'Académie française.

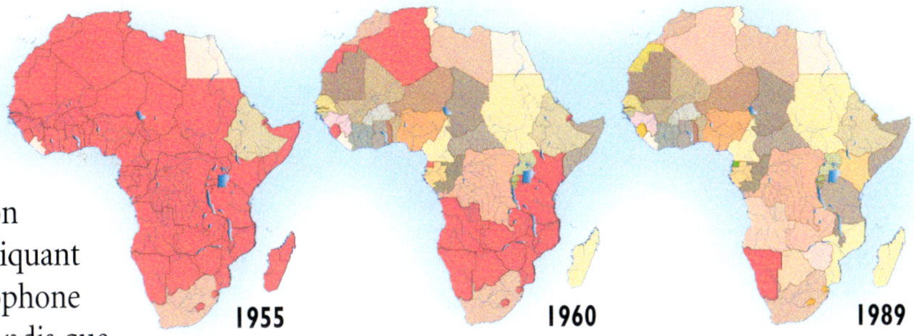

LA DÉCOLONISATION

L'union, c'est la force

Après la guerre, les administrations coloniales ne purent s'opposer à la création de partis politiques et de journaux revendiquant la liberté d'expression. Chaque pays anglophone vit naitre de grands partis d'opposition, tandis que dans les colonies francophones, un grand parti, le RDA (Rassemblement démocratique africain, fondé par Félix Houphouët-Boigny), regroupait des sections locales dans chaque territoire. Il n'en avait que plus de force pour s'opposer aux partis peu influents créés par l'administration à l'aide des anciens chefs.

Une indépendance chèrement acquise

Les pays anglophones accédèrent séparément à l'indépendance, de 1957 (Ghana) à 1965 (Gambie), après de nombreuses grèves et le boycottage des produits européens. Dans les pays francophones, le vote d'une loi-cadre, en 1956, permit à ces territoires de devenir indépendants quatre ans plus tard. Il y eut cependant de graves problèmes entre les partisans d'une indépendance immédiate comme Sékou Touré et les autres qui acceptèrent d'attendre. Ailleurs, dans les colonies portugaises, espagnoles et le Congo belge, le blocage était total, et en Rhodésie du sud (futur Zimbabwe), les colons blancs déclarèrent l'indépendance à leur seul profit.

LA LOI-CADRE

En 1956, le vote d'une loi présentée par Houphouët-Boigny et le ministre français de la France d'outre-mer, Gaston Deferre, destinée à donner un cadre à de futures réformes, introduisait le suffrage universel dans les colonies et entrouvrait la porte à l'indépendance.

LE « NON » DE SÉKOU TOURÉ

En 1958, alors que les colonies françaises étaient appelées à voter leur attachement à une communauté les liant à la France, le président du Parti démocratique de Guinée, Sékou Touré, prononça un violent discours appelant à voter « Non », ajoutant une phrase restée célèbre : « Nous préférons la pauvreté dans la liberté à la richesse dans l'esclavage. »

Félix Houphouët-Boigny (1905-1993), ancien syndicaliste, fut président de la Côte-d'Ivoire de l'indépendance à sa mort. Il donna la prospérité à son pays mais négligea de préparer sa succession.

Kwame Nkrumah (1909-1972), défenseur de l'autonomie économique de l'Afrique, dirigea le Ghana de 1957 jusqu'en 1966, date à laquelle il fut renversé par un coup d'État militaire.

Sékou Touré (1922-1984), président de la Guinée en 1958, s'accrocha au pouvoir et gouverna jusqu'à sa mort de façon autoritaire en laissant son pays en ruines.

Patrice Lumumba (1925-1961), Premier ministre de l'ancien Congo belge en 1960, s'est trouvé aux prises avec de puissants intérêts financiers et une guerre civile destructrice.

Les guerres de l'indépendance

Avec l'indépendance de l'Afrique, les grandes puissances ont trouvé un moyen de se faire la guerre sans en subir les conséquences directes. Et les conflits qui ont déchiré le continent ont continué même après la réconciliation entre les nations occidentales.

Encore les matières premières

Au moment de l'indépendance, en 1960, les responsables africains se divisèrent : certains voulaient suivre la politique des pays occidentaux alors que d'autres préféraient rester neutres. S'en sont suivies des guerres civiles très meurtrières au Congo, en Angola, au Mozambique, au Soudan et au Tchad. La raison principale était toujours la même : les matières premières, en particulier les minerais rares destinés à l'industrie nucléaire, le pétrole, le diamant industriel. Et pourtant, c'est au nom de la religion, de l'origine ethnique ou de la langue que les responsables ont poussé les gens à se combattre.

Une terrible guerre civile

En 1960, le Congo belge accédait à l'indépendance sous la pression des nationalistes dont Patrice Lumumba était un des leaders. Cet immense pays au sous-sol très riche suscita rapidement les convoitises et sa région la plus prospère, le Katanga, se déclara indépendante. Le gouvernement central tenta de reprendre le pouvoir tandis que d'autres provinces se déclaraient à leur tour indépendantes. Il en découla une terrible guerre civile de trois ans qui déstabilisa le pays. Patrice Lumumba fut assassiné.

En Somalie, comme dans plusieurs pays d'Afrique, la faiblesse de l'État a favorisé l'apparition de milices au service de pouvoirs locaux, provoquant d'interminables guerres civiles.

D'un martyr à un dictateur

Patrice Lumumba devint pour l'ensemble de l'Afrique le grand martyr de l'indépendance. C'est un de ses généraux, Désiré Mobutu, qui prit le pouvoir en 1965, instaurant un parti unique et resta à la tête du pays pendant 32 ans.

De guerre en guerre

L'Éthiopie fut attaquée en 1977 par la Somalie qui voulait récupérer la province de l'Ogaden habitée par des Somalis et annexée au XIXe siècle par le négus d'Éthiopie Ménélik II.

La sécession du Biafra

Le Nigeria avait accédé à l'indépendance en 1960 sous l'impulsion des leaders politiques du sud du pays dont le Biafra, habité par les Ibos, était une région riche en pétrole. En 1966, un général ibo prit le pouvoir, entraînant aussitôt l'opposition des habitants du nord du pays. Des commerçants ibos qui y vivaient furent massacrés, cela poussa un autre général ibo à déclarer l'indépendance de sa région, soutenu par des compagnies pétrolières. Il en résulta une guerre civile de trois ans et un million de morts avant que le gouvernement central ne parvienne à reprendre le contrôle de la région.

Le pétrole au centre des combats

Il fallut attendre la révolution de 1974 au Portugal pour que ses colonies parviennent à l'indépendance. Mais l'Angola au large des côtes duquel on venait de découvrir du pétrole attisa l'intérêt des compagnies pétrolières et l'espoir pour les dirigeants du pays d'en tirer profit. La guerre civile commença dès la proclamation de l'indépendance, un des partis s'appuyant sur l'Union soviétique, l'autre sur les Occidentaux. En 25 ans de guerre, il y eut un million de morts, causés non seulement par les combats mais aussi par la famine. Les mines antipersonnel enfouies dans la terre, continuent de faire des victimes.

LA BANDE D'AOZOU

La partie saharienne du Tchad est en guerre depuis des temps immémoriaux, y compris pendant l'époque coloniale. Quelques années après l'indépendance en 1960, les nomades du Nord prirent le pouvoir, aidés par les pays voisins comme la Libye qui revendiquait une bande de terre désertique dont le puits le plus important porte le nom d'Aozou.

Guerre de trente ans

La guerre d'indépendance la plus longue d'Afrique se déroula en Érythrée. Elle débuta juste après son annexion par l'Éthiopie en 1962 et ne se termina qu'une trentaine d'années plus tard. En Érythrée, il n'y a ni pétrole ni matières premières mais une position géographique stratégique qui empêche l'Éthiopie d'avoir un accès à la mer Rouge.

En Érythrée, l'éducation est devenue une priorité malgré la pauvreté du pays. On voit ici des enfants fêter le premier anniversaire de l'indépendance du pays.

L'Afrique toujours convoitée

L'exploitation du pétrole en mer présente des difficultés techniques, mais les plates-formes y sont en sécurité.

DES AMIS TROP PRÉVENANTS

La guerre qui a ravagé le Congo-Kinshasa entre 1995 et 2002 a attiré dans le pays plusieurs dizaines d'entreprises étrangères et huit autres pays africains. Venus sous le prétexte d'aider les Congolais à repousser leurs ennemis, ces intervenants ont exploité les ressources du pays à leur profit.

Aujourd'hui, on continue de s'intéresser à l'Afrique pour le meilleur et pour le pire. Car si ce continent accueille beaucoup de touristes, amoureux des grands espaces, la richesse de son sous-sol attire toujours ceux qui n'y voient qu'une terre à conquérir.

Le pouvoir est dans les villes

Tous les changements que l'Afrique a connus ont fini par bouleverser les sociétés. Autrefois, les chefs de village ne devaient leur pouvoir qu'au consentement de tous. Aujourd'hui, les villes abritent des gouvernements souvent éloignés des préoccupations des populations et certains responsables ne doivent leur pouvoir qu'à l'armée qui les a mis en place, à la police qui les protège et à l'argent des matières premières.

Les négriers modernes

L'Afrique ne fabrique pas d'armes à feu. Celles qui servent à faire des coups d'État et qui alimentent les guerres civiles viennent toutes de l'extérieur. Aujourd'hui, les trafiquants d'armes ont remplacé les négriers ; ils alimentent en armes ceux qui veulent prendre le pouvoir pour disposer à leur profit des richesses du continent. Ces nouvelles richesses, ce sont le pétrole, les diamants, les minerais rares pour l'industrie spatiale. Elles sont souvent directement payées dans des banques à l'étranger aux gouvernements qui permettent aux trafiquants de les exploiter. Et les travailleurs qui les produisent sont parfois emmenés de force, comme autrefois les esclaves.

Le diamant présente de grands avantages pour les trafiquants : on peut le dissimuler facilement pour en faire de la contrebande et sa rentabilité est énorme.

Le pétrole ne fait pas souvent le bonheur

Depuis la découverte du pétrole, en 1960, au Nigeria, le pays le plus peuplé d'Afrique, les régimes militaires se sont succédé, aussi impitoyables les uns que les autres, ne permettant pas aux populations de bénéficier de ce trésor. En Guinée-Équatoriale, où le pétrole est exploité en mer sur des plates-formes, 65 % de la population vit dans une extrême pauvreté et 80 % du revenu national est entre les mains d'un petit groupe de personnes.

Au Tchad, pays producteur de pétrole, on vend encore l'essence dans des bouteilles de récupération.

Les guerres du diamant

L'Angola, qui a du pétrole et des diamants, est peut-être le moins chanceux de ces pays d'Afrique riches en matières premières. Il a été ravagé pendant 25 ans par une terrible guerre civile, chacun des adversaires achetant des armes, l'un avec l'argent du pétrole, l'autre avec celui des diamants. Le Liberia, la Sierra Leone et le Congo-Kinshasa ont aussi été touchés par des guerres pour des diamants ; ceux-ci étaient vendus à des compagnies internationales par l'entremise de trafiquants qui ont utilisé des enfants comme combattants.

Mine de diamants à ciel ouvert

D'ÉNORMES INJUSTICES

Le travail dans les zones diamantifères clandestines ne rapporte pratiquement rien à ceux qui risquent leur vie à chaque instant. Et pourtant, le moindre diamant se vend à un prix colossal qui pourrait parfois nourrir une famille africaine pendant une grande partie de sa vie.

ÉLECTIONS TRUQUÉES

La démocratie a du mal à s'installer en Afrique car certains des hommes au pouvoir font tout pour y rester et n'hésitent pas à trafiquer les élections pour obtenir 90 %, voire 99 % des voix.

Des échanges inégaux

Certains objets importés de l'étranger comme les radios ou les cuvettes en plastique coûtent plus cher que le coton ou les minerais que l'Afrique vend en contrepartie. Et l'inégalité de ces échanges entre les pays occidentaux et les pays africains ne fait que s'accentuer.

Drôle de commerce

Les pays africains vendent leurs matières premières et achètent aux pays développés des produits manufacturés. Ces achats à l'étranger coûtent cher aux Africains d'autant que les voitures, les vélos ou les appareils à air conditionné sont souvent fabriqués avec des métaux extraits en Mauritanie, en Guinée ou au Congo et qui leur ont été achetés à un prix très bas.

Dans les campagnes, beaucoup de paysans continuent à s'habiller avec des vêtements en coton local par mesure d'économie. En Europe, des boutiques vendent très cher des vêtements traditionnels africains en coton tissé et teint à la main.

Les produits bruts

Parce qu'elle ne vend pas ses productions assez cher, l'Afrique n'a pas suffisamment d'argent pour construire des usines ou acheter les machines qui lui permettraient de transformer ses produits sur place. La plupart sont grossièrement purifiés avant d'être exportés dans les pays développés. Pour le coton, par exemple, on enlève la graine autour de laquelle s'accrochent les fibres de coton, puis on compresse les fibres pour former de grosses balles de 2 mètres sur 1 qui sont expédiées par bateau. Ce coton revient ensuite sous la forme de tissus imprimés à un prix beaucoup plus élevé.

L'ABANDON DES VILLAGES

L'inégalité des échanges entre le Nord et le Sud est la première cause de l'abandon des villages et de la fuite des jeunes vers les villes, où ils ne trouvent que le chômage, ou vers l'Europe, où leur sort n'est guère plus enviable.

Au Togo, le manioc est un produit qui se vend mal car les gens des villes préfèrent manger du riz importé.

Ces chaussures, vendues sur un marché de Nairobi, sont fabriquées avec des matières premières de mauvaise qualité et selon des méthodes rudimentaires, car les machines modernes coûtent trop cher.

Poulets d'Europe et coton d'Amérique

L'Afrique n'a pas assez d'argent pour aider ses paysans à supporter la concurrence des produits des paysans occidentaux subventionnés, c'est-à-dire aidés par leur gouvernement quand leur production revient trop cher. Ainsi, à Dakar, en 2003, des poulets élevés au Sénégal revenaient 2,5 fois plus cher que ceux provenant de vastes élevages français. Depuis, beaucoup de paysans sénégalais ont été forcés d'abandonner cette activité. Il en est de même pour la production de coton qui constitue le revenu principal de pays comme le Tchad, le Mali ou le Burkina Faso. Les subventions accordées aux quelques concurrents américains ont empêché le coton africain d'être compétitif sur le marché mondial, privant ainsi de revenus les paysans du Sahel.

Qui ne paie pas ses dettes s'appauvrit

Sans la possibilité de faire baisser les prix de leurs produits sur les marchés du monde, les pays africains sont obligés d'emprunter de l'argent pour assurer la bonne marche du pays en payant tant bien que mal leurs fonctionnaires. Ils finissent par devoir des sommes considérables à de grandes banques. Celles-ci alourdissent, chaque année, ces emprunts d'un intérêt qu'on appelle le « service de la dette » et qu'il faut rembourser en plus des sommes dues. Aujourd'hui, de nombreux pays africains n'arrivent même pas à rembourser ce « service de la dette ».

TRAVAILLER SANS ÊTRE PAYÉ

Dans des pays comme la République centrafricaine, le Tchad ou le Congo-Kinshasa, il y a des années où les fonctionnaires doivent attendre 5 ou 6 mois avant de recevoir leur salaire car l'État n'a pas l'argent pour les payer. Dans d'autres pays, les soldats menacent de faire un coup d'État si on ne leur verse pas leur solde.

La ronde des sigles

Plus les organisations d'aide internationales interviennent dans un pays, plus cela signifie que l'État est trop pauvre pour assumer lui-même la santé publique ou l'éducation.

De nombreuses organisations internationales interviennent en Afrique dans des domaines aussi variés que la protection des enfants (UNICEF), l'amélioration de l'agriculture (FAO), la sauvegarde des biens culturels (UNESCO) ou la vente des produits africains en Europe.

Touche pas à ma frontière !

Dès l'indépendance, le Congo-Kinshasa, la Mauritanie et le Soudan furent menacés d'éclatement car une partie de leur population voulait devenir indépendante à son tour ou rejoindre le pays voisin. Pour éviter que ces conflits ne s'aggravent, les pays indépendants fondèrent une organisation pour discuter des problèmes et pour aboutir à l'unité du continent souhaitée par beaucoup d'Africains. Cette Organisation de l'unité africaine (OUA) fut créée en 1963 à Addis-Abeba, la capitale de l'Éthiopie, seul pays d'Afrique non colonisé. Son principe qui était de ne pas remettre en question les frontières coloniales évita plusieurs guerres. En 2001, l'OUA a pris le nom d'Union africaine.

Contre l'insécurité alimentaire

Face aux grandes puissances contre lesquelles elle ne peut lutter, l'Afrique s'est tournée vers les Nations unies et ses organisations spécialisées, à la recherche d'une aide pour résoudre ses difficultés agricoles ou culturelles. L'Organisation pour l'alimentation et l'agriculture (FAO) envoie des experts afin de trouver des solutions pour améliorer les sols et lutter contre l'irrégularité des récoltes. Le Programme alimentaire mondial (PAM) intervient dans les situations d'urgence pour fournir des aliments, en général des céréales.

Une bouchée qui passe mal

On a constaté que les dons alimentaires distribués sans tenir compte de la situation agricole d'un pays peuvent avoir des effets néfastes sur son économie. Les productions locales risquent de ne plus se vendre, ce qui accentue la crise alimentaire qu'on veut combattre. La vente de ces dons alimentaires sur les marchés, à un prix raisonnable, semble être la moins mauvaise des solutions.

Oublier les colonies

Quand l'Union européenne a commencé à se constituer dans les années 1970, les colonisateurs (dont la France) qui avaient conservé des liens avec leurs anciennes colonies ont signé en 1975, à Lomé, capitale du Togo, des accords pour favoriser les exportations africaines en Europe. On a supprimé les droits de douane pour les produits tropicaux comme les ananas qui n'entrent pas en concurrence avec des produits européens. Par la suite, ces accords ont été élargis à d'autres pays de la planète qu'on appelle aujourd'hui « pays ACP » pour Afrique-Caraïbes-Pacifique.

Les organisations internationales interviennent en situation d'urgence quand il n'y a pas d'autre solution. Mais il vaut mieux empêcher les situations politiques de se détériorer.

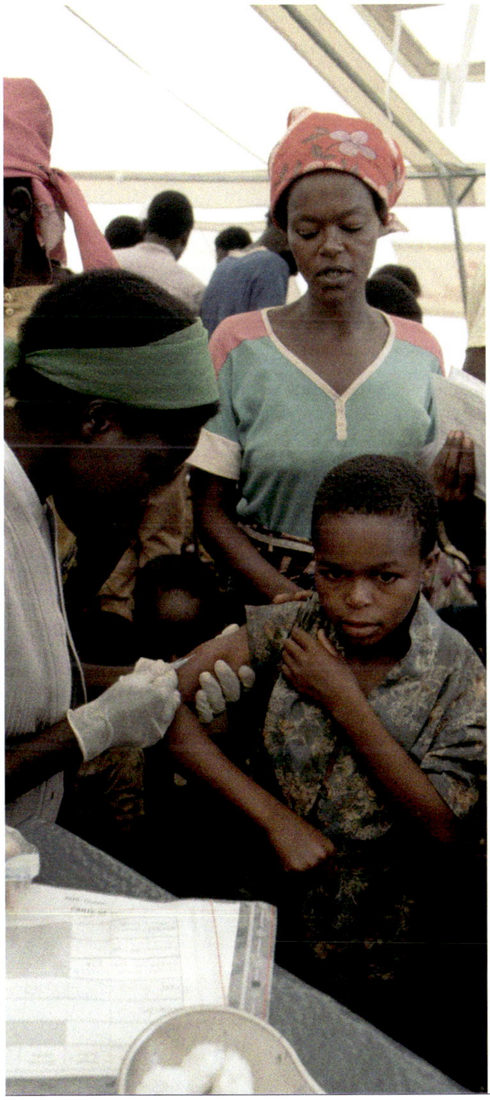

Indépendantes et humanitaires

Pour marquer leur indépendance, les jeunes pays ont cherché à prendre leurs distances vis-à-vis de leurs anciens colonisateurs et ont préféré recevoir des aides de la part d'organismes indépendants. Ces organisations non gouvernementales (ONG) sont financées par les pays riches ou l'Europe. Elles posent moins de problèmes politiques à celui qui donne comme à celui qui reçoit. Et elles sont beaucoup plus efficaces et plus rapides en cas d'urgence comme lors d'une inondation, un tremblement de terre ou une crise alimentaire.

Les guerres et la pauvreté des services publics empêchent l'entretien des égouts, ou des adductions d'eau, ce qui favorise la prolifération des mouches et des moustiques, vecteurs de maladies qu'on prévient par des campagnes de vaccination.

Des médecins contre la guerre

Les organisations non gouvernementales sont apparues au cours des années 1970. Elles sont nées de la guerre du Biafra, au Nigeria, qui avait causé la mort d'un million de personnes entre 1967 et 1970. À cette époque, les médecins, intervenus pour soigner les populations encerclées, faisaient partie de Médecins sans frontières, organisation aujourd'hui présente dans la plupart des endroits où il y a des conflits.

La bombe démographique

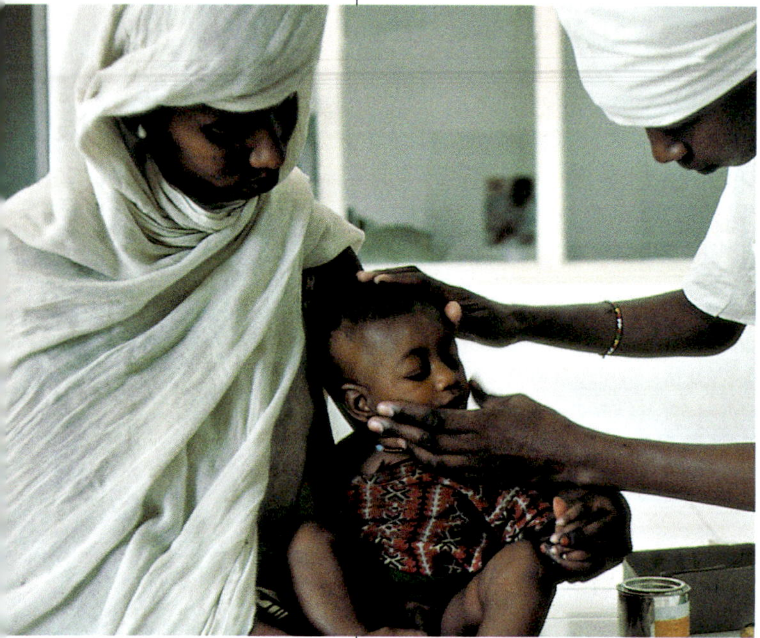

La santé des jeunes enfants est de mieux en mieux surveillée dans les centres de protection maternelle et infantile.

Avec moins de 30 habitants au kilomètre carré, l'Afrique paraît être un continent sous-peuplé, mais une grande partie de sa superficie est occupée par des terres arides ou au climat difficile. L'augmentation de la population pose donc de gros problèmes.

Beaucoup de monde à nourrir

Malgré les catastrophes politiques, sanitaires et climatiques qui assaillent l'Afrique, sa population augmente rapidement. On estime qu'il y avait environ 150 millions d'Africains en 1920. Avec 830 millions d'habitants en 2003, y compris l'Afrique du Nord et l'Égypte, ils devraient être 1 289 millions en 2025. Cette augmentation est due en grande partie aux progrès de la vaccination, de l'hygiène et à une amélioration des méthodes de culture et de nutrition. Mais depuis une dizaine d'années, on constate avec inquiétude une stagnation de la production alimentaire.

Le cercle vicieux

Les démographes ont remarqué que plus les problèmes de nourriture étaient fréquents, plus les familles voulaient avoir d'enfants. Et plus ces familles avaient d'enfants, plus nombreux étaient ceux qui mouraient de malnutrition peu après leur naissance. L'Afrique se trouve enfermée dans des cercles vicieux où les sécheresses et la démographie font surgir des conflits pour la possession de terres cultivables ou destinées au bétail, comme au Soudan, au Rwanda, entre le Togo et le Ghana ou sur les rives du fleuve Sénégal. Ces guerres entraînent la fuite des populations vers des zones plus clémentes où les réfugiés se heurtent aux populations locales qui n'ont pas elles-mêmes assez de terres pour les accueillir.

TOUJOURS ELLES !

En Afrique, où les hommes sont souvent partis travailler au loin, ce sont les femmes qui assurent la nourriture quotidienne de la famille en faisant du petit commerce.

Le sport et le jeu contribuent à l'amélioration générale de la santé et favorisent le développement de l'esprit d'équipe qui est fort utile pour affronter les difficultés.

Moins d'enfants mais en bonne santé

Le continent s'urbanise rapidement, et l'on pense qu'en 2020, l'Afrique comptera 30 villes de plus de 1 million d'habitants. Malgré tous les problèmes qu'elle crée, en particulier le chômage et l'insécurité, l'urbanisation est considérée comme une modernisation de la société, car, en ville, les gens ont un accès plus facile à l'éducation et aux soins. Les familles y comptent moins d'enfants, mais en meilleure santé. Les gens disposent d'une meilleure information pour lutter contre les maladies comme le sida. Et l'hygiène publique est mieux contrôlée.

L'éducation des filles est une des priorités dans l'enseignement.

DE PLUS EN PLUS PAUVRE

Dans les pays qui vivent de façon traditionnelle, on constate qu'une forte dégradation des sols et la difficulté à nourrir une population chaque jour plus nombreuse entraînent un appauvrissement. Si la situation s'améliore en Amérique latine et en Asie, en Afrique la pauvreté généralisée gagne du terrain.

DES CHIFFRES INADMISSIBLES

En 1980, on constatait qu'un pauvre sur dix était africain. Aujourd'hui, ce chiffre est d'un sur trois, et si les prédictions des économistes sont justes, il sera d'un sur deux en 2015.

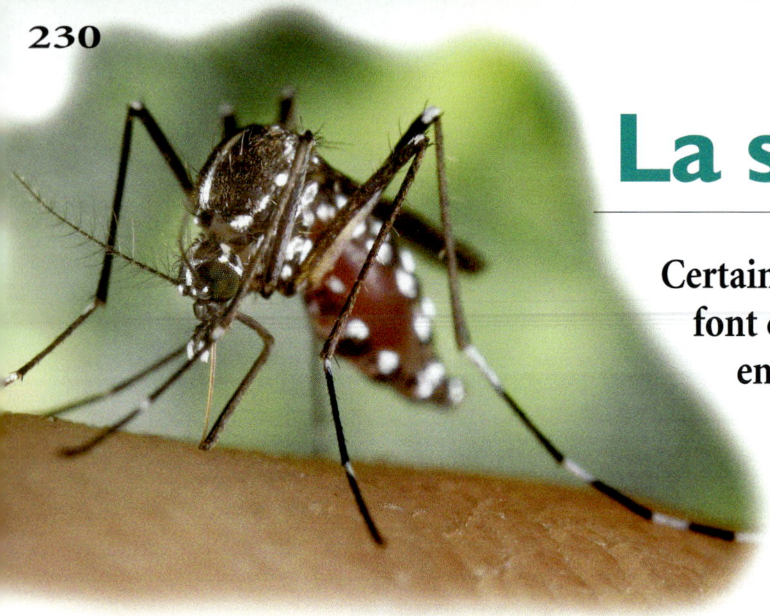

La santé en péril

Certaines maladies, comme le paludisme, font depuis longtemps des hécatombes en Afrique, affaiblissant durablement les populations. Et depuis la fin des années 1990, l'épidémie de sida est devenue la première cause de mortalité sur le continent.

Le paludisme est dû à un parasite qui se loge dans les cellules du foie, puis dans les globules rouges, et provoque des fièvres intermittentes pouvant atteindre 40 ou 41 °C. Il est transmis par un moustique, l'anophèle.

Régions interdites

Les maladies tropicales furent longtemps appelées « fièvres », car on ne connaissait ni leurs causes ni les moyens de les soigner. Des régions entières du continent étaient inhabitées, comme les vallées des Volta au Burkina ou les bords de très nombreuses rivières d'Afrique centrale. Personne ne s'y installait car on y mourait de maladies diverses, allant de la cécité au paludisme, en passant par la fièvre jaune et la maladie du sommeil.

Le retour du paludisme

Depuis 1945, de grandes campagnes ont été menées pour tenter de vaincre le paludisme en luttant contre les moustiques qui le transmettent. Mais elles ont aujourd'hui perdu de leur efficacité : le paludisme connaît un regain dans les régions marquées par de grands changements écologiques dus à la mise en exploitation sans frein des forêts ou à l'irrigation qui multiplie les eaux stagnantes. La savane africaine et les régions à forte pluviosité sont propices, elles aussi, au paludisme qui touche plus de 300 millions de personnes en Afrique et en tue près d'un million et demi chaque année, dont la moitié sont des enfants.

Un nouveau fléau

Depuis que les pays développés ont diminué leur consommation de tabac, les compagnies distributrices se sont tournées vers les pays pauvres. Selon l'Organisation mondiale de la santé, des millions d'Africains décéderont, dans les années à venir, de façon prématurée à cause du tabagisme qui sensibilise, en plus, aux maladies tropicales.

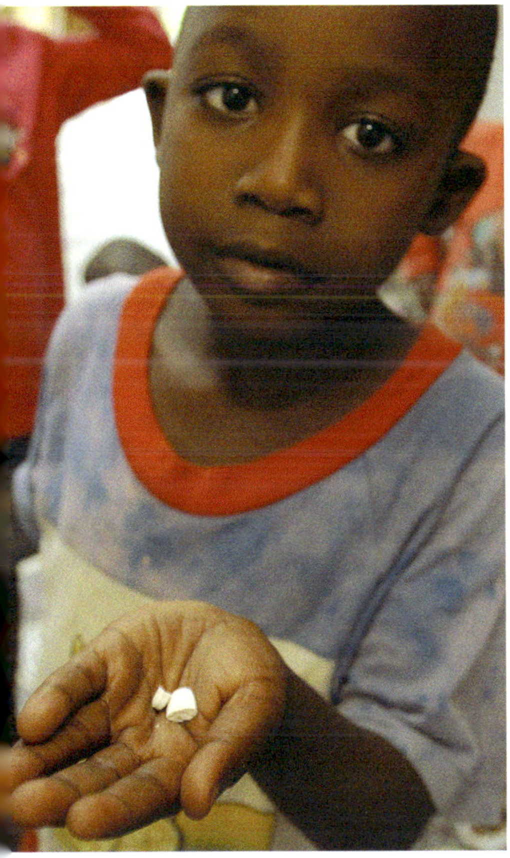

Une propagation trop rapide

On n'a pas réussi à éradiquer le paludisme en Afrique ; ce fléau n'a pas beaucoup intéressé les pays riches qui, n'étant pas touchés, n'ont pas investi dans un soutien à grande échelle. Par ailleurs, le sida s'est propagé sur le continent avec une rapidité terrifiante, accentué par les guerres qui ont ravagé de nombreux pays, par les déplacements de populations, par l'irresponsabilité de certains dirigeants politiques et religieux locaux et par l'effondrement des systèmes de santé.

Sur dix enfants infectés par le virus du sida, neuf vivent en Afrique, au sud du Sahara. Ce petit Kényan porteur du virus du sida tient dans sa main des comprimés qui pourraient soigner sa maladie, mais que ses parents n'ont pas les moyens d'acheter.

L'horreur du sida

Dans une quinzaine de pays africains, l'espérance de vie a fait une chute brutale de dix ans : en Afrique du Sud, un millier de personnes par jour sont mortes du sida en 2003. En Afrique australe, un pays comme la Zambie compte un adulte sur deux infecté par le virus. Des entreprises doivent fermer car une grande partie de leur personnel qualifié a été emportée par l'épidémie. Pourtant, des traitements existent, mais ils coûtent trop cher pour les Africains, car les laboratoires occidentaux qui les fabriquent refusaient encore récemment d'en diminuer le prix ou de libérer leurs droits sur les brevets pharmaceutiques.

De virus en virus

Un autre virus tout aussi inquiétant que celui du sida, car on n'a pas encore trouvé de remède, est celui de la fièvre hémorragique Ebola. Son apparition en 1976 et sa généralisation, à la fin des années 1990, dans les régions forestières du Gabon et du Congo-Kinshasa semblent liées aux gorilles ; l'homme aurait contracté le virus lors de la déforestation de l'habitat des grands primates.

Des traditions à changer

Une meilleure santé passe par la remise en cause de certaines traditions comme celle de l'excision qui favorise les infections et empêche parfois les femmes d'avoir des enfants. En Afrique, des associations de femmes organisent des campagnes d'information pour montrer les dangers de l'excision.

L'anophèle se développe dans les eaux stagnantes comme les marais, les canalisations à ciel ouvert et même les récipients contenant de l'eau croupie. En regardant de près, on remarque les larves à la surface.

Au secours, désert !

Les Africains ne cessent de lutter contre l'aridité du désert et la violence des pluies tropicales.

En Mauritanie, le sable a envahi le village d'Akreijit ainsi que la mosquée dont seul le minaret émerge des dunes.

Les leçons du passé

Se promener en Afrique dans les dunes du Sahara, les plaines herbeuses de la savane ou au bord des rivières de la forêt est une façon de voyager dans le passé. Partout, un œil exercé peut découvrir les traces des Africains d'autrefois : trois pierres de leurs anciens foyers, les murs en banco de leurs cases et même les endroits où ils taillaient leurs pointes de flèches en pierre. Aujourd'hui, ces endroits sont déserts, car le climat a chassé les hommes vers des lieux plus hospitaliers.

Cap au sud

La désertification gagne inéluctablement du terrain malgré les années pluvieuses, porteuses d'espoir pour les habitants du Sahel qui s'accrochent à des sols que le sable, apporté par le vent, rend stériles. En Afrique occidentale, les paysans chassés par la désertification émigrent vers le sud, s'installent sur des terres plus arrosées. Mais ils finissent par être trop nombreux et la désertification continue d'avancer. Alors ils partent de nouveau vers le sud et la côte où ils tentent de se faire embaucher dans les ports ou les plantations. Cet exode provoque des problèmes politiques avec les populations locales comme en Côte-d'Ivoire.

Au Sahel, à la fin de la saison sèche, quand les animaux ne trouvent plus rien à manger sur le sol, ils mangent les feuilles des arbustes, comme cette chèvre, près de Niamey.

Victime d'une inondation

Les rares pluies qui tombent au Sahara peuvent provoquer des catastrophes car toute l'eau d'une année peut tomber en une seule fois. En 1999, l'ancienne petite cité caravanière de Tichit en Mauritanie, à une dizaine de kilomètres d'Akreijit, a été dévastée par des pluies torrentielles. Plusieurs maisons, dont les murs étaient joints par de la terre, se sont écroulées.

Les batailles de l'eau

Il est possible de freiner la désertification, car elle résulte en partie de l'action humaine. Le moyen le plus efficace consiste à protéger les arbres, ou à en planter de nouveaux pour que leurs racines empêchent l'eau de pluie d'emporter la terre. Depuis peu, l'établissement de petits barrages de terre pour retenir l'eau favorise l'aménagement de champs de mil. Sur les fleuves et les rivières, la construction de grands barrages en ciment permet d'irriguer de vastes superficies, mais la nécessité de les rentabiliser en y plantant des cultures d'exportation empêche de produire assez de cultures vivrières destinées à la population.

La qualité de l'eau destinée à la consommation pose problème. À Djibouti, cette femme afar remplit une outre en peau avec de l'eau d'une source où viennent boire les animaux.

UN PROBLÈME DE TAILLE

L'eau sera le grand problème du XXIe siècle. Sa consommation dans le monde a été multipliée par 7 depuis le début du siècle, mais elle est inégalement répartie. Quand un Africain en utilise 30 litres par jour, un Américain en consomme 600. Un homme sur quatre ne dispose pas d'eau potable.

À Djibouti, on a aménagé un jardin au-dessus d'une nappe d'eau et remplacé le *chadouf* en arrière-plan par une motopompe qui permet d'amener l'eau dans de petits canaux d'irrigation.

Le paysan avait raison

L'exploitation intensive de la grande forêt a produit dans de nombreuses régions des catastrophes écologiques en mettant les sols à la merci de la violence des pluies, plus abondantes que dans la savane ou le Sahel. En Côte-d'Ivoire ou au Congo-Kinshasa, des plantations abandonnées en raison de la baisse du prix des matières premières ont fait place à l'érosion. Ailleurs, comme au Rwanda, où la terre est en forte pente, la guerre a fait fuir les paysans qui entretenaient des haies pour retenir la terre, et les terres ont été emportées par les pluies. Aujourd'hui, on pense que l'ancienne culture itinérante pratiquée par les paysans était celle qui permettait le mieux la conservation de la forêt.

LE MIEUX, ENNEMI DU BIEN

Au Burkina Faso, à la fin des années 1970, il a fallu assainir la vallée de la Volta noire avant de construire un barrage. Une première tentative pour installer des paysans avait entraîné l'onchocercose, ou « cécité des rivières », touchant 15 % de femmes et 20 % d'hommes adultes en 5 ans. Cette maladie qui rend aveugle est provoquée par une mouche, la simulie, qui se développe dans les eaux stagnantes comme celle des rizières.

La mémoire retrouvée

On a longtemps considéré que l'Afrique n'avait pas d'histoire, une affirmation que les Africains démentent en faisant surgir les vestiges d'un passé riche en événements, en réalisations et en innovations.

En péril

À Tichit, comme dans le reste de la Mauritanie, on conserve des manuscrits anciens dans de mauvaises conditions. Ils sont à la merci du sable et des pluies qui s'abattent, une fois par an, sur cette région désertique.

L'adieu aux Gaulois !

Devenus indépendants, les États africains ont remplacé les manuels d'histoire des colonisateurs qui parlaient des Gaulois, des Romains ou des Germains. La connaissance de leur propre histoire était indispensable à ces pays neufs qui avaient besoin de se forger une identité pour entrer dans la communauté des nations et pour éduquer leurs jeunes générations. Il leur fallait aussi connaître l'évolution des sociétés et la cause des événements passés pour trouver des solutions à la dégradation des sols et aux migrations des populations.

En Mauritanie, les femmes nomades décorent des peaux de chèvres de motifs traditionnels, puis les cousent afin d'en faire des coussins.

Arrachés aux sables

Des enquêtes ont été lancées auprès des nomades du Sahara pour répertorier les manuscrits conservés dans les bibliothèques des anciens centres caravaniers, pour les photographier et pour sauver les plus importants. Plusieurs de ces manuscrits sont des chroniques qui racontent l'histoire des tribus, d'autres sont des traités d'astronomie ou de philosophie. Comme pour la tradition orale, ces manuscrits sont des copies écrites à la main de manuscrits plus anciens qui ont disparu à force de manipulations.

Le langage des signes

Il n'y a pas que les griots qui transmettent les récits épiques du passé. Les potières, les tisserands, les teinturières transmettent à leur façon des maximes philosophiques ou l'image des ancêtres fondateurs en modelant les décors des poteries, en peignant avec des terres de couleur des motifs sur les murs, ou en trempant dans la teinture des tissus qui s'orneront de dessins étonnants.

« En Afrique, chaque vieillard qui meurt est une bibliothèque qui brûle. »

Tel est le cri d'alarme lancé au début des années 1960 par un sage africain, Hamadou Hampaté Bâ, à la tribune de l'UNESCO. En effet, la mémoire vivante du passé est conservée et transmise par les griots, mais cette mémoire s'altère avec le temps et les transmissions d'un griot à l'autre. Une grande campagne a donc été lancée dans plusieurs pays pour enregistrer sur bande magnétique les récits des griots. Les radios nationales ont été sollicitées et ont mis leurs moyens techniques à la disposition des chercheurs.

Chez les nomades du nord du Mali, le griot joue d'une guitare à une corde pour accompagner son récit chanté.

La mémoire des pierres

La tradition orale ne peut pas faire l'histoire à elle toute seule, car la mémoire s'estompe et se modifie. C'est pourquoi on a lancé des fouilles archéologiques et mis en place un chantier en Mauritanie pour former de jeunes étudiants africains à la rigueur de la recherche archéologique. En Afrique comme ailleurs, les archéologues travaillent en étroite collaboration avec de nombreux autres scientifiques.

Les géologues aident les archéologues à comprendre l'évolution des paysages et, grâce à la palynologie – étude du pollen des fleurs retrouvé dans le sol –, on tente d'expliquer les transformations du climat.

LES VOLEURS DU PASSÉ

Les historiens ont lancé une grande campagne pour préserver les sites archéologiques des pillages organisés, destinés à vendre sur le marché international les objets trouvés dans les tombes ou les villages abandonnés, en particulier au Mali et au Niger. Ces vols sont tellement nombreux que les chercheurs ont du mal à conserver un site intact pour le fouiller avec toute la rigueur scientifique voulue.

Les grands espaces

En Afrique australe, on endort les rhinocéros en leur injectant de puissants somnifères ; cela afin de les transporter pour repeupler les parcs où ils ont été décimés par les trafiquants.

L'Afrique reste un sanctuaire pour les sites naturels et la grande faune sauvage. Mais l'exploitation des ressources minières et l'augmentation de la population constituent une menace pour les paysages et les espèces en voie de disparition.

Cohabitation pacifique

Pendant des siècles, les populations ont appris à cohabiter avec le monde de la brousse et à partager les ressources de la nature avec les animaux. Au Kenya, les bergers massaïs ne faisaient paître leurs bovins dans les plaines de Serengeti qu'après la migration des gnous, ce qui contribuait à entretenir la prairie. De même, les bergers peuls d'Afrique occidentale considéraient qu'il était dans l'ordre des choses que le lion dévore leurs animaux malades. Au Niger, les girafes, qui vivent près des habitations, évitent les champs de mil et les paysans considèrent leur présence avec sympathie.

La faune sauvage domestiquée

Plusieurs tentatives ont été faites pour utiliser et domestiquer les animaux sauvages. Au Congo, pendant l'époque coloniale, on a essayé en vain de dresser les éléphants comme ceux d'Asie et même d'atteler des rhinocéros. Les autruches sont aujourd'hui élevées jusqu'en Europe pour leur viande, et au Kenya, quelques élevages d'antilopes ont été mis en place. Mais ces productions, réservées à une minorité, n'ont pas réussi à se développer.

La nature en danger

L'explosion démographique actuelle entraîne un conflit pour la terre entre l'homme et la faune sauvage. Les nomades ont tendance à se sédentariser et à devenir agriculteurs, réduisant les territoires des grands mammifères comme les éléphants et les buffles.
Les paysages aussi paient un lourd tribut à la course aux matières premières.
Au Botswana, l'exploitation des régions riches en diamants a bouleversé le pays de fond en comble et s'est accompagnée de l'expulsion des Bochimans qui y habitaient. Dans l'est du Congo-Kinshasa, où les trafiquants font la loi, la course aux minerais rares entraîne des désastres écologiques.

Dans les parcs nationaux, les prédateurs comme les guépards maintiennent l'équilibre entre le nombre d'animaux et l'espace de prairie disponible.

Animaux en voie de disparition

Le braconnage aussi fait des ravages. Au Congo, les gorilles des montagnes de la chaîne des Birunga sont massacrés pour leur peau, leurs mains et leurs pieds qui servent à faire des sièges. Les rhinocéros d'Afrique australe ont vu leur nombre chuter fortement car leur corne sert à faire des gaines de poignards au Yémen ou, réduite en poudre, est utilisée dans la pharmacopée asiatique. Aux Comores et à Madagascar, des papillons inconnus dans le reste du monde font l'objet d'un commerce illégal à grande échelle. Et le trafic de l'ivoire pour fabriquer des clips de ceintures sculptés au Japon coûte chaque année la vie à des milliers d'éléphants.

Des réserves pas naturelles

Les premiers parcs créés pour protéger la faune datent de l'époque coloniale et ont laissé des souvenirs amers dans les populations. Ils ont souvent été délimités au détriment des habitants, en particulier des pasteurs qui ont vu leurs pâturages amputés de vastes superficies comme en Tanzanie ou au Kenya. Les pays indépendants ont repris à leur compte cette création de parcs nationaux, car le tourisme rapporte beaucoup d'argent. Malheureusement, les pasteurs profitent peu de cette richesse qui entre dans le budget des États et favorise plutôt les gens des villes et l'installation des agriculteurs.

DES DIAMANTS POUR LE SIDA

Au Botswana, pays d'Afrique australe qui détient le triste record d'une personne sur trois de 15 à 60 ans atteinte par le virus du sida, l'argent des diamants doit permettre de soigner le tiers des malades et de maintenir un niveau d'éducation élevé.

La circulation en automobile dans un parc national est réglementée. Il est très dangereux de s'aventurer au dehors, en particulier face à des cynocéphales.

Les nouvelles technologies

À Djibouti, la station terrienne permet de capter les images de la télévision d'autres pays envoyées par satellite, et de les rediffuser en ville.

PLUS DE TRICHE !

La transmission rapide des résultats électoraux dans les villages de brousse, grâce à l'extension des lignes téléphoniques et d'Internet, rend plus difficile la manipulation des consultations électorales.

À l'aube du XXIe siècle, l'Afrique a un nouveau pari à gagner, celui de faire progresser son niveau de développement. Et pour rattraper les pays occidentaux, il va lui falloir brûler les étapes. Dans cette course au progrès, les nouvelles technologies, dont celles de l'information, pourront lui être d'une aide précieuse.

Vive la révolution informatique !

L'Afrique a toujours souffert d'être séparée du reste du monde, avec lequel elle ne pouvait pas communiquer. Cet isolement existe à l'intérieur même du continent, où des oasis et des villages au cœur de la forêt restent coupés des grands centres pendant des jours, voire des semaines, à cause de la vétusté des routes et de l'absence de véhicules. Au XXe siècle, la radio avait déjà apporté une ouverture. Avec Internet, c'est une révolution !

Du village africain au village planétaire

Autrefois, le village se groupait sous le manguier pour écouter les nouvelles du jour et entendre le griot parler des événements du passé. Aujourd'hui, avec un ordinateur, des batteries rechargées grâce à l'énergie solaire, et une antenne dirigée vers un satellite ou branchée sur la ligne téléphonique, le même village peut s'informer sur les événements du monde et être plus ouvert aux innovations techniques. En deux clics de souris d'ordinateur, un jeune Malien de Tombouctou peut voir comment vivent les Eskimos, ou une mère de famille camerounaise s'informer sur le contrôle des naissances.

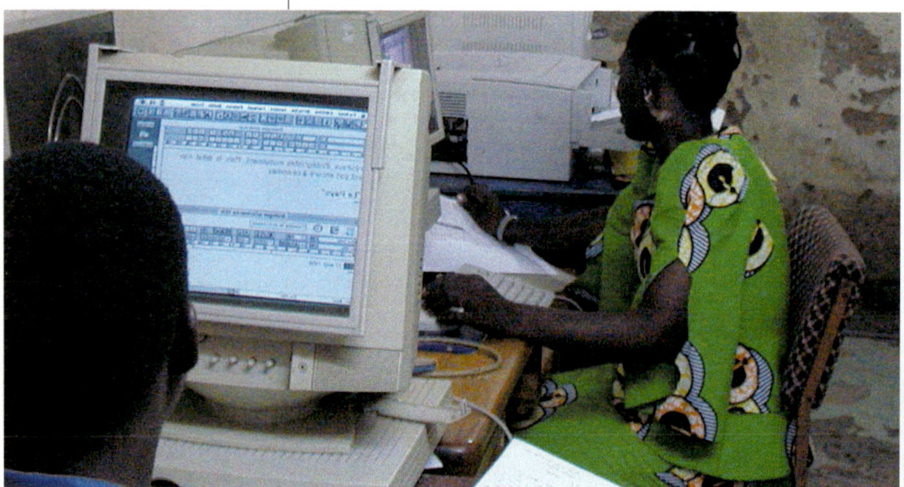

Au-delà des frontières

Grâce au courrier électronique diffusé par Internet, les villageois peuvent recevoir à moindres frais des nouvelles de leurs enfants ou de leurs parents émigrés en Europe ou aux États-Unis. De la même façon, les associations et les petites coopératives, nombreuses en Afrique, peuvent vendre leurs produits jusqu'à Hong-Kong et New York, comme le font les Mauritaniennes avec leurs voiles teints à la main, en envoyant des photos de leurs productions.

OPÉRÉ PAR INTERNET

Les nouvelles technologies de la communication peuvent être d'un grand secours à l'Afrique qui manque de spécialistes en matières médicales comme la chirurgie cardiaque. Ainsi, le patient peut se trouver sur un continent et le spécialiste ailleurs devant un écran, d'où il donne ses directives à l'équipe médicale d'intervention.

En Afrique, le problème du téléphone est surtout lié à la pose et à l'entretien des fils. Le portable se répand donc de plus en plus.

Un outil de la démocratie

Il y a d'abord eu la cabine téléphonique du village, puis on a pu envoyer ou recevoir des fax. Aujourd'hui, on branche un ordinateur. Dans les villes, les cybercafés, ou cyberthés au Sahel, sont les lieux de rendez-vous des jeunes et en général des personnes les plus dynamiques de l'endroit. Ils y trouvent les informations que la radio, contrôlée par le gouvernement, ne diffuse pas toujours ou que les journaux, manquant de moyens, sont incapables de donner.
À l'intérieur d'un pays, la modernisation des moyens de communication permet, par exemple, de mieux contrôler l'honnêteté d'un vote, ce qui n'est pas toujours le cas en Afrique.

D'UN MÉDIA À L'AUTRE

Le grand problème des journaux reste la distribution malgré la modernisation des rédactions (à gauche). À Ouagadougou, on assemble à la main les pages du *Pays*, le plus grand journal indépendant du Burkina Faso qui tire à 3 000 exemplaires (à droite). La radio reste le meilleur moyen pour diffuser les informations, mais elle n'entretient pas l'habitude de la lecture.

Des mots et des images

Si les Africains font preuve d'une vraie originalité en littérature et en cinéma, leur continent est malheureusement très démuni en librairies et en salles de cinéma.

Une tradition orale

L'Afrique traditionnelle possède une riche littérature orale faite de contes, de légendes et de récits historiques. Les premières œuvres écrites évoquent les personnages prestigieux du passé comme *Chaka, une épopée bantoue* de Thomas Mofolo (1926) ou *Soundiata ou l'Épopée mandingue* de Djibril Tamsir Niane (1960). Les premiers romans datent d'une cinquantaine d'années et décrivent la nostalgie des Africains, devenus citadins, pour la vie au village et leurs difficultés d'adaptation ; le Guinéen Camara Laye, par exemple, est connu pour *L'Enfant noir* (1953) et le Camerounais Mongo Beti pour *Ville cruelle* (1954).

En Afrique, le problème de l'alphabétisation consiste surtout à continuer à faire lire ceux qui ont appris à lire, en favorisant la presse écrite et la diffusion d'ouvrages à faible prix.

Un prix Nobel au Nigeria

Par la suite, les écrivains africains ont souvent pris pour cibles les régimes politiques de l'après-indépendance ; c'est le sujet des romans du Nigérian Wole Soyinka, prix Nobel de littérature en 1986, ou de l'Ivoirien Amadou Kourouma dont le dernier ouvrage *En attendant le vote des bêtes sauvages* (1998) décrit les mauvaises actions des hommes politiques. Certains écrivains ont même payé de leur vie leurs propos dans les journaux ; ainsi le Nigérian Ken Saro-Wiwa fut pendu en 1995 pour avoir dénoncé les dégâts faits à l'environnement par l'exploitation pétrolière.

Être écrivain ou journaliste en Afrique n'est pas facile, on risque toujours de déplaire à quelqu'un en critiquant ce qui ne marche pas. Wole Soyinka en sait quelque chose !

Un écrivain au cachot

Wole Soyinka est né dans le sud du Nigeria en 1934. Auteur de théâtre et de romans, il témoigne des interrogations des Africains dans le monde actuel, et, comme beaucoup d'autres écrivains, de la guerre et de la dictature. Dans *Le Maléfice des jacinthes* (1999), Soyinka, qui a passé plus de deux ans dans un cachot, évoque la vie des prisonniers politiques dans un pénitencier envahi par des jacinthes d'eau.

Si les cinéastes africains ont beaucoup de mal à montrer leurs films dans les villes africaines, ils en ont encore plus à les montrer en brousse, car il n'y a pas toujours d'électricité. La plupart des cinémas sont en plein air, comme ici, à Ouagadougou, lors du Festival panafricain.

Un cinéma tout jeune

Pendant longtemps, les seuls films tournés en Afrique étaient des œuvres d'Européens et concernaient peu les Africains. Car faire du cinéma coûte cher et les salles de projection n'existaient que dans les grandes villes. Des aides de la France et de l'Europe ont été données à partir des années 1970 à des réalisateurs et un Festival panafricain du cinéma (Fespaco) a été mis sur pied à Ouagadougou, au Burkina Faso, dans les années 1980 pour présenter des films 100 % africains. De grands cinéastes ont réussi à s'imposer. Le Sénégalais Ousmane Sembene et le Malien Souleymane Cissé ont d'ailleurs été sélectionnés au Festival de Cannes.

L'Afrique au cœur du sujet

Les cinéastes se font les porte-parole des problèmes qui assaillent le continent. Ils exposent les difficultés simples de la vie quotidienne qui entravent le développement de leurs pays, la dot pour le mariage, l'espoir de l'émigration ou le poids des traditions. Abderrahmane Sissako, dans *Heremakono* (2002), met en scène un jeune Africain qui attend à Nouadhibou, en Mauritanie, d'émigrer pour l'Europe. Ousmane Sembene traite du problème de l'excision dans son film *Moolaade* (2002) tandis que Gaston Kaboré dénonce la croyance en la sorcellerie dans *Buud Yam* (1997). Ils réaffirment leurs droits à la reconquête du continent, ils racontent leurs racines, leurs identités comme Souleymane Cissé, en 1987, dans son film *Yeelen (la lumière)*.

DU CINÉMA POUR LES EUROPÉENS

Les films africains ont beaucoup de mal à être projetés en Afrique car il y a trop peu de salles, et la télévision préfère montrer des films indiens ou de karaté. Beaucoup de films africains sont mieux diffusés en Europe qu'en Afrique même.

DE VRAIS PROFESSIONNELS

Parlant à ses compatriotes des cinéastes dynamiques du Burkina, le responsable du cinéma au Nigeria, un pays dix fois plus peuplé et riche en pétrole, leur a conseillé de prendre exemple sur leurs collègues burkinabés qui travaillent comme des professionnels.

Porteurs d'espoir

Beaucoup d'artistes africains accèdent à la notoriété dans l'ensemble de l'Afrique en passant par l'Europe, car en restant dans leur pays, ils sont considérés avant tout comme des chanteurs nationaux. Ici, la chanteuse camerounaise Sally Nyolo se produit sur la scène du café de la Danse à Paris.

Les stars africaines de la musique et du ballon rond sont connues sur tous les continents malgré la difficulté d'organiser des manifestations panafricaines par manque de salles ou de stades. L'Afrique tient aussi un rôle de premier plan dans le monde grâce à sa diplomatie.

Les nouveaux griots

Né dans les plantations du Nouveau Monde, de la rencontre des esclaves avec les instruments de musique occidentaux, le jazz a profondément marqué la musique occidentale contemporaine. Il a engendré de nouvelles musiques africaines : l'afrobeat, le highlife et la rumba, entre autres. Aujourd'hui, des chanteurs comme Salif Keita, Manu Dibango, Youssouf N'Dour sont devenus les griots de la nouvelle Afrique. Ils trouvent aussi bien leur inspiration dans l'ancienne tradition orale et dans les instruments traditionnels, du balafon à la kora ou aux tam-tams, que dans les guitares électriques et les synthétiseurs.

Africolor de Kinshasa à Saint-Denis

La musique est le secteur qui fonctionne le mieux en Afrique grâce à des structures de production et de distribution qui se développent de plus en plus sur le continent. Pour sa quatrième édition, en 2003, le FESPAM, festival panafricain de musique, a eu lieu à Brazzaville, au Congo. On fête aussi beaucoup la musique africaine en Europe ou ailleurs : les festivals d'*Africolor* à Saint-Denis, des *Musiques métisses* à Angoulême ou des *Nuits africaines* à Montréal font découvrir chaque année de nouveaux artistes. Le zouglou d'Abidjan et le soukouss d'Afrique centrale font danser les jeunes partout dans le monde.

Le sens du partage

Originaire du Sénégal, Youssouf N'Dour chante la solidarité et le panafricanisme comme beaucoup d'artistes africains qui ont repris la tradition des griots : « Ce que nous partageons, nous, Africains, est plus important que ce que l'on ne partage pas. »

Les meilleurs parmi les meilleurs

Les sportifs africains sont nombreux à être les meilleurs dans leur spécialité, en particulier dans la course à pied, comme Hailé Gebré Sélassié, champion du monde et champion olympique du 10 000 m, en 26 min 31 s, à Oslo en Norvège, en 1997. En football, l'Afrique est une pépinière de talents, et si les Lions invincibles du Cameroun font battre le cœur des foules africaines, beaucoup de joueurs, comme l'attaquant ghanéen Abédi Pelé, jouent dans des clubs européens qui leur font des ponts d'or pour relever le niveau de leurs équipes.

QUEL SOUFFLE !

Les coureurs éthiopiens ont appris à économiser leur souffle car ils vivent à plus de 1500 m d'altitude.

Les joueurs africains, comme ici les Lions invincibles du Cameroun jouant contre la France en 2003, font des merveilles quand ils arrivent à former des équipes nationales africaines.

La palabre à l'échelle du monde

L'Afrique pèse peu face aux grands pays du Nord qui influencent la marche du monde. Pourtant, elle est présente dans les grandes crises internationales à travers son sens de la diplomatie, « palabre » à l'échelle de la planète. Ainsi, le mandat du secrétaire général des Nations unies, Kofi Annan, nommé en 1997, a été renouvelé en 2001. Appartenant à une petite ethnie du Ghana, généralement appelée à favoriser le règlement des problèmes entre les grands groupes ethniques de son pays, c'est à juste titre qu'il a été choisi pour s'occuper de ceux des grands de ce monde.

PREMIER EN CLASSE

Habitant le centre du plateau éthiopien, le champion du monde Hailé Gebré Sélassié s'était entraîné au 10 000 m sans le savoir en couvrant quotidiennement les 10 km séparant l'école de son domicile. Quand il était en retard, il les faisait en courant !

Les Africains parmi nous

La réunion des peuples d'Afrique, tant souhaitée il y a 50 ans par les pères de l'indépendance, est peut-être en train de se réaliser en France avec la rencontre d'Africains de tous les pays.

La mondialisation des échanges et l'essor des moyens de transport ont amené les Africains à prendre, à leur tour, les routes par lesquelles les Occidentaux ont découvert le monde. Et aujourd'hui, les enfants nés de parents européens et africains sont de plus en plus nombreux.

Contre leur gré

Les premiers Africains arrivèrent en Europe contre leur gré. Jusqu'au XIXe siècle, il s'agissait surtout de domestiques ramenés par les commerçants européens des comptoirs. Après la Première Guerre mondiale, de nombreux Africains mobilisés d'office par leurs colonisateurs ne retournèrent pas en Afrique. Ils s'établirent dans les métropoles européennes, travaillant dans l'industrie ou comme employés dans les cafés et les hôtels. Ils furent rejoints, dans les années 1930, par les premiers étudiants envoyés officiellement pour compléter leur formation de cadres dans l'administration coloniale.

Un jumelage profitable

Créé après la Seconde Guerre mondiale pour favoriser la réconciliation entre la France et l'Allemagne, le principe du jumelage institue une relation directe entre les individus, mieux que ne le feraient les hommes politiques. Le jumelage de petites villes européennes avec des villes ou des villages africains permet, par exemple, à des paysans de Normandie de se rendre compte, sur place, des problèmes de sécheresse des paysans du Sahel.

En route pour l'eldorado

L'indépendance fit naître de grands espoirs parmi les intellectuels formés en Europe et qui espéraient mettre leurs compétences au service de leur pays. Mais au cours des années 1960, la mise en place de régimes militaires poussa nombre d'entre eux à préférer les pays du Nord ou les institutions internationales à l'étranger. Dans les années 1970, la crise de l'énergie toucha l'Afrique de plein fouet, et les pays occidentaux devinrent aux yeux de beaucoup d'Africains un eldorado, où la vie, bien que difficile en raison des problèmes d'adaptation, était préférable à la pauvreté galopante, aux conflits communautaires et aux guerres meurtrières.

À son arrivée en Europe, comme ici à Marseille, un jeune immigré trouvera vite un compatriote pour l'aider à s'intégrer.

Une lutte quotidienne

Nés en Europe et devenus citoyens à part entière de l'ancienne métropole, les enfants de cette première génération d'immigrés ont adopté le mode de vie européen. Mais il leur est difficile de sortir des banlieues dans lesquelles leurs parents ont été confinés, où ils font face à des quartiers mal desservis, des logements mal conçus et bruyants, un chômage important avec ses conséquences comme la petite délinquance et les trafics de drogue. Dans un tel milieu, l'école et les associations locales, auxquelles les Africains adhèrent sans retenue, retrouvant ainsi leurs habitudes d'entraide, tentent de donner aux enfants d'immigrés l'élan nécessaire pour s'intégrer dans la vie de la nation.

Les nouveaux intermédiaires

Par l'éducation qu'ils reçoivent, les enfants deviennent aussi les intermédiaires indispensables entre leurs parents et tout ce qui les rattache à leur pays d'origine. Aujourd'hui, les facilités de communication entre les continents font des enfants d'immigrés une chance pour les pays qui veulent rester à l'écoute du monde et qui ne lorgnent pas seulement vers l'Afrique pour ses matières premières. L'Europe s'est constituée à travers bien des métissages au cours de l'histoire. Près de 18 millions de Français n'ont-ils pas dans leur famille au moins un de leurs grands-parents d'origine étrangère ?

Pour les Africains qui s'installent en Europe, la vie présente bien des nouveautés et beaucoup de contraintes avec le climat et les coutumes qui les obligent à s'habiller différemment, le rythme trépidant et les problèmes de travail.

Les pays d'Afrique au sud du Sahara

Les pays d'Afrique au sud du Sahara

AFRIQUE DU SUD

Superficie : 1 221 042 km²
Géographie : plateau de 1 200 m en moyenne, cerné de plaines côtières bordant l'océan Atlantique. Traversé par le fleuve Orange à l'ouest et la rive droite du Limpopo.
Climat et végétation : savane au nord, désertique à l'ouest, méditerranéen au sud.
Population : 44 000 000 hab., chrétiens, musulmans, hindous, religions traditionnelles. **Villes principales :** Pretoria (capitale), Le Cap, Johannesburg, Durban, Bloemfontein. **Richesses :** élevage, pêche, minerais (or, argent, cuivre, manganèse), charbon, phosphates.

ANGOLA

Superficie : 1 246 700 km²
Géographie : plateau de 1 100 m en moyenne, s'abaissant à l'ouest sur une plaine côtière bordée par l'océan Atlantique. Enclave de Cabinda au nord à l'embouchure du Congo.
Climat, végétation : savane arborée dans l'intérieur, semi-désertique dans le sud.
Population : 13 100 000 hab., en majorité chrétienne (catholiques et protestants), religions africaines. **Villes principales :** Luanda (capitale), Lobito, Huambo, Cabinda. **Richesses :** maïs, manioc, coton, café ; minerais (diamants, manganèse), pétrole en mer.

BÉNIN

Superficie : 112 622 km²
Géographie : territoire allongé s'abaissant progressivement du massif de l'Atakora, au nord, jusqu'à une riche plaine côtière, au sud, bordée par des lagunes séparées du golfe de Guinée par un mince cordon dunaire de sable fin.
Climat, végétation : savane dans le nord et équatorial dans le sud.
Population : 7 000 000 hab., chrétiens, musulmans et religions traditionnelles. **Villes principales :** Cotonou, Porto-Novo (capitale), Abomey, Parakou. **Richesses :** manioc, sorgho, café, coton, arachide, industrie textile.

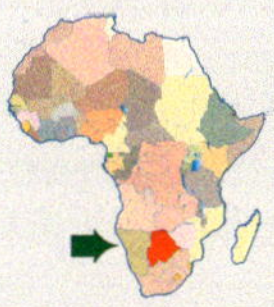

BOTSWANA

Superficie : 600 372 km²
Géographie : désert du Kalahari à l'ouest et cuvette de l'Okavango dans le nord.
Climat, végétation : désertique et steppe à épineux.
Population : 1 600 000 hab.,chrétiens, religions africaines.
Villes principales : Gaborone (capitale), Serowe.
Richesses : élevage, maïs, sorgho ; diamants.

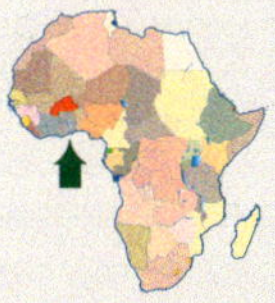

BURKINA FASO

Superficie : 274 200 km²
Géographie : plateau de 300 m en moyenne, traversé par les Voltas blanche et noire, et s'affaissant au sud-ouest.
Climat, végétation : savane à épineux, puis arborée au sud-ouest, forêts galeries.
Population : 13 200 000 hab., en majorité chrétiens.
Villes principales : Ouagadougou (capitale), Bobo-Dioulasso, Fada-Ngourma. **Richesses :** mil, sorgho, riz, coton, arachide, élevage.

BURUNDI

Superficie : 27 834 km²
Géographie : haut plateau de 1 500 m s'abaissant d'ouest en est, traversé par de multiples rivières dont la source du Nil.
Climat, végétation : équatorial d'altitude.
Population : 6 100 000 hab., en majorité chrétiens.
Villes principales : Bujumbura (capitale), Kitega. **Richesses :** élevage, maïs, sorgho, banane, patate douce, café, thé, canne à sucre ; uranium, étain.

CAMEROUN

Superficie : 475 439 km²
Géographie : juxtaposition de plusieurs massifs dont l'Adamaoua (2 500 m) et le mont Cameroun (4 070 m), volcanique ; sources de la Bénoué, du Logone et de la Sanaga ; côte lagunaire.
Climat, végétation : savane herbeuse en altitude, forêt tropicale dans les parties basses et mangrove sur la côte.
Population : 15 700 000 hab., chrétiens dans le sud, musulmans dans le nord-est. **Villes principales :** Yaoundé (capitale), Douala, Buea, Ngaoundéré, Garoua. **Richesses :** sorgho, manioc, maïs, café, cacao, palmier à huile, coton, élevage dans le nord ; bois, aluminium (usine d'affinage), caoutchouc, pétrole en mer.

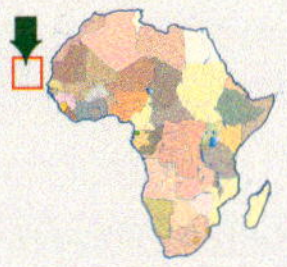

CAP-VERT

Superficie : 4 033 km²
Géographie : archipel d'origine volcanique (mont Fogo, 2 829 m) de 15 îles et îlots à 645 km à l'ouest de Dakar.
Climat, végétation : soumis au climat sahélien, le Cap-Vert souffre d'une aridité accentuée par la déforestation.
Population : 500 000 hab., en majorité catholiques.
Ville principale : Praïa (capitale). **Richesses :** pêche, tourisme ; l'absence de revenus favorise l'émigration.

CENTRAFRIQUE

Superficie : 622 984 km²
Géographie : plateau de 700 m en moyenne, donnant naissance à de nombreuses rivières.
Climat, végétation : savane arborée et forêt sèche dans le nord et l'est, équatoriale dans la vallée de l'Oubangui dans le sud.
Population : 3 700 000 hab., en majorité chrétiens, musulmans.
Villes principales : Bangui (capitale), Bouar, Berbérati. **Richesses :** mil, manioc, maïs, patate douce, café, coton, arachide ; bois, diamants, or.

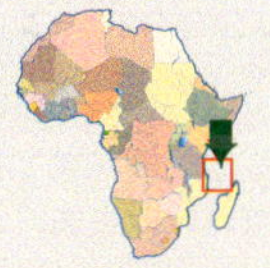

COMORES

Superficie : 1 862 km²
Géographie : archipel d'origine volcanique (volcan Kartala en Grande Comore, 2 361 m), formé de trois îles indépendantes (Grande Comore, Anjouan, Mohéli) entre le nord de Madagascar et la côte africaine. Une quatrième île, Mayotte, est un territoire français d'outre-mer.
Climat, végétation : équatorial.
Population : 600 000 hab., musulmans. **Ville principale :** Moroni (capitale) en Grande Comore. **Richesses :** riz, maïs, igname, vanille, clou de girofle, ylang-ylang, coprah.

Les pays d'Afrique au sud du Sahara

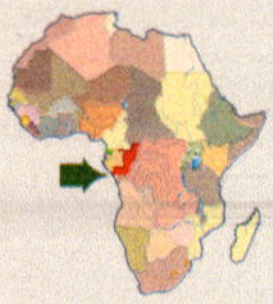

CONGO-BRAZZAVILLE

Superficie : 342 000 km^2

Géographie : plateau des Batéké et chaîne du Mayombé au centre, traversés par la vallée fertile du Niari, plaine côtière à l'ouest en bordure de l'Atlantique.

Climat, végétation : la forêt équatoriale, dont une partie de forêt primaire, couvre la majeure partie du pays.

Population : 3 700 000 hab., en majorité chrétiens. **Villes principales** : Brazzaville (capitale), Pointe-Noire (port économique sur l'Atlantique), Dolisie, Ouesso. **Richesses** : maïs, riz, sorgho, café, cacao, arachide ; bois et surtout pétrole en mer.

CONGO-KINSHASA (RÉPUBLIQUE DÉMOCRATIQUE DU CONGO)

Superficie : 2 344 885 km^2

Géographie : vaste cuvette comprenant la rive gauche du Congo et ses nombreux affluents, relevée à l'est par la crête Congo-Nil (Ruwenzori, volcans Virunga) et à l'ouest par les monts du Mayombé.

Climat, végétation : équatorial au nord (forêt) et à l'est, tropical humide à sec au sud (savane).

Population : 57 000 000 hab., chrétiens, religions africaines. **Villes principales** : Kinshasa (capitale), Lubumbashi, Kisangani, Bukavu, Mbuji-Mayi, Kananga, Matadi (port). **Richesses** : sorgho, manioc, riz, café, arachide, caoutchouc ; minerais (diamants, cuivre, cobalt, manganèse).

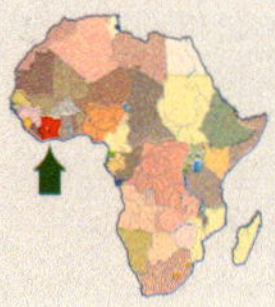

CÔTE-D'IVOIRE

Superficie : 323 463 km^2

Géographie : plateau peu élevé s'abaissant vers le sud où une série de lagunes reçoit de multiples rivières dont le Comoé.

Climat, végétation : savane arborée dans le nord laissant peu à peu la place à des forêts pluviales dans le sud.

Population : 17 000 000 hab., chrétiens dans le sud et musulmans dans le nord. **Villes principales** : Yamoussoukro (capitale), Abidjan (capitale économique), Bouaké, Korhogo. **Richesses** : mil, manioc, igname, café, cacao, palmier à huile, coton, arachide, élevage ; pétrole en mer, bois.

DJIBOUTI

Superficie : 23 200 km^2

Géographie : le pays, situé à la sortie de la mer Rouge, donne naissance à la grande faille africaine (lac Assal, moins 153 m, lac Abbé).

Climat, végétation : désertique.

Population : 700 000 hab., musulmans. **Ville principale** : Djibouti (capitale). **Richesses** : aménagements portuaires et tête de ligne du chemin de fer éthiopien.

ÉRYTHRÉE

Superficie : 117 600 km^2

Géographie : haut plateau à l'ouest s'abaissant vers une plaine côtière surchauffée en bordure de la mer Rouge à l'est (désert des Afars) et échancrée au niveau des îles Dahlak.

Climat, végétation : tempéré sur le plateau, aride et chaud dans les plaines.

Population : 4 400 000 hab., chrétiens coptes et musulmans. **Villes principales** : Asmara (capitale), Massaoua (port), Assab. **Richesses** : blé sur le plateau, pêche sur la côte ; installations portuaires à Massaoua.

ÉTHIOPIE

Superficie : 1 104 294 km^2

Géographie : hauts plateaux (Abyssinie) s'abaissant progressivement vers le sud (dépression de la vallée de l'Awash) et la plaine de l'Ogaden.

Climat, végétation : de type méditerranéen en Abyssinie, savane arborée au sud-ouest, savane à épineux en Ogaden.

Population : 70 700 000 hab., chrétiens coptes et musulmans. **Villes principales** : Addis-Abeba (capitale), Gondar, Axoum, Dire-Dawa. **Richesses** : blé, orge, sorgho, mil, café, canne à sucre, coton.

GABON

Superficie : 267 667 km^2

Géographie : le pays est traversé par l'Ogooué et son bassin avec les monts du Chaillu (1 190 m) à l'est, les monts de Cristal (1 000 m) au nord, et une grande plaine côtière fortement échancrée.

Climat, végétation : la forêt couvre le pays.

Population : 1 300 000 hab., chrétiens, religions africaines. **Villes principales** : Libreville (capitale), Port-Gentil, Franceville (extraction de minerais). **Richesses** : manioc, maïs, riz, café, cacao, palmier à huile ; manganèse et uranium.

GAMBIE

Superficie : 11 295 km^2

Géographie : pays enclavé dans le Sénégal et contenu dans la vallée du fleuve Gambie.

Climat, végétation : savane arborée et forêt galerie ; estuaire à mangrove.

Population : 1 500 000 hab., musulmans en majorité, chrétiens. **Ville principale** : Banjul (capitale). **Richesses** : mil, arachide, palmier à huile ; tourisme.

GHANA

Superficie : 238 537 km^2

Géographie : plateau peu élevé au nord et qui s'abaisse vers le sud ; le pays est traversé par la Volta qui s'étale en vaste lac de retenue en amont du barrage d'Akosombo.

Climat, végétation : savane arborée et forêt sèche au nord, puis forêt humide au sud.

Population : 20 500 000 hab., chrétiens, musulmans, religions traditionnelles. **Villes principales** : Accra (capitale), Kumasi, Tema-Takoradi (port). **Richesses** : manioc, igname, maïs, sorgho, cacao, café ; bois, bauxite, diamants.

GUINÉE

Superficie : 245 857 km^2

Géographie : une grande partie du pays est occupée par le massif du Fouta-Djalon (1 500 m), les sources du Sénégal et le Niger ; monts Nimba au sud-est (1 752 m) ; plaine côtière très échancrée.

Climat, végétation : soudanais sur le Fouta-Djalon ; forêt humide sur les monts Nimba et les versants côtiers.

Population : 9 000 000 hab., musulmans. **Villes principales** : Conakry (capitale), Boké, Fria (bauxite), Kankan, Kouroussa. **Richesses** : manioc, maïs, riz, sorgho, banane, ananas, café ; bauxite (usine d'aluminium).

Les pays d'Afrique au sud du Sahara

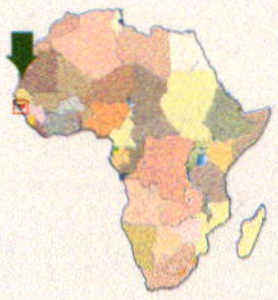

GUINÉE-BISSAU

Superficie : 36 125 km^2

Géographie : relief peu marqué et vaste plaine côtière prolongée par l'archipel des Bissagos.

Climat, végétation : la savane arborée a remplacé la forêt claire dans le nord ; forêt humide dans le sud et mangrove sur la côte, à l'embouchure des rivières et dans les îles.

Population : 1 300 000 hab., chrétiens, musulmans, religions traditionnelles. **Villes principales** : Bissau (capitale), Bafata. **Richesses** : riz, maïs, pêche, huile de palme, arachide ; bois.

GUINÉE-ÉQUATORIALE

Superficie : 28 051 km^2, dont Bioko 2 034 km^2

Géographie : dans le fond du golfe du Biafra, une partie continentale composée du Mbini (ex-Rio Muni), l'île volcanique de Bioko (ex-Fernando Poo) et l'île de Pagalu à 600 km au sud.

Climat, végétation : forêt équatoriale au Mbini, végétation étagée à Bioko.

Population : 500 000 hab., en majorité chrétiens. **Villes principales** : Malabo (capitale) à Bioko, Bata au Mbini. **Richesses** : manioc, cacao, café ; bois (Mbini), pétrole en mer.

KENYA

Superficie : 582 646 km^2

Géographie : haut plateau traversé par la grande faille et dominé par le mont Kenya (5 200 m), avec des côtes découpées en bordure du lac Victoria et sur la côte de l'océan Indien.

Climat, végétation : aride au nord et à l'est, tempéré sur les hauts plateaux, tropical humide sous l'influence de la mousson à l'est.

Population : 31 600 000 hab., chrétiens, musulmans, religions africaines. **Villes principales** : Nairobi (capitale), Mombasa et Malindi (ports). **Richesses** : mil, sorgho, maïs, igname, café, thé, canne à sucre, coton ; élevage, tourisme.

LESOTHO

Superficie : 30 350 km^2

Géographie : pays entièrement enclavé en Afrique du Sud sur un haut plateau de 1 500 à 3 000 m ; sources de nombreuses rivières dont le fleuve Orange.

Climat, végétation : continental.

Population : 1 800 000 hab., chrétiens. **Ville principale** : Maseru (capitale). **Richesses** : maïs, blé, sorgho, élevage.

LIBERIA

Superficie : 111 370 km^2

Géographie : le versant méridional des monts Nimba au nord (1 752 m) s'abaisse en une immense plaine littorale bordée par le golfe de Guinée et traversée de nombreuses rivières.

Climat, végétation : tropical humide.

Population : 3 300 000 hab., chrétiens, musulmans, religions africaines. **Villes principales** : Monrovia (capitale), Buchanan et Harper (ports). **Richesses** : manioc, maïs, riz, café, cacao, huile de palme ; caoutchouc, fer, or, diamants.

MADAGASCAR

Superficie : 587 040 km^2

Géographie : grande île formée de hauts plateaux (les Hautes Terres), s'abaissant à l'ouest et séparée du continent africain par le canal de Mozambique ; petite île de Nossy-Bé au nord.

Climat, végétation : tropical tempéré sur les hauts plateaux, tropical humide dans le nord et sur la côte orientale.

Population : 17 000 000 hab., en majorité chrétiens, musulmans. **Villes principales** : Antananarivo (capitale), Toamasina (port), Mahajunga, Antsirabé. **Richesses** : riz, manioc, maïs, café, épices, canne à sucre, élevage ; sous-sol (uranium, hydrocarbures) peu exploité.

MALAWI

Superficie : 118 480 km^2

Géographie : pays d'Afrique australe occupé en grande partie par le lac Malawi. Haut plateau et plaine littorale bordant le lac à l'est.

Climat, végétation : pâturages d'altitude.

Population : 11 700 000 hab., en majorité chrétiens, musulmans. **Villes principales** : Lilongwe (capitale), Blantyre. **Richesses** : maïs, arachide, thé, canne à sucre, élevage.

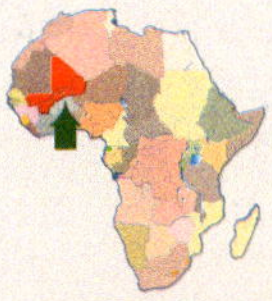

MALI

Superficie : 1 240 000 km^2

Géographie : le Mali occupe la vaste cuvette d'Afrique occidentale où s'étale le delta intérieur du Niger.

Climat, végétation : désert du Sahara au nord, savane à épineux et savane arborée au centre, forêt claire à la lisière sud.

Population : 11 600 000 hab., musulmans, minorités de chrétiens, religions traditionnelles. **Villes principales** : Bamako (capitale), Mopti, Kayes, Tombouctou, Gao. **Richesses** : mil, riz, coton, arachide ; élevage, pêche, sel (commerce régional).

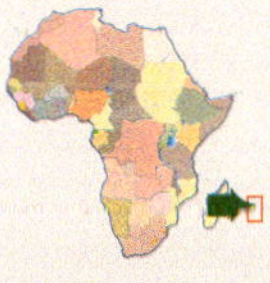

MAURICE

Superficie : 2 040 km^2 dont 1 865 km^2 pour Maurice

Géographie : archipel des Mascareignes comprenant l'île Maurice, Rodrigue. L'archipel lointain des Chagos est revendiqué par l'État mauricien.

Climat, végétation : tropical humide.

Population : 1 200 000 hab., hindous, chrétiens. **Ville principale** : Port-Louis (capitale). **Richesses** : maïs, canne à sucre, thé ; élevage ; industries textiles.

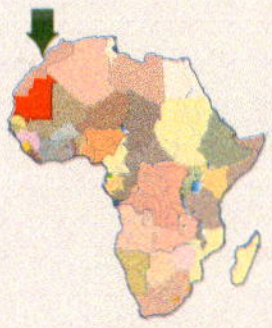

MAURITANIE

Superficie : 1 030 700 km^2

Géographie : plaine désertique du Sahara occidental avec des massifs de faible altitude, une côte désertique et sablonneuse ; rive droite de la vallée du Sénégal.

Climat, végétation : désert et steppe à épineux au centre, savane herbeuse puis arborée au sud.

Population : 2 900 000 hab., musulmans. **Villes principales** : Nouakchott (capitale), Nouadhibou (port minéralier), Atar, Néma. **Richesses** : mil, sorgho, riz, canne à sucre, dattes, élevage ; pêche, sel (commerce régional), mines de fer.

Les pays d'Afrique au sud du Sahara

Mozambique

Superficie : 799 380 km^2

Géographie : les hauts plateaux du nord et de l'est s'abaissent vers les rives du Limpopo et le vaste delta du Zambèze.

Climat, végétation : tempéré en altitude, tropical humide dans les plaines.

Population : 17 500 000 hab., chrétiens, religions traditionnelles. **Villes principales** : Maputo (capitale), Beira, Nampula. **Richesses** : sorgho, maïs, manioc, canne à sucre, arachide, élevage ; minerais.

Namibie

Superficie : 824 290 km^2

Géographie : un haut plateau central avec une plaine côtière désertique à l'ouest bordée par l'Atlantique, le désert du Kalahari et la dépression de l'Okavango à l'est.

Climat, végétation : pâturages au centre évoluant en zones arides vers l'ouest et l'est.

Population : 1 900 000 hab., chrétiens, religions africaines. **Ville principale** : Windhoek (capitale). **Richesses** : mil, sorgho, maïs, élevage (viande et laine) ; sous-sol (diamants, cuivre, plomb).

Niger

Superficie : 1 267 000 km^2

Géographie : Sahara au nord (massifs de l'Aïr, plateau du Djado, désert du Ténéré), vallée du Niger au sud-ouest, dépression du Tchad à l'est.

Climat, végétation : désertique au nord, sahélien au centre et à l'est, savane à épineux au sud.

Population : 12 100 000 hab., musulmans. **Villes principales** : Niamey (capitale), Zinder, Maradi, Agadès. **Richesses** : mil, sorgho, riz, arachide, coton, élevage ; sel (commerce régional), uranium, phosphate.

Nigeria

Superficie : 923 768 km^2

Géographie : entre le Niger et son affluent la Bénoué, un plateau central s'abaisse vers la cuvette tchadienne au nord. Au sud du Niger et de la Bénoué, le relief se creuse vers le delta en une vaste plaine.

Climat, végétation : tropical sec au nord avec une évolution vers un climat tropical humide et une végétation de mangrove dans le delta du Niger.

Population : 133 900 000 hab., chrétiens, musulmans. **Villes principales** : Abuja (capitale), Lagos (port et centre économique), Ibadan, Oshogbo, Kano, Kaduna. **Richesses** : manioc, mil, sorgho, maïs, riz, canne à sucre, huile de palme, cacao, arachide, coton, élevage ; pétrole en mer, gaz naturel, étain.

Ouganda

Superficie : 241 040 km^2

Géographie : haut plateau volcanique formé de collines de 800 à 1 000 m d'altitude, relevé vers l'ouest (Ruwenzori, 5 119 m) et s'abaissant vers le lac Victoria à l'est. Il est traversé par les sources du Nil et les lacs Victoria, Kyoga, George, Édouard, Albert.

Climat, végétation : équatorial d'altitude, végétation étagée sur les sommets, pâturages, savane arbustive au nord.

Population : 25 000 000 hab., chrétiens en majorité, musulmans. **Villes principales** : Kampala (capitale), Jinja, Mbale. **Richesses** : mil, sorgho, manioc, banane, café, thé, canne à sucre, élevage.

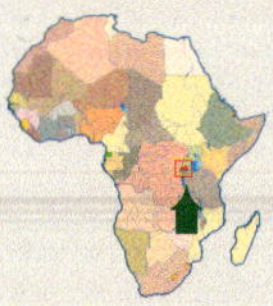

Rwanda

Superficie : 26 334 km^2

Géographie : haut plateau au relief de collines, s'abaissant du nord-ouest (volcans Virunga, 3 000 m) à l'est ; traversé par la Kagera, source du Nil, et bordé à l'ouest par le lac Kivu.

Climat, végétation : équatorial d'altitude, végétation étagée.

Population : 8 300 000 hab., chrétiens en majorité, musulmans. **Villes principales** : Kigali (capitale), Butare. **Richesses** : sorgho, manioc, patate douce, banane, café, thé, canne à sucre, élevage ; cassitérite.

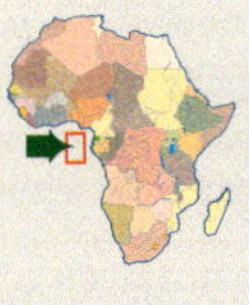

São Tomé et Principe

Superficie : 960 km^2 (dont 836 km^2 pour São Tomé)

Géographie : archipel de nature volcanique du golfe de Guinée composé de deux îles habitées, São Tomé (pic São Tomé, 2 024 m) et Principe, et quelques îlots.

Climat, végétation : équatorial, végétation étagée selon l'altitude.

Population : 200 000 hab., chrétiens en majorité. **Villes principales** : São Tomé (capitale), San Antonio à Principe. **Richesses** : manioc, cacao, café, coprah, pétrole en mer.

Sénégal

Superficie : 196 722 km^2

Géographie : vaste plaine légèrement relevée au sud-est (contreforts du Fouta-Djalon) et faibles reliefs volcaniques au Cap-Vert à l'ouest (pitons des Mamelles, 150 m ; île de Gorée), bordés par la rive gauche du Sénégal et son vaste delta au nord, vallée du Sine-Saloum au centre, enclave de la Gambie et bassin de la Casamance au sud.

Climat, végétation : sahélien au nord ; savane arbustive au centre et au sud-est ; forêt humide en Casamance.

Population : 11 000 000 hab., musulmans en majorité, chrétiens, religions africaines. **Villes principales** : Dakar (capitale), Saint-Louis, Kaolack, Ziguinchor. **Richesses** : mil, sorgho, riz, canne à sucre, arachide, coton ; phosphates.

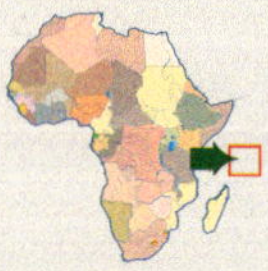

Seychelles

Superficie : 453 km^2

Géographie : ensemble de 92 îles et îlots volcaniques dont une île principale, Mahé (900 m au Morne seychellois) ; archipel corallien d'Atbara 1 000 km à l'est.

Climat, végétation : tropical humide sous l'influence de la mousson, cocotiers sur les côtes.

Population : 90 000 hab., chrétiens. **Ville principale** : Victoria (capitale) à Mahé. **Richesses** : pêche, tourisme.

Sierra Leone

Superficie : 71 740 km^2

Géographie : des plateaux peu élevés (300 à 500 m) s'abaissent progressivement vers le sud où les plaines côtières sont bordées de rivages échancrés.

Climat, végétation : tropical humide, savane arborée dans le nord, forêt au centre, mangrove.

Population : 5 700 000 hab., chrétiens, musulmans, religions africaines. **Villes principales** : Freetown (capitale), Bo, Makeni. **Richesses** : mil, sorgho, manioc, riz, huile de palme, arachide, café, cacao, élevage ; pêche, diamants, bauxite, fer.

Les pays d'Afrique au sud du Sahara

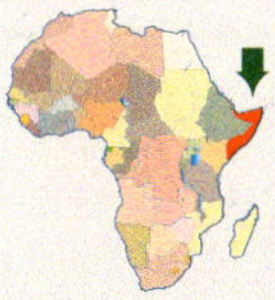

Somalie

Superficie : 637 000 km²
Géographie : plateau dans le nord s'abaissant vers le sud et la vallée du Djouba.
Climat, végétation : aride dans le nord et l'est, savane arbustive dans le sud, cultures dans les vallées.
Population : 8 000 000 hab., musulmans. **Villes principales** : Mogadishu (capitale), Hargeisha et Berbera (port) au nord, Kismayu (port) au sud. **Richesses** : mil, sorgho, maïs, banane, canne à sucre, pêche, élevage (en particulier de chameaux et de bovins destinés à l'exportation).

Soudan

Superficie : 2 505 810 km²
Géographie : pays entièrement compris dans la vallée du Nil, dont l'immense dépression marécageuse du Sudd, encadré à l'ouest par le massif peu élevé du Darfour et des monts Nouba, et relevé à l'est en bordure de la mer Rouge.
Climat, végétation : tropical humide à l'extrême sud, de sec à désertique au nord.
Population : 38 000 000 hab., musulmans au centre et au nord, chrétiens et religions traditionnelles au sud. **Villes principales** : Khartoum (capitale), Omdurman, Port-Soudan, Bor, Juba, Wau. **Richesses** : mil, sorgho, canne à sucre, arachide, coton ; pétrole dans le sud (en projet).

Swaziland

Superficie : 17 360 km²
Géographie : pays de hauts plateaux (300 à 900 m) pratiquement enclavé en Afrique du Sud.
Climat, végétation : tropical, tempéré par l'altitude ; pâturages.
Population : 1 200 000 hab., chrétiens, religions africaines. **Ville principale** : Mbabane (capitale). **Richesses** : sorgho, maïs, élevage ; forte émigration de travailleurs en Afrique du Sud.

Tanzanie

Superficie : 945 090 km² (dont 1 660 km² pour Zanzibar et 990 km² pour Pemba)
Géographie : vaste plateau relevé dans le nord (Kilimandjaro, 5 895 m, Meru, 4 567 m), bordé par les lacs Victoria et Tanganyika à l'ouest et Malawi au sud ; une étroite bande côtière à l'est fait face aux îles de Zanzibar et de Pemba à moins de 40 km au large.
Climat, végétation : tropical sec au centre et au nord, tropical humide sous l'influence de la mousson sur la côte.
Population : 35 400 000 hab., chrétiens, musulmans, religions africaines. **Villes principales** : Dodoma (capitale), Dar es-Salaam (port et capitale économique), Mwanza, Tabora, Arusha, Kigoma sur le lac Tanganyika. **Richesses** : maïs, manioc, riz, arachide, café, coprah, coton, épices (Zanzibar).

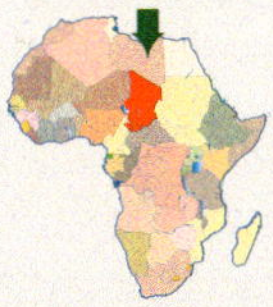

Tchad

Superficie : 1 284 000 km²
Géographie : pays occupant la plus grande partie du bassin du lac Tchad, dominé au nord par le massif volcanique du Tibesti (Emi Koussi, 3 415 m) et à l'est par l'Ennedi (Basso, 1 450 m).
Climat, végétation : désertique au nord et au centre, tropical sec avec savane de plus en plus arborée au sud.
Population : 9 300 000 hab., chrétiens, musulmans. **Villes principales** : N'Djamena (capitale), Sarh, Moundou, Fada, Abéché, Faya-Largeau. **Richesses** : mil, sorgho, riz, manioc, arachide, coton, élevage ; pétrole dans le sud.

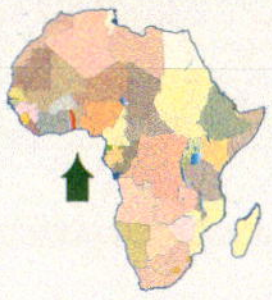

Togo

Superficie : 56 785 km²
Géographie : pays allongé, traversé par le massif de l'Atakora au nord (600-800 m), les monts du Togo au centre (Agou, 1 020 m), avec une profonde et riche plaine s'étendant jusqu'à une côte bordée de lagunes.
Climat, végétation : sahélien au nord, tropical humide au sud.
Population : 5 400 000 hab., chrétiens, musulmans, religions africaines. **Villes principales** : Lomé (capitale), Sokodé, Kpalimé. **Richesses** : mil, sorgho, maïs, manioc, riz, arachide, coprah, café, coton, élevage ; phosphates.

Zambie

Superficie : 752 620 km²
Géographie : hauts plateaux de 1 000-2 000 m, entaillés par la vallée du Zambèze et ses affluents.
Climat, végétation : savane arbustive et arborée.
Population : 10 900 000 hab., chrétiens, religions africaines. **Villes principales** : Lusaka (capitale), Kitwe, Solwezi. **Richesses** : sorgho, manioc, maïs, arachide, coton, élevage ; cuivre (extraction et concentration).

Zimbabwe

Superficie : 390 600 km²
Géographie : pays de hauts plateaux (Inyangani, 2 597 m) s'abaissant vers l'ouest et le sud (vallée du Limpopo).
Climat, végétation : tropical tempéré par l'altitude, savane arbustive.
Population : 12 600 000 hab., en majorité chrétiens. **Villes principales** : Harare (capitale), Bulawayo. **Richesses** : maïs, canne à sucre, tabac, coton, élevage ; minerais (or, amiante, houille, cuivre, nickel).

Glossaire

A

Abyssinie — Partie élevée du plateau éthiopien qui a abrité les anciens royaumes d'Axoum et de Gondar avant la création de l'Éthiopie actuelle au milieu du XIXe siècle (après l'annexion des régions plus basses).

Ancêtres — Non seulement les grands-parents et les défunts qui les ont précédés, mais aussi ceux qui, à une date indéterminée du passé, ont fondé le village, le clan ou la tribu.

B

Banco — Terre argileuse mouillée mélangée à de la paille pour former des briques qu'on laisse sécher au soleil pour l'employer ensuite dans la construction des maisons. On parle aussi couramment de « banco » pour nommer de la terre destinée à faire un crépi.

Berbères — Les Berbères, qui habitent en Afrique du Nord, ont commencé à s'installer au Sahara il y a 2 000 ans grâce à la possession du chameau qui leur permettait de se déplacer dans une région aride. Ils constituent aujourd'hui la plus grande partie des ancêtres des Touaregs et des Maures.

Biface — Pierre aplatie en forme d'amande et taillée sur les deux faces par les premiers hommes qui retouchaient les bords pour en accentuer le tranchant.

Brûlis — En Afrique, la culture sur brûlis consiste à brûler la végétation existante pour enrichir la terre avec les cendres afin de la mettre en culture. Un brûlis trop souvent répété dégrade les sols, détruit les racines et favorise l'érosion.

C

Calebasse — récipient de différentes formes fabriqué à partir d'une sorte de courge séchée, fruit du calebassier, qu'on laisse souvent grimper sur le toit de la case. On peut obtenir des formes différentes en liant la courge à certains endroits pendant sa croissance.

Cauris — À l'origine, petits coquillages blancs des îles Maldives dans l'océan Indien servant de monnaie dans l'Afrique ancienne. Symboles de prospérité, les cauris ornent parfois les masques et leur image est souvent reproduite sur les pagnes.

Cola — Noix produite par un petit arbre de la zone forestière d'Afrique occidentale et mâchonnée pour ses propriétés toniques. La noix de cola était le principal produit de la forêt dans les échanges commerciaux impliquant le sel du Sahara et le mil de la savane.

Compagnies concessionnaires — Au début du XXe siècle, compagnies européennes privées à qui les autorités coloniales donnaient en concession des parties de territoire africain avec ses habitants afin qu'elles en exploitent les richesses à leur gré.

Comptoir — Avant la colonisation, bâtiment fortifié édifié sur les côtes africaines par des marchands européens pour servir d'entrepôts à leurs marchandises destinées à être échangées contre des produits locaux.

Concession — Dans l'Afrique rurale, une personne respectée appelée chef de terre, qui était censée ternir sa fonction des ancêtres qui avaient fondé le village, attribuait une partie du sol à qui voulait la cultiver ou y bâtir un enclos pour y construire sa maison, éventuellement celle de ses parents, avec un endroit pour les animaux et les greniers. C'est ce qu'on appelle une concession. On le dit aussi aujourd'hui dans la banlieue des grandes villes pour parler d'une cour entourée d'un mur où se trouvent la maison et un ou deux arbres, et même un garage.

D

Derviche — Membre d'une confrérie religieuse musulmane. En Afrique, le nom de derviches a été attribué aux fidèles du Madhi qui souleva les musulmans du Soudan contre la présence égyptienne et britannique dans leur pays à la fin du XIXe siècle. On les appelait aussi les madhistes.

E

Équateur — En Afrique, l'équateur correspond au domaine de la forêt dense qui couvre une grande partie de l'Afrique centrale. La température se maintient autour de 25 °C avec des précipitations fréquentes qui peuvent aller de 1 200 mm à plus de 2 500 mm sur les plateaux. La saison sèche, très courte, s'allonge au fur et à mesure qu'on s'éloigne de l'équateur.

K

Khédive — Titre porté par les vice-rois d'Égypte au XIXe siècle, alors dépendante de l'Empire ottoman.

Glossaire

L

Laiton — Alliage de cuivre et de zinc donnant un métal assez souple pour pouvoir être martelé afin d'en faire des objets prestigieux comme des masques. À ne pas confondre avec le bronze qui est un alliage très dur de cuivre et d'étain.

Lignage — Groupe de personnes dont tous les membres se considèrent comme les descendants d'un même ancêtre.

M

Mangrove — Végétation inextricable, constituée surtout de palétuviers ; elle pousse dans les zones basses proches de l'Équateur de la côte africaine qui n'est pas balayée par la barre. La mangrove abrite une faune spécifique de poissons, de crustacés et d'oiseaux.

Maures — Les Maures habitent la Mauritanie, le Sahara occidental et le nord-ouest du Mali et parlent l'arabe. Ils sont issus de migrations berbères et arabes, auxquelles il faut associer les populations noires habitant depuis toujours les oasis ou venues du Sud. À l'origine, les Maures vivaient du nomadisme lié au commerce caravanier entre l'Afrique du Nord et le Soudan occidental.

Mulet — Poisson très répandu sur les côtes d'Afrique occidentale dont les œufs, compressés et salés, sont vendus sous le nom de « poutargue».

N

Nomadisme — Mode de vie fondé sur la possession de troupeaux (chameaux au centre du Sahara, bovins au Sahel), la vie sous la tente et la transhumance d'un pâturage à l'autre en fonction des saisons. En Afrique occidentale, les troupeaux se déplacent du nord vers le sud au fur et à mesure de l'épuisement des pâturages.

P

Pagne — Pièce de tissu très colorée d'environ 1,30 m sur 1 m, servant de vêtement en Afrique aux hommes et aux femmes pendant la saison chaude. Selon leur décor et leur provenance, les pagnes valent plus ou moins cher et constituent la part essentielle de la dot ou des cadeaux.

Polygamie — D'une façon générale, la polygamie avait pour but de nouer des alliances avec d'autres familles. Avoir plusieurs femmes signifiait avoir les moyens de payer à chaque fois une dot à leur famille, ce qui équivalait à faire étalage de sa richesse. Aujourd'hui, les jeunes se révoltent contre cette tradition qui ne tenait pas compte de l'avis des femmes et qui constitue de plus un frein au développement.

R

Rupestres — Gravures ou peintures, vieilles parfois de 10 000 ans, faites sur des rochers par les hommes de l'époque néolithique. Les peintures rupestres n'ont pas été peintes dans des grottes mais sur des parois rocheuses protégées de la pluie et du soleil appelés abris-sous-roches.

S

Sagaie — Lance courte à large lame ; celui qui s'en sert doit s'approcher très près de l'adversaire.

Sahel — Zone géographique très fragile entre le désert et la savane où la désertification est à l'œuvre et qui évolue selon la pluviosité. La hauteur de 450 mm de pluie annuelle est en général la limite en dessous de laquelle le paysan ne peut espérer planter du mil avec succès.

Sédentarisation — Pour un nomade, c'est le fait de s'établir dans un même lieu pour la durée de l'année et d'habiter une maison en banco, soit parce que l'élevage de chameaux n'est plus rentable du fait de la disparition des caravanes, soit parce que, tout en élevant des bovins en moins grand nombre, il s'adonne en même temps à l'agriculture ou au commerce.

Soudan — Mot issu de *Bilal es-Sudan* qui signifie « Pays des Noirs » en arabe. Le Soudan occidental est la région historique d'Afrique occidentale où se sont épanouis les grands empires du Ghana, du Mali et du Songhay jusqu'au XVIe siècle. Le Soudan est l'État actuel situé au sud de l'Égypte, dont la capitale est Khartoum.

T

Touareg — Les Touaregs seraient originaires du sud du Maroc et parlent une langue berbère. Ils vivent de l'élevage de chameaux dans les massifs du Hoggar et du Tassili au centre du Sahara, et de bovins dans les régions sahéliennes du Mali et du Niger où ils sont fortement métissés.

Tropiques — En Afrique, les tropiques correspondent aux zones désertiques avec une absence de pluie presque totale dans certaines régions du Sahara et du désert de Kalahari. Une longue saison sèche et une forte chaleur qui peut atteindre 45 °C pendant plusieurs mois caractérisent la zone intertropicale, entre chaque tropique et l'équateur. C'est le domaine du Sahel et de la savane qui diminuent au profit de la forêt au fur et à mesure qu'on se rapproche de l'équateur.

Index

Index

Illustrateurs

Florence Guiraud
P. 10, 28-29, 30-31

Anne Eydoux
P. 19

Laurent Miny
P. 24-25, 45, 119

Nathalie Locoste
P. 35, 37, 43, 44, 48-49, 52, 56, 57, 64(h), 66, 68(b), 69, 74, 82, 84, 89, 96(b), 97, 106, 116(h), 123, 145, 147, 162, 164, 165(d), 206-207

Richard Roussel
P. 64-65, 98, 115, 125, 136, 137, 149, 150, 151, 154, 160, 161, 166, 167, 170, 171, 188-189, 210-211, 226

Jean-Pierre Joblin
P. 15, 17, 18, 21, 23, 26, 34-35, 39, 40, 42, 46-47, 49(g), 50, 53, 59, 60-61, 62, 63, 67, 68(h), 71, 72, 77, 87, 88, 91, 92, 94, 95, 96(h), 101, 102, 103, 105, 111, 116b, 120-121, 128, 129, 132-133, 139, 140, 141, 142, 144, 152-153, 158-159, 165(g), 169, 174-175, 183-183, 186, 192, 194, 200-201, 202, 219, 221, 229, 230-231, 235, 245

Cartes et infographies

Georges Rivière : cartes
P. 10, 12, 14, 16, 18, 21, 22, 26, 69, 79, 104, 107, 117, 135, 136, 137, 138, 140, 144, 146, 148, 151, 154, 182, 185, 203, 205, 218

Georges Rivière : infographies
P. 73, 134, 155

Photographes

Bernard Nantet
P. 11, 13(hd), 17, 19, 20(b), 21, 22, 23, 27(h), 34(h), 36, 37, 40, 43(g), 45, 52, 53, 56, 57, 60, 62, 66, 67, 69, 70, 71, 72, 73, 74, 75(b), 79, 82, 83, 85, 87, 88, 90, 91, 92, 93(h), 97, 98, 100(b), 101, 102, 104, 106, 112, 113, 117, 118(b), 119, 120, 122, 123, 124(h), 125, 128, 132, 142, 143, 147, 150(h), 151(m), 152, 153, 161, 165, 178(h), 179(b), 187, 223(h), 224, 228, 229, 232, 233, 234(b), 238, 239(b) ; IMNZ : 38(h), 40, 41(d), 42, 51, 110, 137, 145 ; Coll. particulière : 38(b), 44(b), 86, 99, 149, 163(b), 166, 168(b), 169, 171, 172-173, 180, 184(h), 185, 193(h), 198, 199, 203, 204, 209(h), 210, 211, 214(b) ; Mission archéologique : 114, 115, 116, 121, 129(bg), 131, 134 ; IFAN : 133, 136, 137 ; musée de l'Homme : 134, 148, 149 ; musées du Nigeria : 148 ; glyptothèque (Copenhague) : 159

Hoa Qui
P. Jantet : 12-13 ; Cécile Treal/Jean-Michel Ruiz : 27(bg) ;
Olivier Martel 43(bd) ; Michel Renaudeau : 47, 100(h), 105, 107(h), 141 ;
Catherine Jouan/Jeanne Rius : 58 ; Michel-Denis Huot : 14, 63 ;
Christian Vaisse : 65 ; Patrick Guedj : 75(h) ; Jean-Luc Manaud : 76 ;
Philippe Bourseiller : 77, 94(hd), 135 ; Patrick De Wilde : 78(h), 84, 94(hg) ;
Jacques Brun : 89 ; Emmanuel Valentin 93(b) ; Al Ley/Age : 95 ;
Maurice Ascani : 107(b) ; M. Dumas : 118(h), 146 ; Bruce Davidson 145(d) :
Claire Dewaele : 150-151(fond) ; Alfred Wolf : 162,
Juan Carlos Munoz/Age : 160, 164 ; Scott Doug/Age : 222(h) ;
Michel Huet : 235

Photos 12
P. 138, 163 (hd), 190, 191(b), 200, 201, 202(h), 205, 208(b), 209(b)

Colibri
J. Dubois : 12(hd) ; PH. Dupré : 15, 20(h), 124(b) ; A. Guerrier : 16 ;
J.L. Paumamrd : 27(bd) ; Strippentoir : 41(g) ; B. Bonnal : 48 ; L. de Lys : 59 ;
C. Ratier : 129(bd) ; A. Saunier : 130(g) ; P. Etcheverry : 130-131 (fond) ;
Negro/Cretu : 172

Corbis
P. 184(b), James Marshall : 103 ; Roger De La Harpe/Gallo Images : 155, 170 ; Stapleton Collection : 163(gh), 181, 193(m) ; Chris Lisle : 168(h) ; Torleif Svensson : 173 ; Historical Picture Archive : 178(b), Roger Wood : 179(m) ; Rykoff Collection : 183 ; Bettmann : 189, 212(h), 218(d), 219(m) ; Swim Ink : 191(h) ; Bojan Brecelj : 193(b) ; Caroline Penn : 194 ; Louise Gubb : 195 ; Andanson James/Sygma : 212(b) ; Paul Almasy : 213 ; David Turnley : 214(h), 244(h), 244(b) ; Peter Turnley : 215(h), 220(b); Paul Velasco/Gallo Images : 215(b) ; Hulton-Deutsch Collection : 218(g), 218(m), 220(h) ; Patrick Robert/Sygma : 219(g) ; Alain Nogues : 219(d) ; Patrick Durand/Sygma : 221 ; Peter Johnson : 222(b) ; Eldad Rafaeli : 223(b) ; Carmen Redondo : 225 ; Jacques Langevin/Sygma : 227(h) ; Howard Davies : 227(b) ; CDC/PHIL : 230 ; Radhika Chalasani : 231 ; Jean-Michel Guillaud/Sygma : 234(h) ; Martin Harvey ; Gallo Images : 236(h) ; Paul A. Souders : 236(b) ; Joe McDonald : 237 ; Strauss/Curtis : 239(h) ; M. ou Me Bernard Desjeux : 240(h) ; Colin Mc Pherson/Sygma 240(b), Robert Grossman/Sygma : 241 ; Sébastien Cailleux/Sygma : 242 ; Stéphane Reix/Photo & Co : 243

Milan/Dominique Chauvet / P. 150(mg)

Leemage / P. 204, 207, 208(h)

Couverture

Illustration du tam-tam : Nathalie Locoste / Illustration de la mosquée : Jean-Pierre Joblin
Photos : Hoa Qui : Michel Huet (bg)/Jacques Sierpinski/Top(bd) ; Corbis/Carl & Ann Purcell (centre) ; Colibri/B. Bonnal (mg)
Toutes les autres photos sont de Bernard Nantet.

4e de couverture

Les illustrations sont de Nathalie Locoste et Richard Roussel.